Lothar Klein · Herbert Vogt

Eltern in der Kita

Schwierigkeiten meistern – Kommunikation entwickeln

Klett | Kallmeyer

Bibliografische Information der Deutschen Nationalbibliothek
Die Deutsche Nationalbibliothek verzeichnet diese Publikation in der Deutschen Nationalbibliografie; detaillierte bibliografische Daten sind im Internet über http://dnb.d-nb.de abrufbar.

Impressum

Lothar Klein, Herbert Vogt
Eltern in der Kita
Schwierigkeiten meistern – Kommunikation entwickeln

1. Auflage 2008

Fotos: Esther Bulgrin (S. 169), elemente designagentur (Cover (2), S. 166, 175), Rosy Henneberg (Cover (1, 3), S. 172, 185), Pat Meise (S. 77), Volker Minkus (Cover (4), S. 191), Herbert Vogt (S. 81, 126, 129), Wilbert van Woensel (S. 18, 30, 180)
Redaktion: Anke Fritzemeier
Realisation: Friedrich Medien-Gestaltung
Druck: Print-Design-Druck GmbH, Minden
Printed in Germany

ISBN: 978-3-7800-5722-8

Lothar Klein · Herbert Vogt

Eltern in der Kita

Schwierigkeiten meistern – Kommunikation entwickeln

Klett | Kallmeyer

Einleitung

„Eine Kita ohne Eltern ist wie eine Kita ohne Kinder", sagen die Pädagogen in Reggio Emilia. Oft ist sie aber ein ungeliebtes Anhängsel der kindbezogenen Arbeit in der Kindertageseinrichtung: die „Elternarbeit". Der Begriff ist schillernd und weist auf die Traditionen hin, in der die Zusammenarbeit der Fachkräfte und der Eltern steht: einmal Elternarbeit als „Bearbeitung" der Eltern durch die Professionellen, das „Richtige" mit ihren Kinder zu tun, zum anderen auch die Mit-Arbeit der Eltern in der Einrichtung zur Entlastung der Professionellen. Jedenfalls legt der Begriff „Elternarbeit" nur eine Blickrichtung nahe – die der Einrichtung auf die Eltern –, und diese greift zu kurz. Wie würden es Erzieherinnen empfinden, wenn Eltern von „Erzieherinnenarbeit" sprächen?

Mit dem Begriff Erziehungspartnerschaft, der in der aktuellen Fachdiskussion und in fast allen Bildungsplänen der Bundesländer verstärkt verwendet wird, wird die „Augenhöhe" von Erzieherinnen und Eltern betont und das Bild vermittelt, dass hier Erwachsene gleichrangig nebeneinander stehen und sich im Interesse des Kindes aufeinander beziehen (sollen). Dies ist ein wesentlicher konzeptioneller Fortschritt. Was dieser Begriff aber noch nicht leistet, ist die Wahrnehmung von Eltern und Kindern in deren eigenem Beziehungsgeflecht, die Familie als Lebens- und Beziehungssystem. Außerdem verleitet er dazu, die zweifellos vorhandenen Schwierigkeiten in der Begegnung von Erzieherinnen und Eltern zu überdecken.

Systemische Sicht auf die Familie tut Not

Moderne Kindertageserziehung kommt nicht umhin, die Familie als Ganzes zu sehen. Die Lebenssituation der Familien heute, das Wissen um die Einflüsse und Beziehungen zwischen Kindern und Eltern in der Familie und nicht zuletzt das Kinder- und Jugendhilfegesetz, das den Kindertageseinrichtungen ein lebensweltorientiertes Leistungsangebot für Kinder und Familien aufgibt, verlangen eine systemische Sicht auf dieses kleine soziale Netz. Wohlergehen und Entwicklung des Kindes sind weitgehend von seiner Einbindung in die Familie und den Beziehungen der Familienmitglieder untereinander abhängig. Alle Familienmitglieder beeinflussen sich gegenseitig, Entwicklungen und Veränderungen bei einzelnen Familienmitgliedern wirken sich auch auf die anderen aus. Äußere Einflüsse aus dem Umfeld der Familie und der Arbeitswelt der Eltern wirken auf die Familie ein. Alles muss miteinander ausbalanciert werden. Gleichwohl können viele Familien nicht allein alle Anforderungen an eine gute Entwicklungsförderung der Kinder erfüllen. Für das System Familie stellt die Kindertageseinrichtung einen zweiten wichtigen Lebens- und Entwicklungsraum mit bedeutenden Familien unterstützenden Leistungen und Rückwirkungen auf die eigene Alltagsbewältigung und Lebensplanung dar.

Mehr denn je sind beide Erziehungssysteme aufeinander angewiesen. Zwischen Familie und Kindertagesstätte muss im Interesse des Kindes eine gute Zusammenarbeit aufgebaut werden. Angesichts vielfältiger Belastungen können Familien nicht immer ausreichend für eine gute Entwicklung des Kindes sorgen. Das bedeutet nicht, die elterliche Verantwortung für die Erziehung der Kinder zu schmälern, sondern im Gegenteil, die Fähigkeiten zur Übernahme dieser Verantwortung zu stärken.

Der Blickwinkel verschiebt sich: Eltern können nicht länger als Randfiguren der Erziehungsarbeit in der Kindertageseinrichtung angesehen werden. (Sie selbst verstehen sich ohnehin nicht so!) Die Familie muss als Einheit begriffen werden, aus der ein Mitglied, das Kind, in der Einrichtung betreut wird. Die Eltern werden zu Kommunikationspartnern „auf Augenhöhe". Umgekehrt wird die Kindertagesstätte zu einem umso bedeutsameren Lebensausschnitt für die Familie.

Haltungen als Entwicklungschancen

Wie aber lässt sich die Zusammenarbeit mit Familien konstruktiv gestalten? Sie entfaltet sich natürlich nicht von selbst, sondern muss von den Fachkräften gewollt und aktiv entwickelt werden. Der Schlüssel für die Entwicklung von Familienorientierung liegt in einem veränderten Rollenverständnis der Erzieherinnen. Sie müssen sich innerlich für Familien als Kooperationspartner zuständig erklären und daraus gemeinsam die Angebote zur Zusammenarbeit ableiten. Allem voran hilft es, sich eine bestimmte Grundhaltung gegenüber den Familien im eigenen Arbeitsbereich bewusst zu machen oder neu einzunehmen, die für eine Entwicklung befriedigender Zusammenarbeit Voraussetzung ist. Diese Grundhaltung ist offen, interessiert und freundlich. Sie setzt auf Partizipation, grenzt nicht aus, sondern integriert, orientiert sich am Bedarf und der gegenwärtigen Lebenssituation der Familien.

Das bedeutet, sich über den Alltag der Familien in der Einrichtung zu informieren und Eltern als Experten für ihre Lebenssituation zu sehen. Es bedeutet, sich mit der gesellschaftlichen Situation der Familien und der Vielfalt der heutigen Familienformen vertraut zu machen und sich mit multikulturellen Fragen auseinanderzusetzen, ohne dabei bestimmte Lebensformen vorschnell moralisierend zu bewerten. Es bedeutet, Eltern offen und verbindlich gegenüberzutreten, sie in der Einrichtung willkommen zu heißen und zur Kontaktaufnahme zu ermuntern. Es bedeutet, die eigenen fachlichen Ansprüche mit den Erwartungen der Familien zu vermitteln und die Formen der Zusammenarbeit mit ihnen im Dialog aufzubauen und weiterzuentwickeln. Der Erzieherin kommt eine grundsätzliche Doppelrolle zu: Fachfrau für Erziehung und Fachfrau für die Gestaltung der Begegnung mit Eltern. Und diese Begegnung ist in diesem Verständnis nur noch wertschätzend möglich. Alle mehr oder weniger offenen Versuche, Eltern „erziehen" zu wollen, die in der Praxis immer noch vorzufinden sind, führen in Sackgassen. Besserwisserei und Moralisierungen stören nur die Beziehung der Erwachsenen und schaden dem gemeinsamen Anliegen, für eine gute gemeinsame Entwicklungsbegleitung des Kindes zu sorgen.

Der wichtigste Schlüssel für eine konstruktive Beziehungsgestaltung ist die Kommunikation. Kommunikative Kompetenzen sind gefragt – Gesprächsführung, gerade auch in schwierigen Situationen, Beschwerdemanagement und professionelle Konfliktbearbeitung sind nur einige Anforderungen, in denen Erzieherinnen Rollenklarheit, klare Ziele und Vorgehensweisen und authentische Gesprächstechniken benötigen. Ihr Handwerkskoffer ist in dieser Hinsicht nicht immer von selbst ausreichend bestückt.

Auch und gerade wenn die Beziehungsgestaltung mit den Eltern gelingt – herausfordernd wird die Zusammenarbeit mit ihnen bleiben. Größere Nähe bedeutet, dass sich neue Fragen auftun, die vorher gar nicht gestellt worden wären. Eltern treten heute auch wesentlich selbstbewusster, fordernder und kritischer auf als noch vor Jahren. Die Rahmenbedingungen der Kita lassen die erwünschte Intensität der Zusammenarbeit häufig nicht zu. All das wird die Fachkräfte in Kindertageseinrichtungen auf Dauer beschäftigen. Die Herausforderungen aber nicht anzunehmen würde bedeuten, die Probleme zu verstärken. Dieses Buch will Mut machen, Haltungen zu überprüfen und konkrete Schritte zu gehen. Die Entwicklung von Kompetenzen auf der Erwachsenenebene ist ein Beitrag zur Professionalisierung des Erzieherinnenberufs und zu mehr Berufszufriedenheit der Erzieherinnen.

Verstehen

1. Das Kind pendelt zwischen zwei Welten Begründung der Zusammenarbeit der Erwachsenen

1.1 Die Familie im Gepäck: Was alles im „Rucksack“ ist

Kein Kind kommt allein,[1] wenn es in einer Kindertageseinrichtung oder einem Kindergarten aufgenommen wird. Immer befindet sich in einem unsichtbaren „Rucksack“ seine ganze Familie. Die hat es natürlich nicht immer leibhaftig bei sich. Während die Schwester oder der Bruder manchmal wirklich mitkommen, verbringen Vater, Mutter, Großmütter und -väter nicht den ganzen Tag im Kindergarten. Aber dennoch: Alle sind irgendwie da, alle wirken hinein in die Kindertagesstätte. Das, was diese Familie und somit auch das Kind bewegt, spüren Erzieherinnen in Kontakten mit Eltern und über das Kind selbst: die Zukunftspläne, Belastungen und Wertvorstellungen der Familie, die familiären Geschlechterrollen und Beziehungsmuster. Und umgekehrt muss sich die Familie auch mit dem auseinandersetzen, was da aus der Kindertagesstätte auf sie einwirkt. Zwischen Familie und Kindertagesstätte bestehen demnach vielfältige Verbindungslinien, gegenseitige Einflüsse und Abhängigkeiten.

Dem Kind geht es gut, wenn es der ganzen Familie gut geht

Das Kind gehört beiden Beziehungssystemen, der Familie und der Kindertagesstätte gleichzeitig an. Es trägt Erfahrungen aus dem einen in das andere System und lässt auf diese Weise eine Wechselwirkung zwischen beiden entstehen. Für das Kind hat die Familie emotional eindeutig Vorrang. Es ist sein primäres Beziehungssystem, das wissen wir alle. Und dennoch wird es in der pädagogischen Praxis regelmäßig übersehen. Dabei hat diese Grundannahme weitreichende Bedeutung. Wenn sie nämlich stimmt, muss die Kindertagesstätte im Interesse des Kindes auch das **Wohlergehen der ganzen Familie** in den Blick nehmen. Nicht nur in der Reaktion auf persönliche Erwartungen und ausgesprochene Bedürfnisse von Eltern müssten Erzieherinnen in diesem Fall an der Lebenssituation der ganzen Familie interessiert sein, sondern weil sie wissen, dass die Familie aus Sicht des Kindes primärer Ort seiner Bedürfnisbefriedigung ist. Die Aussage „Bei uns steht das Kind im Mittelpunkt“ müsste dann erweitert werden. Sie könnte sinngemäß wie im Kinder- und Jugendhilfegesetz heißen: „Wir orientieren uns an den Bedürfnissen und Interessen des Kindes und seiner Familie.“

Die eigene Familie ist für das Kind die einzige Instanz, von der es die Befriedigung sämtlicher Grundbedürfnisse erwarten kann: Essen und Trinken, Schlafen, Liebe und Ge-

[1] Vgl. Wolff 1996, S. 4 ff.

borgenheit, Verlässlichkeit und Sicherheit, bis hin zur Absicherung von Persönlichkeitsentwicklung und Selbstverwirklichung. Jede Gefahr, die der Stabilität der Familienbeziehungen oder der Existenzgrundlagen der Familie droht, wird von Kindern augenblicklich registriert. Gefährdungen des Familiensystems führen bei Kindern häufig zu Ängsten und Unsicherheiten, auf jeden Fall aber zu psychischen und/oder psychosomatischen Reaktionen.

Und auch ganz unmittelbar aus dem Alltagserleben heraus wissen wir um diesen Zusammenhang. Ein morgendlicher Streit mit der Mutter, eine kranke Großmutter in einer anderen Stadt, eine Meinungsverschiedenheit zwischen Vater und Mutter, die Sorge darum, ob das Geld noch bis zum Monatsende reicht, die Entscheidung, das Kind eine halbe Stunde später in den Kindergarten zu bringen, der Umstand, dass die Mutter vergessen hat, dem Kind eine Regenhose mitzugeben, ein krankes Meerschweinchen oder eine zu Hause verloren gegangene Musikkassette, alle diese aus dem aktuellen familiären Tagesgeschehen stammenden Erlebnisse haben direkten Einfluss auf das Wohlbefinden und das Verhalten des Kindes.

Wie wichtig die familiäre Sicherheit und Geborgenheit im Erleben der Kinder ist, lässt sich vielleicht am besten daran ermessen, dass selbst geschlagene und misshandelte Kinder häufig lieber in der eigenen Familie bleiben wollen, als sich diesen Verhältnissen durch eine Unterbringung außerhalb der Familie zu entziehen.

Kinder sind an ihre Familie gebunden. Ob und wie sie sich entwickeln können und werden, ist bei aller öffentlichen Betreuung letztlich doch davon abhängig, wie die Familie lebt, wie sie es versteht, günstige Entwicklungsbedingungen bereitzustellen, wie die Beziehungen in der Familie gestaltet sind und vor allem, wie viel Sicherheit und Geborgenheit als Basis für Entwicklung die Familie überhaupt bietet.

Viele Muster im Gepäck

Erziehung beginnt nicht erst in der Kindertagesstätte. Kinder sind schon „vor-erzogen", wenn sie in den Kindergarten kommen. Immer haben Erzieherinnen Vorgänger, die Ersterzieher in der Person der Eltern, die prägenden Einfluss auf das Kind genommen haben. Erzieherinnen sind Zweiterzieher, die mit wie auch immer „vor-erzogenen" Kindern konfrontiert werden und darauf reagieren müssen. Familie als intimes Beziehungssystem zeichnet sich eben auch dadurch aus, dass dort die wesentlichen und stabilsten Prägungen entstehen. Diese Prägungen werden als vielfältige Gewohnheiten, Erwartungen und Verhaltensmuster sichtbar. Jeder Mensch trägt solche aus der Herkunftsfamilie stammenden Muster in sich. Von ihnen hängt maßgeblich ab, wie ein Mensch Nähe und Distanz reguliert, welche moralischen und ethischen Werte er für sich setzt und verfolgt, welche kulturellen Gewohnheiten ihm wichtig sind und wie er sich in der Kommunikation mit anderen verhält.

Im „Gepäck“ des Kindes befinden sich – um nur einige zu nennen – folgende „Stücke“ seiner Vorgeschichte:

- die elementare Grundversorgung und das Vertrauen darauf, dass es in der Familie mit Nahrung, Kleidung, Zuwendung und Wärme versorgt wird und auf seine existenziellen Bedürfnisäußerungen eine Antwort erhält;
- eine bestimmte Art von Bindung zu seinen primären Bezugspersonen, so dass beim Übergang in den Kindergarten das Thema der Lösung ansteht. Erzieherinnen sind zunächst Fremde, zu denen erst eine Bindung aufgebaut werden muss;
- Traditionen, Rituale, Regeln;
- erste Bildungsinhalte, Lebensstrategien;
- Familienmuster, -mottos und -geheimnisse.

Gerade der letzte Punkt umfasst eine Fülle unterschiedlicher Facetten, die alle mehr oder weniger verborgen wirken und deshalb leicht übersehen werden. In jeder Familie entstehen solche Familienmuster und werden häufig über Generationen hinweg weitergegeben. Bestandteile davon sind u.a.:

- Tabus: Etwas, über das nicht geredet werden darf, z.B. Arbeitslosigkeit, ein uneheliches Kind, Gewalt, Sexualität oder Tod;
- ausgesprochene und unausgesprochene Regeln: z.B. „Im Haus dürfen die Türen nicht verschlossen sein.“ – „Am Wochenende wird gemeinsam gefrühstückt und nachmittags gehen wir spazieren.“ – „Erwachsenen widerspricht man nicht.“
- Erwartungen und Zukunftspläne: z.B. „Meine Tochter soll studieren.“ – „Mein Sohn wird mein Geschäft weiterführen.“ – „Unseren Kindern soll es einmal besser gehen als uns.“
- ausgesprochene und nichtausgesprochene Aufträge (Delegationen) an einzelne Familienmitglieder: z.B. die Erwartung an den Sohn, die Stellung des abwesenden Vaters in der Familie einzunehmen, oder der Auftrag an die Kinder, nicht gelebte Anteile von Eltern auszuleben (über die Stränge schlagen, sich einmischen, kreativ sein);
- an Rollen geknüpfte Erwartungen, z.B. „So soll mein Sohn auch werden.“ – „Die Mutter sorgt für gute Stimmung in der Familie.“ – „Der Vater hat das Sagen.“
- Familienmottos: „Wir sind was Besseres.“ – „Wir streiten nicht.“ – „Wir sind eine glückliche Familie.“

Mit dem Kind die Familie vor sich haben

Selbstbestimmte Interessenlagen und Themen stammen häufig aus der Herkunftsfamilie. Ob sich jemand für Insekten interessiert oder sich davor ekelt, ob jemand gerne in warme Gegenden fährt oder lieber den kühlen Norden aufsucht, ob jemand regelmäßig Zeitung liest und welche, alle diese Vorlieben und Gewohnheiten entstehen häufig in den intimen Familienbeziehungen. Sie bilden sich deshalb dort heraus, weil sie sehr stark an Gefühlslagen gebunden sind: „Der Volvo ist super. Mein Papa ist Trucker und mein Papa ist ganz stark und groß und lieb."

Wir wollen nicht den Eindruck erwecken, solche Muster seien unveränderbar, quasi schicksalhaft an die eigene Familie geknüpft. Wir wissen aber heute, dass sie sogar über Generationen hinweg wirken können und sich nur langsam verändern. Veränderungen bedürfen eines Bewusstseins dessen und des Willens zur Veränderung. Das kann von Kindern überhaupt noch nicht erwartet werden. Sie tragen die Muster ihrer Familie weitgehend ungefiltert und unreflektiert mit sich. Ihr Handeln wird ganz wesentlich davon beeinflusst.

Wenn also Kinder in die Kindertageseinrichtung eintreten, bringen sie schon eine Fülle prägender, miteinander verflochtener Vorerfahrungen mit, die höchst individuell sind und insgesamt ein Gutteil ihrer Persönlichkeit ausmachen. All das geben sie nicht „in der Garderobe" ab; vielmehr ist es ihr Ausgangspunkt, von dem aus sie auf die neue Welt der Kindertagesstätte zugehen. Die Art und Weise, wie sie sich in dieser neuen Welt orientieren, wird von den Vorerfahrungen bestimmt – ein aufregender Prozess der wechselseitigen Beeinflussung beginnt. Für die Erzieherin bedeutet das, dass sie nicht nur mit dem Kind zu tun hat, selbst wenn es das einzige Familienmitglied ist, mit dem sie real Kontakt aufnimmt. Sie hat immer auch die Eltern und das ganze Familiensystem des Kindes vor sich. Sie muss sich daher für die ganze Familie interessieren. Deshalb liegt es nahe, den Auftrag an die Kindertageseinrichtung so zu interpretieren, dass darin auch eine gewisse Zuständigkeit für das Wohlergehen der Familien der betreuten Kinder enthalten ist. Wir werden sehen, dass diese Nuance auf die pädagogische Praxis und vor allem die Zusammenarbeit mit Eltern erhebliche Auswirkungen hat.

1.2 Wie geht's den Familien? Was auf den ersten Blick nicht sichtbar ist

Zu den Lebensbedingungen der Familien gehören nicht nur das Beziehungssystem ihrer Mitglieder, sondern auch die äußeren Lebensumstände. Der sozio-ökologische Forschungsansatz[2] lehrt uns, dass Entwicklung und Wohlergehen des Kindes wesentlich von

2 Vgl. Bronfenbrenner 1981

der Qualität der Beziehungen in der Familie abhängen, der Beziehungen zwischen Eltern und Kind und den Beziehungen der Eltern untereinander. Diese wiederum sind bestimmt von der Arbeitssituation der Eltern und von der Vereinbarkeit von Beruf und Familie. Alles bildet eine komplexe Konstellation von Bedingungen und Einflussfaktoren, die die Lebensperspektiven und Entwicklungsbedingungen der Familienmitglieder ausmachen.

In den letzten Jahren ist die Aufmerksamkeit der Pädagogik und besonders der Kindertageseinrichtungen für die Lebensbedingungen der Familien erheblich gewachsen. Eine Fülle von Veröffentlichungen belegt, dass großes Augenmerk auf die Frage gerichtet wird, unter welchen Bedingungen Familien leben und wie sie ihren Alltag bewältigen und gestalten.[3] Nun hat die umfangreiche Forschung zu diesem Thema nicht immer die wünschenswerte Aufklärung in der öffentlichen und fachlichen Diskussion gebracht. Vielmehr werden immer wieder Glaubenssätze kolportiert, etwa von der gravierenden Benachteiligung der Scheidungs- und Einzelkinder, dem pädagogischen Defizit „unvollständiger" Ein-Eltern-Familien oder es wird dem Verlust der „Großfamilie" nachgetrauert und überhaupt beklagt, dass die Familie in der modernen Gesellschaft in Erosion begriffen sei.

Die Familienforschung weiß aber inzwischen, dass das Ideal der Vater-Mutter-Kind-Familie mit ihrer geschlechtlichen Arbeitsteilung, wie wir sie aus den 50er- und 60er-Jahren des letzten Jahrhunderts kennen, eine historische Ausnahmesituation war.[4] „Familie" ist heute in ihren Lebensformen viel stärker differenziert; neben der klassischen Kleinfamilie, die gleichwohl noch einen hohen Anteil an der Gesamtzahl der Familien ausmacht, haben wir es heute vermehrt mit Ein-Eltern-Familien, so genannten Patchwork-Familien, nichtehelichen Lebensgemeinschaften, homosexuellen Eltern, haushaltsübergreifenden Familien zu tun. Familienleben ist sehr viel dynamischer und „atypischer" geworden.

Aber was ist „Familie" überhaupt? Im Kern ist sie *„gelebter Fürsorgezusammenhang zwischen den Generationen und ggf. auch den Geschlechtern."*[5] Dabei erfüllt sie mehrere Funktionen:

- die Reproduktion, d.h. die Zeugung von Nachkommen,
- die Produktionsfunktion, d.h. die Befriedigung elementarer Bedürfnisse wie Ernährung, Schutz und Gesundheit,

---

[3] Z.B. Deutsches Jugendinstitut 1993a und 1993b, Nave-Herz 1994, Bertram 1997, Onnen-Isemann 1999, Onnen-Isemann 2002, Rolff/Zimmermann 1990, Seehausen 1995, 7. Familienbericht 2006, Jurczyk 2006. Die folgenden statistischen Angaben beziehen sich auf diese Literatur.

[4] Vgl. Jurczyk 2006

[5] Ebd., S. 35

- die Regenerationsfunktion, d. h. Freizeitgestaltung und Wiederherstellung von Kräften,
- die Sozialisations- und Erziehungsfunktion und
- die Platzierungsfunktion, die zur Verwirklichung von Bildungs- und Berufsinteressen dient.[6]

Diese Funktionen können in der Tat von vielen unterschiedlichen Lebensformen übernommen werden, wenn sie einen „Fürsorgezusammenhang leben"; keineswegs ist die klassische Kleinfamilie dafür prädestiniert. Und selbstverständlich können diese Funktionen in jeder Familienform mehr oder weniger bedürfnisgerecht und konstruktiv erfüllt werden. Dennoch wird die traditionelle Zwei-Eltern-Kind(er)-Familie von vielen als Normalitätsmuster angestrebt, auch von denen, die aktuell nicht so leben. Die subjektive Bedeutung von Ehe und Familie ist eher noch gestiegen. Verändert haben sich allerdings die „inneren" Verhältnisse der Familie: Die Rollen von Müttern und Vätern müssen neu bestimmt werden, die Erwartungen an Kinder steigen, die Beziehungen in der Familie werden anspruchsvoller.

Bedeutsame Merkmale und Veränderungen in der modernen Familie

Die Müttererwerbsquote ist langfristig im Steigen begriffen; sie liegt heute bei ca. 60 % aller Mütter mit Kindern unter 18 Jahren. Frauen haben stärker als Männer vom Strukturwandel auf dem Arbeitsmarkt profitiert, zwei Drittel der neu geschaffenen Arbeitsplätze sind von Frauen besetzt worden. Das hohe berufliche Engagement der Mütter hat infolge der erheblich besseren Ausbildung der Frauen – sie stellen heute die Mehrheit der Abiturienten und Abiturientinnen – neben den ökonomischen auch ideelle Motive, vor allem das der Selbstverwirklichung im erlernten Beruf. Bei gleichzeitig traditionellem Mutterrollenkonzept, nämlich vorrangig für die Betreuung der Kinder da sein zu wollen (und zu sollen), gibt es entweder einen Aufschub der Mutterschaft – das Durchschnittsalter bei der Geburt des ersten Kindes liegt mittlerweile über 27 Jahre – oder die Doppelbelastung von Berufstätigkeit und Kindererziehung. Dennoch gibt es bei berufstätigen Müttern tendenziell eine höhere Lebenszufriedenheit gegenüber Hausfrauen-Müttern.

Es gibt immer weniger Kinder; diese sind fast immer geplante Wunschkinder. Wir verzeichnen einen Funktionswandel: Dieser beruht nicht mehr auf Nützlichkeit oder „Anwesenheit", sondern Kinder dienen mehr zur Befriedigung emotionaler Bedürfnisse der Erwachsenen. Der Eigenwert der Ehebeziehung sinkt gegenüber der Eltern-Kind-Beziehung. Eltern sehen in Kindern mehr als früher den Sinn des Lebens. Ihnen wird sehr hohe psychische, zeitliche und materielle Aufmerksamkeit zuteil. Immer weniger Kindern

[6] Vgl. Schneewind 1991

stehen immer mehr erwachsene Verwandte (u.a. Großeltern, die ja immer länger leben, übrigens häufig im Nahraum der Familie) gegenüber. Daraus resultieren u.a. materielle Verwöhnung und Überbehütung der Kinder und Überorganisation ihres Alltags.

Neben einer „Schrumpfung" der Familiengröße können wir aber auch eine Erweiterung dergestalt feststellen, dass durch „Patchwork-"[7] und „Bohnenstangen-Familien"[8] neue, auch haushaltsübergreifende Beziehungs- und Unterstützungssysteme entstehen („Intimität auf Distanz"). Durch die Zunahme von kulturell und ethnisch gemischten Familien kommt es immer mehr auch zu grenzüberschreitenden Verwandtschaftsnetzen.

Mütter erlegen sich einen hohen Leistungsdruck zur optimalen Entwicklungsförderung des Kindes auf. Sie sehen sich der eigenen und fremden Erwartung ausgesetzt, „Supermutter" zu sein und wissen gleichzeitig nicht, wie sie es bewerkstelligen sollen. (Daraus erklärt sich auch die Nachfrage nach und die Flut von Erziehungsratgebern auf dem Bücher- und Zeitschriftenmarkt.)

Die Rolle und das Selbstwertgefühl der Väter in der Familie sind ins Rutschen gekommen: Väter haben als ehemalige Oberhäupter der Familie einen massiven Autoritätsverlust erlitten und müssen ihre Rolle in der Familie neu bestimmen. Das hat verstärkt zu dem Phänomen der „abwesenden" Väter geführt, die sich aufgrund außerfamiliärer Arbeitsbelastung und sonstiger Termine real oder durch inneren Rückzug in der Familie zu entziehen versuchen. Eine kleinere Gruppe von Vätern sucht allerdings auch durch eine positive Bestimmung ihrer Rolle eine „Wiedereingliederung" in die Familie.

Die Scheidungsrate ist keine Krise der Familie. Im Gegenteil ist die Bedeutung von Ehe und Familie für den Einzelnen eher gestiegen. *„Die Zunahme von Stress im Erwerbsleben einerseits und höhere individuelle Ansprüche und gesellschaftliche Anforderungen an ein ‚gutes' Familienleben bei teilweise geringeren Ressourcen andererseits führen zu einem anspruchsvolleren, teilweise belastenderen Familienleben."*[9] Man ist dann nicht mehr in der Lage, die eigenen hohen Erwartungen zu erfüllen und weniger bereit, unbefriedigende Beziehungen zu ertragen. Trennungen sind gesellschaftlich „erlaubter" und ökonomisch leichter geworden. Aus Trennung/Scheidung können, aber müssen nicht Schäden für die Kinder entstehen. Es gibt keinen monokausalen Zusammenhang von Trennungserfahrungen mit der Entwicklung des Kindes.

Wir erleben einen Wandel im elterlichen Erziehungsstil: Traditionelle Erziehungsziele wie Ordnung und Sauberkeit wurden von Selbstständigkeit abgelöst. Das Verhalten der Eltern ist insgesamt liberaler geworden. Es gibt einen Rückgang der körperlichen Strafen. Eltern wollen lieber Partner ihrer Kinder als deren „Bestimmer" sein. Heute fürchten eher

---

[7] „Patchwork-Familie" = neu zusammengesetzte Familie

[8] „Bohnenstangen-Familie" = bei höherer Lebenserwartung der Menschen gibt es weniger Verwandte, aber längere gemeinsame Lebensabschnitte mehrerer Generationen

[9] Jurczyk 2006, S. 35

Die Rollen in der modernen Familie müssen neu bestimmt werden

Eltern den Liebesentzug ihres **Kindes**. Die Entwicklung führte von der Befehlsfamilie zur Verhandlungsfamilie. Kinder werden als Träger von Bedürfnissen und Interessen viel ernster genommen, bisweilen aber auch für das psychische Klima in der Familie mitverantwortlich gemacht, in ihrer Verhandlungskompetenz überschätzt und als Bündnispartner unter Umständen gegen den anderen Elternteil überfordert.

Der Anteil der in Armut lebenden Familien hat stark zugenommen, und Kinder sind ein zusätzliches Armutsrisiko. Armut bedeutet eine Verminderung von Chancengleichheit, von Teilhabe am gesellschaftlichen und kulturellen Leben und ein erhöhtes gesundheitliches Risiko. Finanzielle Belastung durch Kinder führt zu gesellschaftlicher Abwertung.
Familien befinden sich zusammengefasst in ihren Lebensbedingungen in einem multiplen Spannungsfeld aus Beruf, Partnerschaft, Rollenverschiebungen, Diskontinuität von Lebensverläufen, ökonomischen Bedingungen und gesellschaftlichen sowie selbst gesetzten Erwartungen. Trotz aller Erleichterungen der modernen Gesellschaft scheint das Familienleben, jedenfalls in der Zeitspanne mit Kindern, nicht „leichter" geworden zu sein.

Veränderte Erwartungen an die Kita

Angesichts der geschilderten Veränderungen in den familieninternen Verhältnissen wird deutlich, dass Kindertageseinrichtungen eine eminent hohe Bedeutung für die Lebensplanung und die Stabilität der modernen Familien haben. Familien sind auf ein bedarfsgerechtes, verlässliches Betreuungsangebot zur Bewältigung ihres Alltages angewiesen. Eltern wollen vor allem Beruf und Familie vereinbaren können. Sie erwarten von der Kita entsprechend passende Öffnungszeiten. Diese können je nach Berufs- und Wegezeiten die herkömmlichen Betreuungszeiten der Kita überschreiten. Pädagogisch haben sie nicht nur Bildungserwartungen (z. B. Schulvorbereitung), sondern wollen auch, dass ihr Kind Freude am Besuch der Einrichtung hat und Spielpartner findet.

Die Kita kann als Ort der Begegnung und Beratungsinstanz Eltern in vielfältiger Weise Unterstützung bieten. Auch wenn sie nicht für die Lösung aller familiären Probleme zuständig ist, hat sie doch eine wichtige stabilisierende Funktion für Familien. Keine öffentliche Institution wird in so hohem Maße freiwillig in Anspruch genommen – dies sollte im Sinne einer modernen Dienstleistung im Interesse der Familien positiv verstanden und genutzt werden.

Die Erwartungen der Menschen an gesellschaftliche Institutionen auf Unterstützung sind insgesamt gestiegen. Es gibt einen Wandel im Selbstverständnis von Bürgern gegenüber öffentlichen Einrichtungen, weniger als Bittsteller denn als Kunde aufzutreten. Die Institutionen selbst verstehen sich mehr und mehr als Dienstleistung für Bürger. Auch Eltern zeigen heute in weit größerem Maß ein Kundendenken gegenüber der Kindertageseinrichtung, was sich z. B. in klaren Erwartungen an Öffnungszeiten und pädagogischen Programmen oder in selbstbewusstem Beschwerdeverhalten ausdrückt. Fordernde Eltern bringen mit ihren Forderungen zum Teil aber auch Unsicherheiten zum Ausdruck, die in ihrer Lebens- und Erziehungssituation begründet sind.

Viele Eltern suchen Kontakte zu anderen Eltern in der Einrichtung. Vor allem Mütter erwarten Austausch und Beratung von den Erzieherinnen. Die Wertschätzung von Erzieherinnen als Gesprächspartnerinnen und Beraterinnen ist hoch.[10] Das Klischee von der „kaffeetrinkenden Basteltante" wird hauptsächlich von Erzieherinnen selbst am Leben gehalten. Sie sollten ihre institutionelle Rolle und persönliche Bedeutung für die Gestaltung des Alltags und Beziehungslebens der Familien nicht unterschätzen.

1.3 Die Kita im Gepäck: Was das Kind neu erfährt

In Kapitel 1.1 haben wir beschrieben, was ein Kind alles im „Rucksack" hat, wenn es von der Familie in die Kita wechselt. In der Kita findet es nun eine Welt vor, die sich von der häuslichen fundamental unterscheidet und in der es ebenfalls einen großen Teil seiner wachen Zeit verbringt. Es liegt auf der Hand, dass es dort auch Prägungen erfährt und Erfahrungen macht, die seine Lebenswirklichkeit und Entwicklung bestimmen. Diese Erfahrungen transportiert es zurück in seine Familie, wo sie – in ähnlicher Weise wie die familiären Erfahrungen des Kindes in die Kita hineinwirken – in diese zurückwirken. Exemplarisch wollen wir einige wesentliche Aspekte vorstellen.

Ein Kind lernt mit dem Eintritt in die Kita neue Erwachsene kennen, von denen es abhängig ist. Die neuen Bezugspersonen werden ihnen als „Autoritätspersonen" vorge-

---

10 Vgl. DJI 1993b und LBS-Familienstudie in Welt des Kindes 4/2004, S. 5

stellt – zumindest spüren sie intuitiv, dass diese zunächst unbekannten Erwachsenen für sie wichtig sind. Sie müssen sich auf deren Umgangsformen und Erziehungsstile einstellen, Vertrauen zu ihnen aufbauen, ihre Verhaltensweisen und Kommunikationsangebote deuten lernen, kurz, eine neue Bindungsbeziehung eingehen. Dies funktioniert nicht immer reibungslos und ist in jedem Fall eine anstrengende Angelegenheit für ein kleines Kind.

Gleichzeitig wird das Kind in eine Gruppe von meist unbekannten Kindern eingeführt – in eine unüberschaubar große Gruppe, denn im Falle des Regelkindergartens sind 20 oder 25 Kinder keinesfalls eine Größenordnung, die das Kind als solche erkennt, geschweige denn, dass es diese als Bezugsrahmen für seine sozialen Kontakte für sich nutzen kann. In dieser Gruppe muss es lernen, seinen sozialen Platz zu finden, d.h. sondieren, mit wem es gefahrlos Kontakt aufnehmen kann, wer sich als Spielpartner anbietet, wer welche Interessen verfolgt, welche Freundschaften bestehen, was an ihm selbst interessant sein könnte und wann es möglicherweise von den anderen abgelehnt wird. Hier wird es fast zwangsläufig in konfliktträchtige Situationen geraten und sich behaupten müssen. Die Großgruppe stellt ganz neue Herausforderungen in punkto sozialer Positionierung an dieses Kind.

Neu sind auch die Strukturen und Abläufe in der Kita, und sie sind keineswegs immer an seinen Rhythmen orientiert. Sie sind mindestens so stark von außen gesteuert wie die der Familie, wobei jene noch flexibler auf seine Bedürfnisse einzugehen in der Lage ist als der Großbetrieb Kita. Schon das Bringen und Holen unterliegt in aller Regel den Bedürfnissen seiner Eltern bzw. den Öffnungszeiten der Einrichtung. Aber auch die oft fest gefügten Strukturelemente im Tagesablauf, allen voran die Essens- und Schlafenszeiten, aber auch die anderen Fixpunkte des Gruppenalltags, verlangen vom Kind eine große Anpassungsleistung und Flexibilität im Hinblick auf seine eigenen Bedürfnisse und Rhythmen. Der Sozialraum Gruppe kennt Regeln, die möglicherweise unverständlich sind, es erfährt Grenzsetzungen für sein Verhalten, lernt aber auch nach und nach, sich in Gruppenprozessen zu beteiligen, Einfluss zu nehmen und mitzuwirken. Nicht zuletzt bietet die Kita ein Raumprogramm mit einer Vielfalt von Räumlichkeiten und Raumfunktionen, die es zu Hause so nicht gibt, vielleicht zunächst unverständlich sind und allmählich erobert und erschlossen werden müssen. Überhaupt erlebt das neue Kind in der Kita eine außerordentliche Ausweitung seines Erfahrungshorizontes. Es gewinnt z.B. mit der Fülle an Materialien und Gelegenheiten zum Spielen, Entdecken und Experimentieren eine neue Dimension der Welterkundung, eine enorme Ausweitung von Lern- und Bildungsanreizen.

Sich in der Welt der Kita zurechtzufinden, ist also keine leichte Aufgabe für das neue Kind, eine individuell zu bewältigende Entwicklungsaufgabe, die von Erwachsenen aber nur allzu rasch auf die leichte Schulter genommen wird. Auch nach der Anfangszeit in der Kita, wenn sich ein gewisses Zugehörigkeitsgefühl und Routine eingestellt haben, stehen die beiden Welten Kita und Familie für das Kind quasi nebeneinander. Es bewegt sich als Pendler täglich zwischen diesen Welten hin und her, bringt morgens einen „Familienrucksack“ mit und kehrt mittags oder nachmittags, diesmal beladen mit einem „Kita-Rucksack“, nach Hause zurück.

Somit stehen beide Welten in einem regelmäßigen Kontakt, der vom Kind hergestellt wird. Das gilt selbst dann, wenn es seinen Weg in die Kita und zurück nach Hause allein machen sollte, denn die reale Anwesenheit der Eltern in der Kita oder der Erzieherinnen in der Familie ist gar nicht nötig, um den wechselseitigen Austausch der Erfahrungen zu vermitteln.

Das Kind wird auf Unterschiede und Widersprüche treffen. Es könnte z.B. beim Frühstück in der Kita erfahren, dass seine Milchschnitte, die seine Mutter ihm mit der größten Selbstverständlichkeit eingepackt hat, von den Erzieherinnen gar nicht gerne gesehen wird. Umgekehrt könnte es am häuslichen Abendbrottisch seinen Vater darauf hinweisen, dass Zucker im Tee ungesund ist, *„weil das die Monika im Kindergarten gesagt hat“*. In der Realität dürfte eine Fülle solcher Unterschiede und Widersprüche zwischen Familien- und Kita-Leben auftreten – und nicht immer sind sie so relativ harmlos wie in diesem Beispiel. Da werden vom Kind, das sich mit diesen Unterschieden und Widersprüchen beschäftigt, Verhaltensregeln, Wertvorstellungen, Erziehungsstile (und manchmal „Geheimnisse“) vermittelt und damit bei den Erwachsenen Vermutungen, Fantasien und Bewertungen über die jeweils andere Seite ausgelost. So entstehen Bilder in den Köpfen, wie diese Familie wohl leben oder jene Kindergartengruppe wohl funktionieren mag. Das Kind setzt die beiden Systeme Familie und Kita in Beziehung, beide beeinflussen sich gegenseitig, müssen aufeinander reagieren. Veränderungen, Erwartungen und „Botschaften“ auf der einen Seite haben Auswirkungen auf die andere.

Vor allem aus diesem Zusammenhang heraus begründet sich für uns die Notwendigkeit der Zusammenarbeit mit Eltern. „Elternarbeit“ kann in diesem Verständnis nicht als Anhängsel der kindbezogenen Arbeit der Kita gesehen, sondern muss als deren integraler Bestandteil aufgefasst werden. Erzieherinnen müssen mit Eltern kooperieren, weil die beiden Systeme Familie und Kita über das Kind miteinander verflochten sind.

2. Kita und Familie – Systeme in Beziehung

2.1 Vom Verordnen zum Aushandeln
Ein wenig Geschichte zur Beziehung von Kita und Eltern

Es ist heutzutage schon fast eine Selbstverständlichkeit und zumindest als Wunsch oder als Anspruch vorhanden: Erzieherinnen möchten vieles mit Eltern partnerschaftlich aushandeln und Eltern erwarten, dass dies tatsächlich geschieht. Dass eben das schwierig ist, steht auf einem anderen Blatt.[11]

Diese Erwartungskonstellation war nicht immer so gegeben. Wenn wir einen kleinen Blick zurückwerfen, stellen wir fest, dass sich die Beziehung zwischen Erzieherinnen und Eltern im gesellschaftlichen Prozess mehrmals verändert hat und offenes Aushandeln konzeptioneller und pädagogischer Angelegenheiten zwischen beiden Seiten erst in jüngerer Zeit und noch längst nicht durchgängig praktiziert wird. Auf gemeinsame Verhandlungen, etwa über die Nutzung der finanziellen Ressourcen einer Kindertageseinrichtung, das pädagogische Angebot oder die Öffnungszeiten, stoßen wir erst in jüngster Zeit.

Vom Beginn des vergangenen Jahrhunderts bis in die 60er-Jahre hinein in Westdeutschland und im Prinzip bis 1989 in der DDR gaben die Institutionen die Bedingungen vor, und Eltern hatten sich mehr oder weniger diesen Vorgaben zu fügen. Eltern wurde mitgeteilt, was der Kindergarten von ihnen erwartete, sei es das Mitgeben des Vesperbrotes oder der Wechselwäsche, seien es ihre Aufgaben im Zusammenhang mit den pädagogischen Maßnahmen der Einrichtung. Wie in der Schule wurden ihnen Sinn, Ablauf und Ziele von pädagogischen Aktivitäten „erklärt", damit sie diese zu Hause unterstützen konnten. Ihre Kinder mussten sie zuweilen an der Haustür abgeben. Zumindest in der DDR durften sie Gruppenräume oftmals nicht betreten. Nach den Lebensbedingungen der Familien wurde nicht gefragt. Die Anpassung der Eltern an die Bedingungen der Einrichtung war selbstverständlich.

Auch die Rechte von Eltern waren weitgehend eingeschränkt. In der DDR war Elternmitsprache pro forma vorhanden, die Teilnahme war als „gesellschaftliche Aktivität" auch erwünscht, real aber wurde Zustimmung zu den staatlich festgesetzten Erziehungszielen erwartet. In Westdeutschland gab es bis weit in die 60er-Jahre hinein weder Elternbeiräte noch andere Formen von Elternmitsprache.

Das Jugendwohlfahrtsgesetz (JWG) von 1923 gab keinerlei Antwort auf die Frage nach den Rechten und Belangen von Eltern bzw. Familien in Kindertageseinrichtungen. Zwar wurde bereits 1920 auf der Reichsschulkonferenz die grundlegende Entscheidung ge-

[11] Vgl. Kapitel 3

troffen, dass die Erziehung jüngerer Kinder weiterhin in den Verantwortungsbereich der Familien fällt, die Eltern damit auch weiterhin rechtlich die „Ersterzieher" blieben; das hatte jedoch keine Auswirkungen auf das Recht an einer stärkeren Beteiligung an den Angelegenheiten des Kindergartens. Faschismus und DDR-Sozialismus legten dann sowieso staatlich fest, was wann mit den Kindern zu geschehen habe und schrieben auch Eltern vor, was diese zu tun hatten.

Dabei war pädagogisch schon früh über das Verhältnis des Kindergartens zur Familie und umgekehrt nachgedacht worden, wie das folgende Zitat belegt:

„Der Kindergarten hat die Aufgabe, die häusliche Erziehung der Kinder im vorschulpflichtigen Alter zu unterstützen und zu ergänzen... Die Kindergärtnerin soll die Verhältnisse des Elternhauses, insoweit sie auf die Erziehung des Kindes Einfluß haben, die Erziehungsarbeit der Mutter und die körperlichen sowie geistigen Fähigkeiten des Kindes kennen, um ihrerseits mit den Erziehungsmaßnahmen des Hauses gleichen Schritt halten zu können." [12]

Ende der 60er-Jahre, Anfang der 70er-Jahre führten in Westdeutschland eine ganze Reihe von Faktoren zu einer Veränderung der Beziehung Kindertageseinrichtung-Familie. Im Zuge der „kulturellen Revolution" in den 60ern hatten sich neue Ideen in der Pädagogik zu etablieren begonnen. Die „antiautoritäre Erziehung" und die Hinwendung zu einer qualifizierten frühkindlichen Erziehung fanden ihren Niederschlag in der so genannten Kinderladenbewegung. Im Gefolge gründeten vielerorts auch nicht in erster Linie pädagogisch motivierte Eltern Eltern-Kind-Gruppen. Mangels Betreuungsangeboten für Kleinkinder waren sie vor allem Selbsthilfegruppen.

In all diesen Versuchen drückte sich ein ganz neues Interesse von Eltern auch an der gesellschaftlichen Erziehung ihrer jüngeren Kinder aus. Gleichzeitig wurden im Zuge sozialdemokratischer Reformbemühungen Anfang der 70er-Jahre binnen weniger Jahre tausende kommunale Kindertageseinrichtungen gebaut. Diese Faktoren führten im Zusammenhang mit der breit angestrebten Demokratisierung der Gesellschaft in der damaligen Bundesrepublik zu einem veränderten Verständnis der Zusammenarbeit mit den Eltern.

Nun wurden Eltern in die Kindertageseinrichtungen eingeladen, Elternbeiräte gegründet, Eltern bekamen auch institutionell abgesicherte Rechte. Diese Bemühungen wurden mit dem Begriff „Elternarbeit" beschrieben. Aber üblich war noch, dass allein die Kita Zeit, Umfang und Inhalte der Zusammenarbeit mit Eltern bestimmte. Elternarbeit wurde begriffen als Angebot der Institution an Eltern zur Mitarbeit und Information. Im Blick blieben weiterhin nur die Personen selbst, in der Regel die Mütter. Und weiterhin waren

---

12 Fellner 1901

die Zeitkontingente der Erzieherinnen für die Zusammenarbeit mit Eltern äußerst gering. „Elternarbeit" wurde bestenfalls nebenher als meist sehr ungeliebtes Anhängsel der kindbezogenen Tätigkeiten betrieben.

Die folgenden Jahre können als Etablierung der „Elternarbeit" bezeichnet werden. Erst das „Kinder- und Jugendhilfegesetz" (KJHG) von 1990 brachte, zumindest vom Gesetzgeber als Anspruch formuliert, auch bezüglich der Zusammenarbeit zwischen Kindergarten und Familie, eine Änderung. Wenn sich die Kindertageseinrichtung nun an den Bedürfnissen der Kinder *„und ihrer Familien"*[13] ausrichten sollte, musste sie nun nach Wegen suchen, auf denen sie diese Bedürfnisse kennen lernen konnte. Verhalten begannen da und dort Erzieherinnen, sich auch für die Lebensverhältnisse der Familien zu interessieren und „lebensweltbezogen" zu denken. Dies bedeutete ein mühsames Umdenken, denn damit wurde die tradierte Rollenvorstellung der Erzieherinnen angefragt und die Frage nach den personellen Ressourcen für mehr Familienorientierung aufgeworfen.

Auch der Auftrag in Bezug auf die Familien hatte sich für die Kita geändert. An die Stelle der Fürsorge trat nun die Hilfe. Das Prinzip, anstelle der bzw. vertretend für die Familie etwas Sozialpädagogisches zu tun, wurde ersetzt durch das „Familien ergänzende" Handeln nach dem Prinzip der Hilfe zur Selbsthilfe. Nach und nach setzte sich damit auch das Vertrauen in die (Selbsthilfe-)Kräfte der Familien durch. Wo das gelang, wie z. B. in der hessischen Stadt Hanau[14], konnte sich schließlich langsam auch ein an den Interessen und Bedürfnissen der Familien orientiertes partnerschaftliches Verhältnis durchsetzen.

Dort und anderswo entwickelten sich breitgefächerte Kooperationsformen zwischen Erzieherinnen und Eltern als Vertreterinnen der Institution Kindertageseinrichtung auf der einen und den Familien auf der anderen Seite. Sie machten sich daran, *„die Anstrengung zwischen gleichberechtigten Partnern…, über zentrale Themen zu gemeinsamen und tragfähigen Positionen zu kommen"*[15] zu meistern und die dafür notwendigen Rahmenbedingungen zu entwickeln. Hier wurde die Zusammenarbeit mit Eltern bzw. den ganzen Familien nicht mehr länger als Anhängsel ansonsten kindbezogener Tätigkeit begriffen, sondern als zweites Standbein und zentrale Aufgabe. Nicht zuletzt in den etwas anderen zeitlichen Prioritätensetzungen und im Entwicklungsauftrag an Fachberatung und Leitungen war das erkennbar.

Insgesamt kann gesagt werden, dass das Prinzip des offenen Aushandelns heute mehr und mehr gefordert wird. Wir bezeichnen diese Form des Aushandelns deshalb als offen, weil dabei keine Seite mehr im Vorhinein festlegt, was zu geschehen hat oder am Ende herauskommen soll. Dies enthält Chancen, dialogisch und bedürfnisorientiert miteinander umzugehen. Gleichzeitig bergen diese Chancen aber auch Anforderungen

---

13 KJHG § 22
14 Siehe Jugendamt der Stadt Hanau 1996
15 Thiersch/Thiersch 1999, S. 39–42

an Erzieherinnen an eine bewusste und professionelle Beziehungsgestaltung zu Eltern, gerade auch wenn es schwierig werden sollte.

2.2 Von der Anstalt zur Dienstleistung: Eltern als Bittsteller und Kunden

In jüngerer Zeit wird die im vorangegangenen Kapitel aufgezeigte Entwicklung durch zwei weitere Faktoren forciert. Zum einen sind wir erstmals in unserer Geschichte (jedenfalls in den westlichen Bundesländern) in eine Phase eingetreten, in der sich der „Markt" der Kindertagesbetreuung gravierend wandelt. Bis weit in die 90er-Jahre hinein gab es nämlich gewissermaßen eine Mangelwirtschaft, dergestalt dass Kitas wegen der großen Nachfrage zum Teil sehr lange Wartelisten führen mussten. Für die in der Tradition der Nothilfe stehenden Krippen und Horte galt dies sowieso – und gilt es in aller Regel bis heute. Aber auch im Kindergartenbereich, der traditionell immer das weitaus größere Angebot machen konnte, waren Plätze Mangelware. Noch Mitte der 60er-Jahre des letzten Jahrhunderts war im Westen durchschnittlich nur für jedes dritte Kind ein Platz in einem Kindergarten vorhanden. Zehn Jahre später waren es immerhin schon 65 Prozent.[16] Im Osten war allerdings die Vollversorgung annähernd schon erreicht. Mit Einführung des Rechtsanspruchs auf einen Kindergartenplatz für jedes Kind im Jahre 1996 gab es nach langen Jahren des allmählichen Ausbaus einen neuen Schub in der Erweiterung des Platzangebotes. Bei gleichzeitig zurückgehenden Kinderzahlen konnte nach kurzer Zeit an den meisten Orten auch im Westen die Nachfrage voll befriedigt werden. Zwar finden sich in Städten immer noch Wartelisten, aber in vielen Regionen auch schon Überkapazitäten im Platzangebot, was im Osten bereits bald nach 1989 eingetreten war.

Vom Nachfragemarkt zum Angebotsmarkt

Diese Entwicklung bedeutet einen Wandel, den es in unserer Geschichte noch nicht gab, nämlich der Wandel des Marktes von einem Nachfragemarkt zu einem Angebotsmarkt. Dieser ist mit weitreichenden Folgen für die Familien und Kindertageseinrichtungen verbunden. Was heißt das konkret? Stellen wir uns vor, wie Eltern, die einen Platz für ihr Kind suchen, auf eine Kita zugehen mögen, wenn dort eine Warteliste existiert. Ihr Ziel ist es, möglichst bald oder zum frühest möglichen Zeitpunkt einen Platz zugeteilt zu bekommen. Wenn es mehrere Einrichtungen in ihrem Umfeld gibt, die infrage kommen, werden sie sich bei allen anmelden. Sie werden Gründe vortragen, warum die baldige Platzzusage gerade für sie besonders wichtig ist, werden ihren Betreuungsnotstand wegen Berufstätigkeit bzw. die Bedrohung derselben ins Feld führen, wenn sie keinen Platz für ihr Kind

[16] Vgl. Erning/Neumann/Reyer 1987, S. 13

erhalten sollten. Sie werden vielleicht mit der Notwendigkeit von Freundschaften und/oder vorschulischer Bildung für ihr Kind argumentieren usw. Dass die Öffnungszeiten der Einrichtung vielleicht gar nicht ihren Bedürfnissen entsprechen oder die pädagogische Arbeitsweise der Kita bei ihnen Zweifel aufkommen lässt, sind Vorbehalte, die gegenüber dem eigentlichen Platzbedarf nachrangig betrachtet werden. Auf diesem Nachfragemarkt finden sie sich in der Rolle von Bittstellern wieder, die nur sehr begrenzt Einfluss darauf nehmen können, was ihnen angeboten wird, also nehmen müssen, was sie bekommen. Die Kita auf der anderen Seite ist in der Position der Gewährenden, die zwar das Problem der „gerechten" Vergabe der Plätze zu bewältigen hat, sich aber keine Sorgen um etwa nicht belegte Plätze machen muss.

Mit dem „Umkippen" des Nachfragemarktes zum Angebotsmarkt verändert sich diese Konstellation grundlegend. Wie gehen Eltern auf eine Kita zu, in der es freie Plätze gibt? Aller Erfahrung nach werden sie sich erkundigen, welche Kitas mit welchen Öffnungszeiten und welchem pädagogischen Konzept oder Ruf sich in ihrem Umfeld befinden. Sie werden sich eingehender mit der Arbeitsweise der Kitas beschäftigen, wissen wollen, mit welchen Personen es ihr Kind da zu tun haben wird, ob es vielleicht attraktive Angebote, wie etwa Früh-Englisch, einen Dienstleistungsabend oder -Samstagvormittag oder besondere Unternehmungen für Kinder und Eltern gibt. Sie werden vergleichen, die Ergebnisse ihrer Vergleiche in den Einrichtungen kommunizieren und möglicherweise Forderungen daraus ableiten. *(„Die anderen arbeiten aber nach Montessori." – „Können Sie nicht eine halbe Stunde früher öffnen?")* Nun sind sie in der Rolle von Kunden, die sich das für sie geeignetste Angebot aussuchen können. Die Kita muss angesichts ihres betriebswirtschaftlichen Drucks der möglichst lückenlosen Belegung ihrer Plätze dafür sorgen, Kundenwünsche zumindest so weit zu befriedigen, dass sie keine dauerhaft freien Plätze aufweist. Zusätzlich wird sie bestrebt sein müssen, ein qualitativ hinreichendes Betreuungsprogramm anzubieten, um „Abwanderungen" in andere Kitas zu vermeiden. Dies verschärft die Konkurrenz unter den Einrichtungen und zwingt die Fachkräfte, in betriebswirtschaftlichen und Kategorien des Qualitätsmanagements zu denken.

Die soziale Dienstleistung ist etwas Besonderes

Diese Entwicklung wird zudem begleitet von einem „Zeitgeist", der unsere moderne Gesellschaft insgesamt durchweht: Wir alle zeigen stärker als in früheren Jahrzehnten in vielfältigen Bezügen Kundenverhalten. Als Verbraucher im Lebensmittelmarkt, Fahrgast in der Bahn, Kunde einer Telefongesellschaft, Mandant beim Rechtsanwalt, Patient beim Arzt, Besucher einer Behörde, wenn wir eine Reise buchen oder ins Konzert gehen und in zahlreichen anderen Zusammenhängen achten wir völlig selbstverständlich und zu Recht darauf, ordentliche Produkte und Dienstleistungen für unser Geld zu erhalten. Bei Unzufriedenheit reklamieren und verhandeln wir, beschweren uns oder wechseln den Anbieter.

Die Anbieter, insbesondere die kommerziellen, haben sich in verstärkter Weise darauf eingestellt. Aber auch klassische Behörden und nichtgewerbliche Institutionen haben ihre gefürchtete Arroganz gegenüber Bürgern aufgegeben und sich deutlich zu Dienstleistungszentren gewandelt. Kindertageseinrichtungen sind keine Ausnahmen in diesem Konzert der Anbieter und Eltern, als deren Kunden,[17] haben keinen Grund, die Einrichtungen anders zu betrachten als alle sonstigen Anbieter auch. Hand aufs Herz: Wenn Sie, als Erzieherin, Ihr eigenes Kind in einen Kindergarten geben, setzen Sie als Elternteil dann nicht auch sofort eine „Kundenbrille" auf, mit der Sie die Einrichtung plötzlich in einem anderen Licht sehen als Sie das als Erzieherin in der eigenen Arbeitsstätte tun?

Nun könnte man einwenden, dass eine Kita kein Kaufhaus ist und eine sozialpädagogische Fachkraft keine kommerzielle Dienstleisterin, und dieser Einwand ist nicht von der Hand zu weisen. In der Tat unterscheidet sich die Kindertageseinrichtung vom Autohaus, Immobilienmakler, Frisör oder der Reinigung in wesentlichen Punkten, und es kann nicht darum gehen, jeden Kundenwunsch zu erfüllen. (Dies tut selbst ein gewerblicher Betrieb nicht.) Ein Hauptunterschied ist nämlich, dass es für die Kita einen gesellschaftlichen Auftrag gibt, der im Kinder- und Jugendhilfegesetz normiert ist. Auf dessen Grundlage agieren die Fachkräfte, und damit sie ihn gut erfüllen, müssen sie fachliche Kompetenzen einbringen. Eine Erzieherin darf nicht nur, sie muss auch gegebenenfalls Elternwünsche zurückweisen, wenn diese mit den Gesetzen und der Konzeption und fachlichen Standards der Kita nicht vereinbar sind.

Ein weiterer gravierender Unterschied besteht darin, dass die soziale Dienstleistung nur unter der Mitwirkung der Adressaten zustande kommt. Beim Frisör etwa würde es nämlich durchaus reichen, seine Wünsche anzugeben, dann während der Prozedur zu schweigen und allenfalls Fragen zur Ausführung der Wünsche zu beantworten. Gespräche, die höflicherweise geführt werden, sind meist „small talk" und haben nicht zwingend das gute Gelingen der Dienstleistung zum Ziel, während etwa ein Elterngespräch in der Kita thematisch und im Verlauf von der Mitwirkung der Eltern abhängig ist. Ohne gewollte und inhaltlich relevante Gesprächsbeteiligung der Eltern kann ein Elterngespräch nicht stattfinden. Überspitzt gesagt: Im ersten Fall ist die Dienstleistung im Kern eine materielle, die mittels Handwerkszeug erbracht wird, im zweiten Fall ist sie eine personelle, die durch die Personen selbst erbracht wird.

Diese Kooperationsgrundlagen bestimmen die Zusammenarbeit ganz direkt. Auch wenn nicht jeder Kundenwunsch erfüllt werden kann und soll, so müssen die Fachkräfte doch Interesse für die Wünsche und Erwartungen zeigen und dann im zweiten Schritt überle-

[17] Der Kundenbegriff ist in der sozialen Dienstleistung, die ja nur zu einem Teil vom Nachfragenden tatsächlich bezahlt wird, problematisch. Er wird hier dennoch benutzt, um die Argumentation zu verdeutlichen.

gen, welche sie wie erfüllen wollen und können. Auch aus diesem Grund muss es zu Abstimmungen, Verhandlungen, Vereinbarungen und manchmal zu Meinungsverschiedenheiten, Beschwerden und Konflikten kommen. Es nützt nichts, dies zu beklagen oder gar den Eltern unlautere Absichten oder „Unverschämtheiten" anzulasten. Es ist Aufgabe der Fachkräfte in der Kita, den Kontakt zu den Eltern, wie immer diese im Einzelnen zu ihnen kommen, zu moderieren. Glücklicherweise steht ihnen mit den erwähnten gesetzlichen Grundlagen, der Konzeption und den fachlichen Standards der Einrichtung ein Sicherheit gebendes Argumentationsinstrumentarium zur Verfügung.

2.3 Noch ungewohnt: systemisches Denken

Wir haben in Kapitel 1 gesehen: die Denk-, Gefühls- und Handlungsmuster sind im Gepäck. Kinder, die in Kindertageseinrichtungen kommen, bringen sie mit und lassen sich in ihrem Verhalten auch dort davon leiten. Im Hintergrund befindet sich die ganze Familie. Auch ohne dass wir ihr real begegnen, ist sie doch in der Kindertageseinrichtung allgegenwärtig.

Die Wechselbeziehungen zwischen den Bedürfnissen dieser Familien – ihnen soll es ja im Interesse der Kinder „gut gehen" – und dem Geschehen in der Kindertageseinrichtung können wir besser verstehen, wenn wir uns der so genannten systemischen Sichtweise öffnen. Wir möchten ausdrücklich dazu ermuntern, sich dieser Denkweise anzunähern. Das geht, so meinen wir, auch ohne besondere Ausbildung. Auch wir selbst sind keine ausgebildeten „Systemiker". Und, was am Anfang vielleicht ungewohnt und erst einmal schwierig erscheint, ist bei ein wenig Beschäftigung mit dieser Theorie durchaus eingängig und außerordentlich hilfreich für das Verständnis der ambivalenten Beziehung zwischen Eltern und Erzieherinnen. Wir bemühen uns deshalb, die systemische Sichtweise in diesem Buch durchzuhalten und auch für Laien nachvollziehbar werden zu lassen.

Was ist darunter zu verstehen? Die systemische Perspektive ist eine bestimmte Art, die Welt wahrzunehmen. Nach ihrem Verständnis gehört jeder Mensch (und nicht nur der Mensch) einer Vielzahl von Systemen an, in denen er in ständiger Wechselwirkung mit anderen Teilen dieser Systeme steht. Und auch die Systeme selbst treten ihrerseits in Wechselwirkung mit anderen Systemen. Was so theoretisch klingt, hat ganz praktische Auswirkungen auf unsere Art und Weise, Phänomene, die wir erleben, zu erklären.

In der Regel sind wir es gewohnt, uns an das Ursache-Wirkung-Prinzip zu halten. Das heißt, wir erleben ein Ereignis und fragen nach **der** Ursache, um es zu verstehen. Systemisch gedacht, würden wir nach den **Wechselbeziehungen** suchen, die zu dem Ereignis geführt haben und danach fragen, welchen Einfluss das Ereignis selbst wieder auf das Ursachengefüge hat. In diesem Verstehen hat kein Ereignis nur eine Ursache. Es ist also der Abschied vom gewohnten „Wenn-dann-Denken". Entsprechend fragen z. B. systemisch denkende Naturwissenschaftler heute nicht mehr nur danach, welche Wirkung ein bestimmtes Insektengift auf das Wachstum einer einzelnen Pflanze hat, sondern auch danach, wie es sich im Ökosystem insgesamt auswirkt.

Ganz praktisch: Eine Mutter beschwert sich regelmäßig darüber, ihr Kind habe sich im Kindergarten wieder schmutzig gemacht und bittet die Erzieherinnen, doch besser aufzupassen. **Eine** Ursache dafür könnte sein, dass die Mutter nicht versteht, wie wichtig für jüngere Kinder elementare Erfahrungen mit Naturmaterial sind. Man könnte also linear „beraten": **Wenn** Ihr Kind in Schlammpfützen tritt, **dann** macht es wichtige Erfahrungen und das ist gut für das Kind. Systemisch gedacht fragen wir aber viel weiter und interessieren uns auch für die folgenden Zusammenhänge und Wechselwirkungen:

- Welche Bedeutung hat das regelmäßige Schmutzigmachen für das Kind? Was kann es davon haben?
- Wie erlebt das Kind die Intervention der Mutter?
- Was hat die Mutter von ihren immer wiederkehrenden Beschwerden?
- Was findet statt, bevor sie in den Kindergarten kommt, was danach?
- Welche Gewohnheiten gibt es in der Familie in Bezug auf Sauberkeit?
- Was würde der Vater, ggf. Nachbarn oder die Großmutter des Kindes dazu sagen?
- Welche Auswirkungen hat unser regelmäßiges Herabwürdigen des Problems auf die Familie?
- Welche eigenen Erinnerungen hat eventuell die Mutter an den Kindergarten?

Wir würden also danach forschen, in welchen Wechselbeziehungen ein einzelnes Verhalten mit anderen Erfahrungen, Mustern, Gefühlen, Umständen etc. stehen könnte, um die Familie insgesamt zu verstehen. Damit lenken wir weg vom Einzelnen und seinen Symptomen hin zum System und seiner Störung.

Im systemischen Verständnis stellt jede Familie ein bestimmtes System von Beziehungen dar, in dem alle voneinander abhängen und aufeinander angewiesen sind. Jedes Verhalten und Erleben geschieht in einem Interaktionsprozess, in ständiger gegenseitiger Beeinflussung. Jedes Familienmitglied erfüllt dabei für alle anderen eine bestimmte Funktion. Das momentane Verhalten des Kindes kann z. B. der Mutter spiegeln: *„Ich bin eine gute Mutter"*, dem Vater: *„Für meine Familie ist gut gesorgt"*, der Großmutter: *„Ich muss mich nicht mehr darum kümmern"*, und dem Bruder: *„Ich bin schon viel größer."*

Menschen handeln in positiver Absicht für sich selbst

Jedes System ist immer wieder allen möglichen Veränderungen ausgesetzt. Sie können von innen her kommen oder von außen. Jede Veränderung bringt ungewohnte und verunsichernde Ungleichgewichte mit sich. Zu einem System zu gehören, bedeutet deshalb stets auch, sich dafür mitverantwortlich zu fühlen, dass es als System im Gleichgewicht bleibt. Virginia Satir vergleicht dies mit einem Mobile, an dem die einzelnen Familienmitglieder „hängen":

„In einem Mobile können alle Teile – unabhängig von ihrer Größe und Gestalt – gruppiert und ins Gleichgewicht gebracht werden, indem man die verbindenden Drähte kürzer oder länger macht und die Abstände zwischen den Einzelteilen verändert. Genauso ist es in der Familie. Kein Familienmitglied ist identisch mit einem anderen. Sie sind alle verschieden und befinden sich auf verschiedenen Ebenen der Entwicklung. Genauso wie bei einem Mobile kann man nicht einen verschieben, ohne an den anderen zu denken." [18]

Alle Familienmitglieder hängen miteinander zusammen, das Verhalten jedes Einzelnen beeinflusst alle Anderen

Jede Bewegung eines Einzelnen bringt alle anderen in unvorhergesehener Weise in Bewegung. Das Gleiche passiert, wenn etwas Neues an das Mobile gehängt wird. So versucht jeder auf seine Weise, die eigene Familie zu schützen und erwartet das auch von den Anderen. Das kann sich durchaus in Verhaltensweisen zeigen, die für Außenstehende unverständlich sind, ja sogar solchen, die diese ablehnen (müssen). **Subjektiv**, d.h. aus Sicht der Familienmitglieder selbst, erfolgt aber jede Handlungsweise aus der **positiven Absicht** heraus, die eigene Familie in ihren stützenden und schützenden Strukturen zu bewahren und zu stärken. Häufig sind sich die Familienmitglieder dieses Motivs gar nicht bewusst. Überhaupt versucht jeder Mensch grundsätzlich, das für ihn Richtige zu tun.

[18] Satir 1996[12], S. 149

Auf jede neue Anforderung, zum Beispiel den veränderten Verhaltensweisen eines Kindes in der Pubertät oder bei anstehenden beruflichen Veränderungen, müssen Familien adäquat reagieren. Gelingt es ihnen nicht, die passende Form zu finden, laufen sie Gefahr, aus dem Gleichgewicht zu geraten. Diese Problemlagen müssen als Problemlagen der ganzen Familie und nicht als Probleme einzelner Familienmitglieder erkannt werden. In solchen Situationen brauchen Familien meist Unterstützung anstelle von Kritik.

Interpretieren Erzieherinnen beispielsweise das Ausbleiben von Grenzsetzungen gegenüber einem Kind durch seine Mutter als Fehlverhalten („Sie ist eine schlechte Mutter."), kann sich dahinter für die Mutter eventuell die Angst verbergen: „Ich möchte nicht die Liebe meines Kindes verlieren." In diesem Fall hilft es nicht weiter, die Mutter noch mehr zu verunsichern und zu belasten, indem ihr Fehlverhalten vorgeworfen wird. Helfen würde vielmehr, ihre Angst und subjektiven Beweggründe wahrzunehmen.

Es geht also darum, in Elternäußerungen oder dem Verhalten der Kinder diese subjektiv positive Absicht, etwas Gutes für die Familie erreichen zu wollen, zu entdecken und zu würdigen. Das fällt nicht immer leicht. Was ist zum Beispiel zu tun, wenn Eltern Erzieherinnen offensichtlich anlügen oder gar ihr Kind schlagen? Systemisch gedacht müsste danach geforscht werden, welches positive Ergebnis mit dieser nichtadäquaten Verhaltensweise erreicht werden soll. Dazu ist ein Perspektivenwechsel notwendig. Man muss dann selbst den Blickwinkel der einzelnen Familienmitglieder einnehmen oder danach fragen. Man kann sich durchaus gegen Lügen zur Wehr setzen oder Eltern darauf hinweisen, dass man ihr Tun nicht unterstützen will, und dennoch versuchen zu verstehen, aus welchem systemischen Kontext heraus das jeweilige Handeln resultiert und ihnen Respekt entgegenbringen. Die *„subjektive Konstruktion der Wirklichkeit beim Anderen zu erfassen, ist Grundlage des gegenseitigen Verstehens"*, schreibt Klaus Utz.[19]

Ein konkretes Beispiel

Der 5-jährige Lennart ist ein Kind mit sensorischen Integrationsstörungen. Sprache und Schmerzempfinden sind unterentwickelt. Zuweilen fügt er sich selbst körperlichen Schaden zu und merkt es nicht. Oft reagiert er laut und aggressiv. Ihm fehlen darüber hinaus die natürlichen Hemmschwellen. Auch, wenn er nicht fest zuhauen möchte, trifft er mit Wucht. Er kann das einfach schwer regulieren. Seine Mutter ist 23 Jahre alt und allein erziehend. Zu Lennarts Vater hat sie keinen Kontakt mehr. Sie lebt nun mit einem neuen Freund zusammen. Sie befindet sich gerade in einer Umschulung zur Sekretärin. Ihre gemeinsame Wohnung ist sehr klein. Immer läuft der Fernseher. Der Freund von Lennarts Mutter ist für Lennart der Allergrößte. Er ist LKW-Fahrer und fährt mit Lennart zu LKW-Rennen. Lennart kennt sich auch in der Wrestling-Szene schon gut aus.

[19] Utz 1998, S. 25

Über einen langen Zeitraum hinweg haben Lennarts Erzieherinnen der Mutter viele Ratschläge gegeben: Sie solle sich etwas mehr um Lennart kümmern, solle sich eine Wohnung suchen, in der Lennart ein eigenes Zimmer habe, solle sich einer Erziehungsberatung anvertrauen.

Über den gleichen Zeitraum hinweg hat Lennarts Mutter all die „gut gemeinten" Ratschläge an sich abprallen lassen. Schließlich sei sie nicht „asozial", Lennart ein kluges Kerlchen und die Erzieherin solle ihm vielleicht etwas mehr von dem beibringen, was er noch brauche. Dass Lennart wenig Schmerz spüre, sei doch für einen Jungen ganz in Ordnung.

Erzieherinnen und Mutter (zu Vater und Freund kam es nie zu einem Kontakt) verstehen sich nicht. Beide wollen die jeweils andere Seite ändern, sozusagen als Vorbedingung für eine mögliche Zusammenarbeit. Es ist an der Erzieherin, der professionellen Seite dieser Beziehung, diesen Kreislauf zu durchbrechen und das Notwendige zu tun. Wir begeben uns also auf die Suche nach den, aus Sicht der Familie, positiven Absichten im Verhalten von Lennarts Mutter: Sie wehrt sich nämlich deshalb, Lennarts Entwicklungsverzögerungen wahrzunehmen, weil sie ihre Familie einfach nicht noch zusätzlich damit belasten kann. Indem sie sich gegen die Ratschläge der Erzieherinnen stemmt, schützt sie also ihr Familiensystem. Wer kann ihr das verdenken?

Vielleicht hilft uns das Wissen, dass Wohlergehen und Entwicklung des Kindes weitgehend von der Qualität der Beziehungen **in der Familie** abhängen, uns der notwendigen Ergänzung des Berufsprofils von Erzieherinnen zu stellen: Statt von außen verändernd in die Familie einwirken zu wollen, würden wir sie dann stärken und ihr helfen, im Vertrauen auf ihre stets vorhandenen Ressourcen und Kräfte selbst nach möglichen, vor allem aber zu ihr passenden Veränderungen zu suchen.

Im Beispiel würde das vielleicht heißen, zuerst Entlastungsmöglichkeiten für Lennarts Familie aufzuspüren. Das könnten sein: Das Arrangieren eines Allein-Erziehenden-Treffens, bei dem sich Lennarts Mutter mit anderen in der gleichen Lage zwanglos über ihre Belastungen unterhalten kann. Dort würde sie Zustimmung und Anerkennung finden und vielleicht auch ganz praktische Tipps bekommen. Vielleicht würden sich Lennart und seine Familie auch über das Angebot, einmal über die LKW-Rennen zu berichten, oder eine Einladung an den Freund von Lennarts Mutter freuen oder über interessiertes Nachfragen bezüglich der Ausbildung von Lennarts Mutter. Vielleicht würde aber auch die unmittelbare Hilfe bei der Beschaffung eines Babysitters oder das Angebot, die Räumlichkeiten der Einrichtung für familiäre Angelegenheiten zu nutzen, Lennarts Mutter entlasten.

Vielleicht aber würde auch keines dieser gut gemeinten Angebote von außen greifen, denn *„der Helfende bzw. Erziehende ist nicht in der Lage zu wissen, ‚wie es sein müsste', daher sollte er sich nicht auf sein eigenes Ziel konzentrieren, sondern auf das Wachstumsziel des Kindes, Jugendlichen oder Erwachsenen. Damit denkt und handelt er in einer neuen Beziehung in einer anderen Haltung zu diesem."*[20]

Vielleicht bleibt die Frage offen, wie man es als Erzieherin in einem pädagogischen Alltag, in dem unablässig entschieden und gehandelt werden muss, schaffen kann, auch noch systemisch zu denken. Wir meinen, das geht nicht von heute auf morgen und auch nicht von alleine. Wir haben gesagt, die systemische Theorie ist eine bestimmte Art des Denkens über die Welt. Und wir glauben, wenn man sich ihr nähern möchte und sich damit befasst, wird diese Art der Weltsicht Schritt für Schritt normal im Sinne von einfach vorhanden. Dann brauchen wir auch nicht mehr jedesmal gesondert darüber nachdenken: „Wie würde ich jetzt fragen, wenn ich systemisch an die Sache herangehe?", sondern es einfach – und selbst unbemerkt – tun. Beim Herantasten ist vielleicht Virginia Satirs Bild vom Mobile hilfreich. Wenn es um Fragen geht, warum sich eine Mutter oder ein Vater so oder so verhalten, kann man sich leicht vorstellen, wer noch alles im Mobile seinen Platz hat und wie diese Familienmitglieder eventuell darüber denken. Die auf diese Weise gefundenen Schlussfolgerungen werden sich bestimmt von dem unterscheiden, worauf man kommt, wenn man im Wenn-dann-Stil nur nach einer Ursache sucht.

Auch Eltern sind Experten

Wir haben weiter oben betont, dass der Mensch stets versucht, das für ihn Richtige zu tun, dass er über subjektiv positive Absichten verfügt. Dasselbe trifft auf Systeme und damit auch für die Familie und im Besonderen die Eltern zu. Das heißt, sie tun stets das aus ihrer subjektiven Sicht Beste für ihre Familie. Darüber hinaus verfügen im systemischen Denkgebäude Menschen und Systeme grundsätzlich über die Ressourcen und Kapazitäten, die sie benötigen, um wachsen zu können. Helfer und Berater vertrauen auf diese Ressourcen und helfen, sie zu aktivieren bzw. zu erweitern. Die Verantwortung für Wachstum, Veränderung und Entwicklung tragen stets die Betroffenen selbst.

Traditionell sind wir als Helfende gewohnt, bei demjenigen, der unsere Hilfe empfängt, Defizite auszumachen, die mit unserer Hilfe behoben werden sollen. Nicht anders ist die herkömmliche Familienhilfe vorgegangen. Eine solche Haltung verhindert indes weitgehend, den Anderen in seinem „So-sein" überhaupt wahrzunehmen. Wir sehen ihn als Mängelwesen und uns als Fehlerbeheber. Was der Andere an Ressourcen und Fähigkeiten, an Absichten und Plänen, an Wissen und Erfahrung mitbringt, um sein Leben selbst in die Hand zu nehmen und genauso eigenverantwortlich Ungleichgewichte und Veränderungen zu meistern, entgeht uns auf diese Weise weitgehend. Gelingt es uns hin-

[20] Ebd., S. 26

gegen, dem Kommunikationspartner eine solche Haltung entgegenzubringen, erkennen wir in ihm einen Experten, nämlich den Experten für seine eigene Lebenssituation.

Wir möchten hier empfehlen, Eltern grundsätzlich als Experten zu betrachten. Ein Hamburger „Forschungsprojekt zur Entwicklung von Elternarbeit" hat sehr anschaulich beschrieben, worum es dabei geht:

„Sich klar zu machen, wie vielfältig die täglichen Anforderungen an Eltern sein können und wie viel Kraft und Kompetenz deren Bewältigung kostet, haben wir als sehr hilfreich empfunden. Auf dieser Grundlage haben wir uns aktiv um den Zugang zur Lebenswelt der Familien bemüht. Ganz schnell wurde deutlich, welche Forderungen wir einigen Familien in ihrer Situation nicht stellen können. Bereitwilliger als sonst haben wir in Problemsituationen gemeinsam nach Spielräumen und Alternativen gesucht. Der Schritt in unserem Kopf, ein Problemgespräch mit Eltern als ‚Expertengespräch' zu sehen, hat neue Schritte aufeinander zu ermöglicht." [21]

Natürlich sind Eltern im Allgemeinen keine Experten im wissenschaftlichen Sinn. Auch wenn sie heute mehr denn je über pädagogisches Allgemeinwissen verfügen, sind sie dennoch keine ausgebildeten Fachkräfte. Wir betrachten Eltern als „Feld-Experten". Damit ist gemeint, dass sie über intime Kenntnis der Lebenssituation ihrer Familie verfügen, die Balance ihres Familiensystems am besten einschätzen können und als Insider dafür die volle Verantwortung tragen. Als Feldexperten sind sie einerseits grundsätzlich in der Lage, ihre Lebenssituation zu meistern, andererseits müssen sie dies auch tun, denn diese Verantwortung ist ihnen rechtlich und gesellschaftlich in vollem Umfang gegeben und kann ihnen – von wenigen Einzelfällen abgesehen – auch nicht entzogen werden.

Die systemische Sichtweise im Einzelnen

1. Alles hängt mit allem zusammen. Jede Veränderung betrifft jeden.

- In der Kommunikation darüber, z. B. im Team, werden nicht nur der Einzelne und seine Verhaltensweisen betrachtet, bewertet, gewürdigt, sondern die Familie als System. Die Einzelbedürfnisse werden auch in Wechselwirkung mit denen der ganzen Familie gesehen und verstanden.

---

21 Eppel u. a. 1996, S. 21 f.

2. Das Verhalten der einzelnen Person erklärt sich nicht in erster Linie aus ihr selbst heraus, sondern aus ihrer Rolle im System.

- Das bedeutet auch, dass sie nicht nur selbst entscheidet und agiert, sondern auch reagiert und andere entscheiden lässt.

3. Das System will im Gleichgewicht bleiben.

Muss das System auf Anforderungen reagieren, führt dies zu Verhaltensänderungen bei *allen* Mitgliedern des Systems. Diese Reaktionsweisen können

- angemessen (funktional, konstruktiv) sein oder
- nicht angemessen (dysfunktional, destruktiv). Ein Beispiel dafür: das Bemühen, auf jeden Fall die alten Verhaltensmuster beizubehalten („mehr desselben").

4. Jeder tut für das Gleichgewicht das Beste, das er zurzeit tun kann.

- Er hat für sein Verhalten gute Gründe und positive Absichten im Sinne des Gleichgewichts.

5. Veränderungen sind nur möglich, wenn

- das System sie aushalten kann (damit belastet werden kann) und
- die Mitglieder sie wollen.

6. Eltern sind als Mitglieder des Systems Familie die Experten für dessen Gleichgewicht.

- Sie wissen am besten, wie welche Interventionen wirken können.

Haltungen, die daraus folgen:

- Ich suche nach den guten Gründen, positiven Absichten, Interessen und Zielen der Familienmitglieder, auch wenn sie für mich zunächst nicht positiv erscheinen. Ich kann sie entdecken, wenn ich echtes Interesse zeige und die Sicht der Familienmitglieder einnehme.
- Ich respektiere die Eltern als Experten für ihre Familie. Ich kann ohne sie keine Lösung finden.
- Ich anerkenne und betone die Eigenverantwortlichkeit der Familienmitglieder. Ich muss vorsichtig intervenieren und ablehnende Entscheidungen der Eltern respektieren. Es darf aus meiner Sicht auch „schief gehen", ohne dass ich dafür verantwortlich bin.
- Ich erkläre mich für die Familie zuständig, muss aber nicht für alles eine Lösung anbieten.
- Ich bin zuständig für eine möglichst konstruktive Gestaltung des Kontakts.

Eltern nicht erziehen wollen

Eltern sind also in vollem Maße zuständig für ihre Familie! Was so banal klingt, hat erhebliche Folgen. Diese Erkenntnis im Zusammenhang mit dem positiven Menschenbild der systemischen Denkweise kann aus unserer Sicht die pädagogischen Fachkräfte in Kindertageseinrichtungen entlasten: Letztlich verantwortlich für das Wachstum der Familie sind nicht sie, sondern die Familienmitglieder selbst. Und die sind dazu auch grundsätzlich in der Lage, weil Experten über die notwendigen Ressourcen verfügen.

Gleichzeitig, das werden wir weiter unten noch ausführlicher beschreiben, sind auch die pädagogischen Fachkräfte für die Familien zuständig, weil sie über die Betreuung des Kindes selbst eine gewisse Zeit lang mit im Familienmobile „hängen". Die Systemtheorie verweist nämlich darauf, dass der Beobachter und Berater immer auch selbst Teil des von ihm beobachteten oder beratenen Systems ist.

Doch zurück zum Expertenbegriff. Diese zunächst ungewohnte und neue Sichtweise wird sich in der Praxis spürbar auswirken. Heute denken noch die meisten Fachkräfte, es gäbe gegenüber Eltern auch in Erziehungsfragen ein Richtig oder Falsch. Oft machen sie als ausgebildete Pädagoginnen bei Eltern vermeintliches „Fehlverhalten" aus.

Sie fragen sich beispielsweise: „Wieso wird das Kind so unregelmäßig gebracht? Haben die Eltern so wenig Interesse an unseren Vorhaben?", oder sie stellen Vermutungen an wie: „Wahrscheinlich sitzt das Kind abends und am Wochenende ziemlich lange vor dem Fernseher." Manchmal kritisieren sie auch insgeheim, dass eine Mutter ihrem sechsjährigen Sohn immer noch die Schuhe bindet oder ihrer fünfjährigen Tochter die Barbies mit in den Kindergarten gibt. Einer Mutter bringen sie eventuell, ohne es tatsächlich auszusprechen, viel Unverständnis entgegen, weil diese stets die gesamte Öffnungszeit der Kita in Anspruch nimmt. In all diesen Fällen überlegen Erzieherinnen häufig, wie sie die Eltern jeweils von der Richtigkeit eines anderen Verhaltens überzeugen könnten. Wir möchten es einmal scharf ausdrücken: Sie wollen Eltern erziehen.

Dieser Haltung begegnen wir beispielsweise, wenn Eltern zu thematischen Elternabenden mit Titeln wie „Kinder und Fernsehen" oder „Gesunde Ernährung" eingeladen werden, weil die Fachkräfte an dieser Stelle Defizite vermuten. Oft ärgern sie sich dann, dass „ausgerechnet die Eltern nicht kommen, die es betrifft". Dass diese Eltern eben deshalb nicht erschienen sind, **weil** es sie betrifft, wird dabei übersehen.

Um eine solche Verhaltensweise besser verstehen zu können, erscheint es uns sinnvoll, einmal in Rollenspielen im Erzieherinnenteam selbst zu erleben, wie es ist, wenn einem als Mutter oder Vater Fehlverhalten vorgeworfen und das eigene Expertentum abgesprochen wird. Ist es sowieso schon schwierig, sich öffentlich kritisieren zu lassen, fällt es in besonderem Maße schwer, wenn es um die Erziehung der eigenen Kinder geht.

Kinder werden, wie wir gesehen haben[22], in vielen Familien immer mehr zum Sinn des Lebens, verknüpft mit vielen Hoffnungen und Erwartungen, auch an den persönlichen Erziehungserfolg. Gleichzeitig nimmt die „Erziehungsunsicherheit"[23] zu. Wir meinen, dass sich die Sichtweise professioneller Fachkräfte vollkommen verändern wird, wenn sie sich klar darüber werden, dass auch Eltern Experten sind, wenn es um ihre Kinder geht. Das ist zwar gefühlsmäßig irgendwie vertraut, es auch auszusprechen und Eltern wie Experten zu behandeln, ist in der Regel neu. Tut man es aber, werden aus „Elterngesprächen" Expertengespräche und die Haltung ändert sich. Dann treffen sich nicht mehr die Fachfrau für Erziehung auf der einen und die Mutter auf der anderen Seite, sondern die Expertin für das Geschehen in der Kindertageseinrichtung und die Expertin für das Geschehen in der Familie. Wie wirkt sich dies im Konfliktfall aus? Nehmen wir an, eine Erzieherin ist der Ansicht, die Eltern sollten den Fernsehapparat, den sie in der Küche stehen haben, zumindest solange abschalten, wie ihr dreijähriges Kind dort isst. Zustimmend könnte man dies für einen berechtigten Gedanken halten. Nehmen wir an, die Erzieherin überlegt, wie sie darüber mit den Eltern ins Gespräch kommen kann.

Im Sinne des Expertentums könnte sie entweder etwas über das Verhalten des Kindes in der Kindertageseinrichtung mitteilen und die Eltern dazu um Rat fragen: „Melanie rutscht beim Frühstück ziemlich oft hin und her und wir haben den Eindruck, sie ist auch ansonsten ziemlich nervös. Wie verhält sich Melanie denn zu Hause?", und dann später eventuell: „Haben Sie vielleicht einen Rat für uns? Was könnte Melanie helfen?" Oder sie könnten die Eltern als Experten für ihre Lebenssituation befragen: „Sie haben einmal erzählt, dass Sie in Ihrer Küche einen Fernseher stehen haben. Wir haben uns gefragt, ob eventuell ein Zusammenhang bestehen könnte zwischen der von uns wahrgenommenen Nervosität von Melanie und Ihren Erzählungen. Was meinen Sie?" Sollten Eltern dies verneinen, muss das unbedingt respektiert werden, denn es ist die Sichtweise der Experten für das Familiengeschehen. Wir würden antworten: „Dann sollten wir gemeinsam darüber nachdenken, was wir hier in der Kita für Melanie tun können."

Wir würden also akzeptieren, dass die Eltern **zum jetzigen Zeitpunkt** unser „gut gemeintes" Hilfsangebot ausschlagen. Während des gesamten Gesprächs raten wir, sich von folgender Grundhaltung leiten zu lassen:

Wir respektieren, was Sie tun, denn Sie tun es in positiver Absicht und was Sie dafür tun, verdient und bekommt unseren Respekt. Außerdem kennen Sie Ihre Lebensverhältnisse

22 Siehe Kapitel 1.2

23 Rotthaus 1998, S. 38

viel besser als wir. Wir haben zwar in dieser einen Sache eine andere Sichtweise, die teilen wir Ihnen auch mit. Unsere andere Sichtweise rührt daher, dass wir Ihr Kind in einem anderen Zusammenhang erleben als Sie, aber auch nur diesen wirklich kennen. Und sie unterscheidet sich darüber hinaus, weil wir uns als pädagogische Fachkräfte vielleicht andere Fragen stellen als Sie. Aber egal, wie unsere Sicht der Dinge ist, Sie haben die Verantwortung für Ihre Familie, Sie müssen und können alle dafür notwendigen Entscheidungen treffen. Das respektieren und achten wir. In unsere Gespräche gehen wir deshalb so, dass der Ausgang offen ist, wir also nicht von vornherein auf etwas Bestimmtes hinaus wollen, sondern Ihnen zuhören und erst dann darauf Bezug nehmen.

Einen weiteren Aspekt von Zuständigkeit der Eltern möchten wir ebenfalls ansprechen. Eltern fühlen sich, wenn auch in unterschiedlichem Ausmaß, auch zuständig für die Angelegenheiten der Kindertageseinrichtung. Sie tun dies, weil sie spüren, dass es zwischen Familie und Kindertageseinrichtung einen gemeinsamen Lebensausschnitt gibt, dass also die Kindertageseinrichtung für den Zeitraum, in dem ihr Kind dort betreut wird, mit im Mobile hängt, wenn wir bei Virginia Satirs Bild bleiben.

Natürlich ziehen Eltern, in positiver Absicht für ihre Familie, daraus unterschiedliche Schlussfolgerungen. Während die einen sich aktiv auch in pädagogische und andere fachliche Fragen einmischen, an Feierlichkeiten regelmäßig teilnehmen oder sich sonstwie für „ihre" Kindertageseinrichtung einsetzen, tauchen die anderen in der Kindertageseinrichtung nur dann auf, wenn es aus ihrer Sicht, also aus dem Erleben ihrer eigenen Lebenssituation heraus, notwendig erscheint. In beiden Fällen sehen wir, wenn auch in sehr unterschiedlichem Umfang, ein Sich-zuständig-Fühlen. In beiden Fällen stammt aber das Motiv vornehmlich aus dem System, für das die Eltern Experten und in vollem Umfang verantwortlich sind.

Zum Verständnis der Eltern als Experten und ihren positiven Absichten zählt ein weiterer Aspekt, der zunächst auf Widerspruch stoßen mag: **Eltern tun für ihr System, was sie augenblicklich tun können.** Sie nutzen ihre aktuell zur Verfügung stehenden Kenntnisse und Ressourcen, um ihr System im Gleichgewicht zu halten. Dies erscheint uns unproblematisch, wenn in der Familie nach unserer Auffassung alles zum Besten bestellt ist. Wenn wir als pädagogische Experten aber wahrnehmen, dass sich Eltern gegenüber ihren Kindern wenig einfühlsam gebärden, sie ignorieren, strafen oder vernachlässigen, ist dies schwer zu akzeptieren. Dennoch: In der subjektiven Sicht der Eltern sind deren Handlungen folgerichtig und greifen auf die aktuell gegebenen Kompetenzen zurück. Dies nicht moralisch zu verurteilen, sondern als Ausgangspunkt für Gespräch und Intervention zu nehmen, ist sicherlich nicht leicht; eine erfolgreiche Zusammenarbeit mit den Eltern wird jedoch ohne eine akzeptierende Haltung, d.h. eine Suspendierung eigener Wertvorstellungen, nicht möglich sein.

2.4 Wofür sind Erzieherinnen zuständig? Auftrag und Grenzen

Wir sprechen von geteilten Zuständigkeiten und haben im vorausgegangenen Kapitel die Zuständigkeit der Eltern beschrieben. Worin besteht nun in der Wechselbeziehung zwischen Familie und Kindertageseinrichtung die Zuständigkeit der pädagogischen Fachkräfte?

Dies ist eine facettenreiche Frage, die sich so einfach nicht beantworten lässt. Das hängt, wie wir in Kapitel 3.1 genauer beschreiben, u.a. mit dem Berufswahlmotiv von Erzieherinnen zusammen. Kurz könnte man es so beschreiben: Erzieherin werde ich der Kinder wegen. Diese Sicht schlägt sich in der Ausbildung und im beruflichen Alltag der Fachkräfte nieder. Die Zusammenarbeit mit Eltern wird oft als Anhängsel und manchmal notwendiges Übel der kindbezogenen Arbeit gesehen, nach dem Motto: Mit den Eltern müssen wir uns notgedrungen beschäftigen, weil sie eben auch für die Kinder zuständig sind. *„Was ich gelernt hatte, war höfliche und respektvolle Distanz zum Elternhaus. Mein Job war der mit den Kindern“,*[24] formuliert es eine Erzieherin.

Sich darüber hinaus auch zuständig zu erklären für das Wohlergehen der Familien, passt in dieses Berufsprofil nur schwer hinein. Andererseits ist es auch nicht einfach damit getan, eine solche Forderung in den Raum zu stellen. Die Fragen sind: Auf welche Aufgaben bezieht sich diese Zuständigkeit eigentlich konkret? Und: Wie können Erzieherinnen dies im pädagogischen Alltag leisten? Der zweiten Frage wollen wir im Handlungsteil dieses Buches nachgehen. Die erste versuchen wir an dieser Stelle zu beantworten.

Was meinen wir mit dem Begriff des Zuständigseins? Wir benutzen ihn im Sinne von: sich verantwortlich erklären, in den Blick nehmen, nicht als alleinige Verantwortung anderer abtun, sich dafür interessieren, bereit sein für eventuell gewünschte Unterstützung, wissen um diesen Teil beruflicher Verantwortung. Wir grenzen ihn ab von dem Teil des Berufsprofils, bei dem die **alleinige** Verantwortung aufseiten der Fachkräfte liegt: die Organisation und Planung des Alltagsgeschehens innerhalb der Kindertageseinrichtung. Und wir beziehen diese Zuständigkeit ausschließlich auf das Gebiet, in dem sich beide Systeme begegnen. Erzieherinnen sind somit nicht zuständig für das Geschehen innerhalb der Familie, wohl aber können sie etwas beitragen, damit es der Familie gut geht. Diesen Beitrag sollten sie in den Blick nehmen und sich eben dafür zuständig erklären.

Das überschreitet die bisherigen Grenzen der „Elternarbeit“. Sich für das Wohlergehen der ganzen Familie zuständig zu erklären bedeutet, insgesamt mit einem anderen Blick an die gewohnte Arbeit zu gehen. Das heißt nicht, die aktuellen Bedürfnisse jeder

---

[24] Brückner in Jugendamt der Stadt Hanau 1996, S. 18

Familie ungeprüft zum alleinigen Maßstab seines Handelns zu machen und zum Spielball unterschiedlicher Erwartungen zu werden. Neben den Bedürfnissen der Familien steht noch der gesellschaftliche Auftrag, gute pädagogische Arbeit zu leisten. Aber es drückt den Anspruch aus, für die Familien mitzudenken, ernsthaft zu überlegen, ob unsere Tagesabläufe, pädagogischen Entscheidungen, Projekte und insbesondere die Art, in der der unmittelbare Kontakt zu den Eltern gestaltet wird, die Familien unterstützen, deren Kinder wir betreuen.

Das beinhaltet, nicht abzuwarten, bis sich Eltern melden bzw. die Fachkräfte meinen, nun sei es an der Zeit, sich einmal mit Eltern über das Wohl des Kindes auseinanderzusetzen, sondern Eltern zu befragen und ernsthaft zu versuchen, sie in ihren Lebenslagen zu verstehen, ihre Motivwelt nachzuvollziehen, ihre Haltungen und Meinungen zu respektieren und mit ihnen in Expertengesprächen aufrichtig nach gemeinsamen Lösungen zu suchen. Damit wird das Angebot der Kita auch auf die Bedürfnisse der Familien ausgerichtet.

Das ist nicht einfach, das wissen wir aus eigener Erfahrung. Es müssen tatsächlich auch neue und manchmal unkonventionelle Wege gesucht und beschritten werden. Das kann aber nur gelingen, wenn die Fachkräfte die Zuständigkeit für das Wohlergehen der Familien als Haltung verinnerlichen: *„Wir sind für die Kinder und ihre Familien da."* Erst dann zieht sich das „Für-die-Familie-Mitdenken" gleichsam wie ein roter Faden durch den beruflichen Alltag. Erst dann tauchen beispielsweise Fragen in Teams auf wie diese: *„Welche Auswirkungen haben unsere Aktivitäten auf das Familienleben unserer Kinder? Haben wir uns gefragt, ob wir mit unseren Aktivitäten einzelne Familien vielleicht belasten?"* Solche Fragen kosten nichts und nehmen den Fachkräften kein bisschen Entscheidungskompetenz, aber sie beziehen die Lebensverhältnisse der Familien mit in die Überlegungen ein und gehen vom monokausalen Wenn-dann-Denken weg, hin zum systemischen Denken.

Die meisten Schwierigkeiten treten im unmittelbaren Kontakt auf. Hier, an der Schnittstelle beider Systeme, treffen die unterschiedlichen Erwartungen, Interessen, Bedürfnisse, Motive und Aufträge aufeinander. Dieser Kontakt muss von den pädagogischen Fachkräften professionell gestaltet werden, soll er gelingen. Weil es aus Sicht der Eltern dabei häufig um intime und existenzielle Familienangelegenheiten geht, aus Sicht der Erzieherinnen meist um die Anerkennung ihrer Fachlichkeit und beruflichen Autorität, ist dieser Kontakt in der Regel durch beide Seiten emotional belastet. Dass Erzieherinnen bisweilen richtig verärgert und sogar böse „über Eltern herziehen", dass sie das eine oder andere Gespräch mit Eltern bis in ihre Pausen und sogar noch nach Hause verfolgt, ist ein Indiz dafür. Auch Eltern geht es nicht selten ähnlich.

Erzieherinnen sind in der Regel schnell bereit, sich mit Grundhaltungen, wie der unbedingten Wertschätzung, anzufreunden und sind ernsthaft gewillt, Eltern respektierend und achtend gegenüberzutreten. Oft aber formulieren sie im selben Augenblick auch die Erwartung an Eltern, das Gleiche zu tun. Manchmal knüpfen sie im Weiteren ihre eigene Bereitschaft sogar an die der Eltern. Hier, denken wir, muss ein Schritt weiter gegangen werden. Als ausgebildete Fachkräfte sind Erzieherinnen (und hier sind es nicht die Eltern) zuständig, den Kontakt professionell zu gestalten.

Das Abwägen von Interessen

Eltern haben ihre Familie und ihr eigenes Kind im Blick, Erzieherinnen die ganze Gruppe und die Institution Kindertageseinrichtung. Da kommt es oft zu Missverständnissen und Interessenkonflikten. Erzieherinnen dürfen nicht erwarten, dass Eltern den Standpunkt der Kindertageseinrichtung beziehen. Als der professionelle Teil der Beziehung ist es aber Aufgabe der Erzieherinnen, die Sache auch vom Standpunkt der Eltern bzw. der ganzen Familie zu betrachten und die Interessen ernsthaft abzuwägen. Professionell ist es aus unserer Sicht, wenn nicht einfach dem Standpunkt der Eltern die eigene Sicht entgegengehalten wird, sondern wenn Brücken gebaut werden, wenn Erzieherinnen sich um Verstehen bemühen, wenn sie sich dafür verantwortlich fühlen und den „schwarzen Peter" nicht an die Eltern weitergeben, falls sie nicht gleich „mitziehen".

Im Einzelfall kann durchaus eine Entscheidung getroffen werden, die für das Kind vordergründig nicht optimal ist, aber die Familie in deren Alltagsbewältigung unterstützt. Beispielsweise soll ein Kind mittags vorübergehend nicht mehr zum Schlafen angehalten werden, weil es ansonsten abends zu lange wach ist, die Mutter sich aber nur abends auf eine Prüfung vorbereiten kann.

Andererseits müssen Erzieherinnen manchmal trotz Abwägung – die allerdings wirklich erfolgt sein sollte – eine Entscheidung im Sinne der Gruppe und des einzelnen Kindes treffen, mit der Eltern im Augenblick nicht einverstanden sein können. Auch in diesem Fall sind Brücken zu bauen und damit das deutliche Signal zu setzen: Wir haben auch die Sorgen, Bedürfnisse und Absichten der Familie im Blick. Auch hierfür ein Beispiel:

Eine Mutter befürchtet, ihrem Kind könne etwas zustoßen, wenn es sich ohne Aufsicht im Bewegungsraum aufhält, und wünscht, dass ihrem Kind dies nicht mehr erlaubt werde. Die Erzieherin muss diese Sonderregelung ablehnen, weil sie hingegen befürchtet, dass das Kind isoliert werden könnte. Sie bietet der Mutter aber eine besondere Beobachtung an und ein weiteres Gespräch, in dem es sowohl um das gehen soll, was beobachtet wurde und damit auch um eventuelle Veränderungen bezüglich der Ängste der Mutter. Außerdem erkundigt sich die Erzieherin nach den häuslichen Gewohnheiten usw.

Erzieherinnen sind in unserem Verständnis darüber hinaus weiterhin dafür zuständig, den Eltern auch dann das Angebot zu machen, Entscheidungen auszuhandeln, wenn Eltern dies gar nicht fordern, z. B. an Elternabenden oder in Elternbefragungen. In einem solchen Angebot steckt das Interesse, etwas über die Sichtweisen, Motive oder Gewohnheiten der Familien und ihrer Mitglieder zu erfahren. Darin steckt der Grundsatz des offenen Ausgangs von Gesprächen. Als professioneller Teil der Beziehung sind die Fachkräfte dafür verantwortlich, aktiv solche Gelegenheiten herbeizuführen.

Damit sind wir beim zweiten Punkt. Fachkräfte, die für Familien mitdenken, stoßen immer wieder darauf, dass sie über zu geringe Informationen verfügen, was den tatsächlichen Bedarf der Familien angeht. In der herkömmlichen Praxis geschieht dann weiter nichts, getreu dem Motto: Wer nichts beansprucht, bekommt auch nichts. Oder Bedarf wird einfach vermutet statt erfragt. Hier gilt dann das Motto: Wir wissen schon, was für Sie gut ist. Wer sich jedoch auch für das Wohlergehen der Familien zuständig begreift, fragt von sich aus nach und achtet auch auf versteckte Äußerungen von Bedarf, um diese aufzugreifen. Zuständige Fachkräfte orientieren sich in ihrer Praxis daran.

Professioneller Umgang mit Nähe und Distanz

Hier handelt es sich um einen besonders kniffligen Aspekt des Kontaktes zwischen Eltern und Erzieherinnen, und es ist nicht leicht zu beschreiben, wie Nähe und Distanz professionell ausbalanciert werden sollten. Fachkräfte, die das Wohl der Familien regelmäßig in ihre eigenen Überlegungen einbauen, entwickeln bald eine vertrauensvolle Beziehung zu vielen Eltern. Dabei entsteht auch Nähe. Zuweilen beginnt man sich sogar zu duzen.[25] Andere betreuen auch privat Kinder außerhalb ihrer Dienstzeit. Zu viel Nähe führt jedoch regelmäßig zu „Verstrickungen". Fachkräfte sind in diesem Fall zuweilen zu sehr bestrebt, es allen recht zu machen. Ein Abwägen aus der Distanz, d. h. ohne selbst als Person verstrickt zu sein, fällt dann schwer.

Andererseits würde zu viel Distanz verhindern, dass sich die Beziehung vertrauensvoll entwickeln kann. Vertrauen ist jedoch wegen der großen Bedeutung, die Kinder für Eltern haben, unbedingt notwendig. Erzieherinnen müssen daher eine mittlere Distanz entwickeln, ähnlich der von professionellen Beraterinnen und Beratern. Sie müssen immer wieder überprüfen, ob sie weiterhin „aus sich heraustreten" und den Sachverhalt auch distanziert von außen betrachten können. Gleichzeitig benötigen sie ein Minimum an Mitgefühl und Empathie, um die gleiche Sachlage auch gefühlsmäßig zu erfassen, einen Perspektivenwechsel vollziehen und Eltern verstehen zu können. Weil beides immer wieder neu geklärt und ausbalanciert werden muss, plädieren wir für regelmäßige Supervision der pädagogischen Fachkräfte.

---

[25] Siehe auch Kapitel 4

Im Kontakt auf die eigenen Kräfte und Grenzen vertrauen

Man könnte auch sagen: Weder Minderwertigkeit noch Größenwahn sind angesagt. Auf ein Hin- und Herschwanken zwischen diesen Extremen treffen wir jedoch allzu häufig. Wir werden weiter unten darauf eingehen, wie dies zu erklären ist. Hier nur soviel: Den Kontakt professionell zu gestalten bedeutet unbedingt auch, sich über die eigenen Bedürfnisse im Klaren zu sein. Wer sich beispielsweise – natürlich unbewusst – von dem Kontakt mit Eltern in erster Linie persönliche Anerkennung erhofft, wird alles tun, um eben diese zu bekommen. Einer Fachkraft, die sich dessen nicht im Klaren ist, wird es schwer fallen, sich professionell immer wieder auch in Distanz zu begeben.

Es ist nicht möglich, für alle Erzieherinnen gleichermaßen zu bestimmen, wo die Grenzen und Kräfte jeweils liegen. Es gibt keinen Weg daran vorbei, das im Laufe der Berufsjahre selbst herauszufinden. Auch aus diesem Grund ist regelmäßige Supervision angezeigt. Aus unserer Sicht gibt es im Erziehungsdienst vor allem vier Arten von Grenzen:

- Zum einen ist da die Grenze der **fachlichen Kompetenz**. Eine Erzieherin ist nicht allwissend in Erziehungsfragen, nicht Psychologin, Ärztin und Juristin in einer Person. Wo sie fachlich überfragt ist, darf und muss sie das artikulieren und auf andere Informationsquellen und Unterstützungsinstanzen verweisen. Sie sollte Eltern beispielsweise eine Erziehungsberatungsstelle empfehlen. Sie kann auch Möglichkeiten erschließen, Experten für bestimmte Fachfragen in die Einrichtung hereinzuholen.
- Zum zweiten sehen wir eine Grenze der **professionellen Rolle**. Die Erzieherin ist kein Kumpel, keine Freundin, keine Ersatzmutter. Sie wird ihrer professionellen Rolle in dem Maß gerecht, in dem sie eine mittlere Position von Nähe und Distanz zu den Kindern und Eltern findet, die persönliche Vertrautheit zulässt und gleichzeitig die berufliche Handlungsfähigkeit nicht absorbiert. Diese Gradwanderung muss sie wahrnehmen und aushalten.
- Drittens ist da die Grenze der **persönlichen Belastbarkeit**. Erziehungsarbeit belastet psychisch und körperlich. Mit den eigenen Kräften muss man haushalten. Auch hier darf und muss "nein" gesagt werden können, wenn Leistungsgrenzen erreicht sind.
- Und schließlich sehen wir viertens eine Grenze in der **zeitlichen Einsatzbereitschaft**. Sie liegt in der Natur der Sache eines jeden Arbeitsverhältnisses.

Dem stehen eine Fülle fachlicher Kompetenzen und unterschiedlicher persönlicher Stärken gegenüber. Wer seine Fähigkeiten und Grenzen kennt, wer beides spürt, der kann sich sowohl schützen als auch risikobereit Neues wagen. Und beides ist im Zusammenspiel mit Eltern sehr vorteilhaft.

3. Unterschiedliche Sichtweisen und Interessen Die Begegnung der Erwachsenen

3.1 „Vor allem für die Kinder wollen wir da sein." Berufswahlmotive

Der in der Überschrift ausgedrückte Wunsch speist sich aus der ergiebigen Quelle der persönlichen Ressourcen und hat einige beachtenswerte Aspekte, die sich auch als Hürden und Klippen für die Zusammenarbeit mit Eltern herausstellen können. Wenn wir uns die Frage vorlegen, aus welchen Motiven Erzieherinnen ihren Beruf wählen, geraten wir an die innersten Strukturen des öffentlichen Erziehungssystems. Erziehungsarbeit ist im Kern Beziehungsarbeit und Erzieherinnen sind in diesem Sinne „Beziehungsarbeiterinnen". Da sie mit ihrer ganzen Person als „Handwerkszeug" arbeiten, erhält das persönliche Motiv, warum sie diesen Beruf gewählt haben, eine herausragende Bedeutung. „Ich wollte etwas mit Kindern machen" oder „Ich setze mich für Kinder ein", sind typische Umschreibungen von Erzieherinnen, wenn sie über die Gründe für ihre berufliche Entscheidung sprechen. Erzieherinnen werden aus kindbezogenen Motiven Erzieherinnen, sie wollen „für die Kinder da sein". Dies wird uns in der Fortbildungs- und Beratungspraxis immer wieder bestätigt.

Eltern spielen bei dieser Entscheidung anscheinend eine untergeordnete Rolle. Kaum werden nämlich elternbezogene Anteile in dieser Entscheidung herausgestellt. Sie gibt es allenfalls in gegenteiliger Weise: Mit Kindern zu arbeiten bedeutet ja auch die – vermeintliche – Aussicht, gerade nicht mit Erwachsenen arbeiten zu müssen. Hier sind Aspekte von Macht, Überforderung und Angst angesprochen. Den Zusammenhang sehen wir so: Wenn in der subjektiven Sicht der angehenden Erzieherin die Erwachsenenwelt mit ihren vielleicht als „kalt", „geschäftsmäßig" oder mit „Ellenbogen" fantasierten Verhältnissen bedrohlich erscheint, dann mag der ein gutes Stück geschützte Raum der Kindertageseinrichtung als ein Ort erscheinen, in dem die eigenen Kräfte produktiver zur Entfaltung kommen können und nicht sinnlos zerrieben werden. Hier hofft die Erzieherin auf „unverdorbene" Kinder zu treffen, die von ihr abhängig sind und auf die sie ungleich mehr Einfluss nehmen kann als auf mächtige und missgünstige Erwachsene. Diese Motivlage wirkt natürlich in die faktische Gestaltung der Beziehungen in der Kita hinein und verstärkt die Fokussierung der Aufmerksamkeit und des Kräfteeinsatzes auf das Kind.

Wir verstehen dies nicht als grundsätzliche Kritik an der Berufswahlentscheidung der vielen jungen Frauen und wenigen Männer – die wir unbedingt brauchen. Denn die öffentliche Erziehung ist auf viele erwachsene Menschen angewiesen, die Empathie, Engagement und Kraft für Kinder aufbringen. Insofern ist das kindbezogene Berufsmotiv buchstäblich notwendig. Dagegen wäre es für die Entwicklung einer systemischen Sichtweise auf die Familie und eines partnerschaftlichen Umgangs mit Eltern wichtig, sich der eigenen Motivationslage bewusst zu werden.

Eltern – das lästige Übel

Vor allem Berufsanfängerinnen trifft die Anforderung auf intensivere Kontaktaufnahme zu Eltern in einem Lebensabschnitt, der ihnen gerade dies schwer macht. Sie befinden sich in der Regel in der Ablösung von ihrer Herkunftsfamilie oder haben diese eben hinter sich gebracht. In dieser Situation wirken bestimmte psychologische Mechanismen manchmal besonders nachhaltig. Beispielsweise die **Übertragung**: Wie ich meine eigenen Eltern mit ihren spezifischen geliebten und ungeliebten Eigenschaften kennen gelernt habe, sehe ich bisweilen andere Erwachsene, die gleiche oder ähnliche Merkmale, Charakterzüge oder Verhaltensweisen aufweisen oder auch nur ähnlich aussehen, unbewusst als „meine Eltern". Ich reagiere und interagiere dann leicht so, wie ich als Kind meiner wirklichen Eltern reagiert und interagiert habe und es möglicherweise immer noch tue. („Frau Heinrich will mir Vorschriften machen. Da stelle ich mich stur.") Oft genügt ein Gefühl, das ich in einer Situation entwickle und gar nicht von meinem Gegenüber ausgelöst wird, das aber auf diese Person übertragen wird, als hätte sie es ausgelöst.

Ein weiteres Beispiel ist die **Projektion**. Durch Projektion überträgt man die Missbilligung eigener Regelbrüche, unmoralischer Wünsche und Unzulänglichkeiten auf Andere. Das kann man an sich beobachten, wenn man merkt, dass man eine eigene Stimmung, etwa Traurigkeit oder Euphorie, bei Menschen wahrnimmt, bei denen diese Stimmung tatsächlich gar nicht vorhanden ist, wie sie uns glaubhaft versichern. Wenn ich aus irgendwelchen privaten Gründen an einem Tag missmutig bin, erlebe ich Eltern vielleicht als gleichgültiger oder abweisender als an Tagen, an denen ich heiter gestimmt bin.

Solche Mechanismen sind ein Teil unseres Lebens. Macht man sich diese Wirkungen aber nicht bewusst, bleibt man unter Umständen lebenslang davon abhängig. Eltern als nervig, hochnäsig oder kontrollierend zu erleben, heißt in der Folge, die Zusammenarbeit mit ihnen zu meiden und „Elternarbeit" als lästiges Übel im beruflichen Alltag aufzufassen. Mit fortschreitendem „Erwachsenwerden" kann man allerdings lernen, diese Effekte bei sich zu entdecken, zu bemerken, wann sie bei welchem Gegenüber eintreten und einen „Filter" in die Kommunikation einzubauen, der es ermöglicht, zwischen den realen Erwachsenen vor mir und meiner inneren Welt zu unterscheiden. Eine wichtige Rolle können hierbei erfahrene Erzieherinnen einnehmen. Sie durchschauen diese Zusammenhänge eher – besonders wenn sie schon in Fortbildungen oder Supervisionen thematisiert wurden – und können jüngeren Kolleginnen helfen, sie besser zu verstehen.

Zeitdiebe

Dass kindbezogene und elternbezogene Arbeit in „ewiger" zeitlicher Konkurrenz zueinander stehen, muss nicht besonders hervorgehoben werden, auch wenn die systemische Sichtweise auf die realen Tätigkeitsanteile im Alltag eine solche scharfe Trennung gar nicht zulässt; es gibt eben keine ausschließlich auf Eltern oder Kinder bezogene Interaktion, die grundsätzlich ohne Wechselwirkung im Familiensystem wäre. Aufgrund des Auftrags und der Zweckbestimmung der Kindertageseinrichtung und natürlich wegen der realen Anwesenheit der Kinder überwiegt die Zusammenarbeit mit diesen die Zusammenarbeit mit den Eltern rein quantitativ bei weitem. Das soll auch nicht infrage gestellt werden. Die Konkurrenz zwischen beiden ist grundsätzlich nicht auflösbar.

Wir möchten aber in diesem Zusammenhang den Blick auf den konzeptionellen Rang der eltern- und familienbezogenen Arbeit richten. Nach allem, was wir bisher ausführten, muss dieser hoch sein; es ist eine qualitative, genauer: eine Haltungsfrage. Das heißt, im Bewusstsein der Fachkräfte nehmen eltern- und familienbezogene Ziele, Planungen und Umsetzungsüberlegungen einen ähnlich wichtigen Raum ein wie die kindbezogenen. Gleichrangigkeit in der Bedeutung heißt nicht gleiche Zeitanteile in der Praxis.

Dieses Verständnis hat im Übrigen Auswirkungen auf die Dienstpläne. Dienstpläne sehen üblicherweise einen Zeitanteil für so genannte kinderfreie Arbeitszeit vor. Und genau hier spiegelt sich das Konzept der Einrichtung wider: Gibt es im Dienstplan „nur" Vorbereitungszeit für die pädagogische Planung und Reflexion oder auch für Elterngespräche? Gibt es Teamzeit speziell für die gemeinsame Planung und den Erfahrungsaustausch der elternbezogenen Arbeit? Gibt es abgesicherte, d. h. nicht nur zufällige oder „gestohlene" Zeit für die unmittelbare Zusammenarbeit mit Eltern und Familien? Gibt es Zeit für Fortbildung und Supervision, die der Bearbeitung von Fragen der eltern- und familienbezogenen Arbeit dienen? Mit der Sicherung von Zeiten alleine ist dem Thema allerdings noch nicht Genüge getan. Notwendig ist auch, über die Lage von eltern- und familienbezogenen Zeiten im Tages- und Wochenablauf nachzudenken. Wenn es der Dienstplan (und nicht der Beschränkungen auferlegende Personalschlüssel) beispielsweise ausschließt, dass eine Erzieherin von einer Kollegin während des Tages vertreten wird, um ein Elterngespräch zu führen, passt der Dienstplan nicht zum Konzept. Dann muss er angepasst werden, auch wenn dadurch lieb gewordene Rhythmen zu ändern sind.

Die Ausbildung hat Nachholbedarf und stößt an Grenzen

Die Ausbildung der Erzieherinnen ist in das Dilemma von elternfernem Berufswahlmotiv und familienorientiertem Auftrag der Kindertageseinrichtungen eingebunden. Zum einen wird sie ja ganz überwiegend von jungen Menschen frequentiert, die sich in dieser Phase ganz auf die Arbeit mit Kindern konzentrieren wollen. Zum anderen muss sie im Interesse einer fundierten Berufsvorbereitung Inhalte vermitteln, die darüber hinausgreifen. Dazu gehört auch das Thema Zusammenarbeit mit Eltern. Diese Schwierigkeit ist grundsätzlich nicht auflösbar. Nur erscheint uns die Ausbildung in weiten Bereichen heute noch in einer Verfassung zu sein, die diese Schwierigkeit eher verstärkt denn mindert. Dies hat wiederum mehrere Gründe:

- Zum einen scheint das Thema Zusammenarbeit mit Eltern in der Ausbildung nur eine nachrangige Rolle zu spielen. Dies wird von einer großangelegten Untersuchung mehrerer Institute in drei Bundesländern bestätigt, in deren Ergebnissen es heißt: *„Die notwendigen Kompetenzen für eine Zusammenarbeit mit Eltern wurden … kaum in der Ausbildung, sondern erst später, im Verlauf der beruflichen Tätigkeit selbst erworben.“*[26] Auch wenn sich seit dieser Untersuchung einiges getan haben dürfte, können wir grundsätzlich eine untergeordnete Bedeutung des Themas in der Ausbildung konstatieren.
- Zum zweiten scheint es uns an der Tatsache zu liegen, dass die Ausbildung in der Regel eine unangemessen verschulte Struktur aufweist, die wenig Raum etwa für Methoden der Erwachsenenbildung lässt und die Studierenden darin unterstützt, sich als Moderatoren des Kontakts zu Eltern zu sehen.
- Zum dritten liegt es aber auch an der Haltung der Lehrkräfte selber, die das Thema eher in der Tradition als Anhängsel der kindbezogenen Arbeit behandeln und systemischem Denken erst allmählich aufgeschlossener gegenüberstehen.

Dies alles bedeutet für uns, dass die Ausbildung zwar einiges dazu tun kann, das Thema rechtzeitiger und konzeptionell angemessener zu bearbeiten, dass sie aber auch an prinzipielle Grenzen stößt. Die Anforderungen an den Erzieherinnenberuf sind nur durch beständiges Weiterlernen in der Praxis zu erfüllen: Hier kommt der praxisbegleitenden Qualifizierung, durch Fachberatung, Fortbildung und Supervision, eine wichtige Aufgabe zu. Aber auch die schon erfahrenen Erzieherinnen haben eine Verantwortung in der Anleitung und Begleitung von Berufsanfängerinnen.

3.2 „Wie die wieder ihr Kind behandelt!“ Heimliche Konkurrenz

Was in der Begegnung von Erzieherinnen und Eltern meist unerkannt mitspielt, ist etwas, das viele Fachkräfte in Bezug auf Eltern immer wieder bestreiten oder gar nicht wahrhaben wollen: Außer dem Wunsch nach Kooperation steht **immer** auch Konkurrenz zwischen Eltern und Erzieherinnen. Erst wenn wir versuchen, Konkurrenz einmal ohne

[26] Strätz 1997, S. 41

Bewertung zu betrachten und ihre Existenz als zwangsläufig anerkennen, gelingt es uns, produktiv mit ihr umzugehen. Wieso gehört sie grundsätzlich dazu?

Da ist zunächst einmal die Tatsache, dass Erzieherinnen bewusst oder unbewusst Zeugen familieninterner Beziehungen und Verhältnisse werden. Kinder erzählen, Erzieherinnen fragen und vermuten. Sie meinen, den Kindern ansehen zu können, was diese vermutlich zu Hause erlebt haben. Umgekehrt begegnen wir demselben Phänomen. Auch Eltern werden Zeugen der Geschehnisse in der Kindertageseinrichtung, auch dann, wenn sie selbst gar nicht hingehen. Auch sie „lesen" diese Informationen im Verhalten ihres Kindes. Tauschen sich beide Seiten nicht ausführlich genug darüber aus, werden aus Vermutungen leicht Festschreibungen.

Hier stehen die berufliche Fachlichkeit auf der einen und die „natürliche Erziehungskompetenz" auf der anderen Seite jeweils auf dem Prüfstand. Mehr oder weniger bewusst schwingt bei Erzieherinnen die Frage mit, was ist meine Fachlichkeit wert, wenn mir „jeder reinreden darf"? Und Eltern fragen sich ebenso mehr oder weniger bewusst, ob sie von den Erzieherinnen als gute Eltern anerkannt werden oder nicht. Aber selbst wenn der Austausch gelingt, ist Konkurrenz weiterhin im Spiel. Die Frage, wer „richtig" oder „besser" erzieht, schwingt fast immer mit. Und: Von kaum einem Beruf wie vom Erzieherinnenberuf glauben so viele Menschen auch außerhalb des Berufsstandes, diesen auch selbst ausüben zu können.

Erzieherinnen sind Zweiterzieher

Noch schwerer wiegt allerdings etwas ganz Anderes. *„Kinder sind schon erzogen"*, wenn sie in die Tageseinrichtung kommen, schreibt Reinhart Wolff in einem Artikel mit der Überschrift „Konkurrenz und Kooperation".[27] Erzieherinnen sind daher Zweiterzieher. Erziehung beginnt ja nicht erst in der Kindertagesstätte. Immer haben Erzieherinnen Vorgänger, die Ersterzieher in der Person der Eltern. Und Reinhart Wolff meint sogar, nicht nur die Kinder, auch die Erzieherinnen würden als Zweiterzieher indirekt mit erzogen, indem sie auf Gegebenheiten stoßen, die sie zu akzeptieren haben und auf die sie sich einstellen müssen. Erzieherinnen spüren das auch. Dieses Gefühl, „nur" Zweiterzieher zu sein, macht ihnen zu schaffen. Es macht sich zum Beispiel dann Luft, wenn Erzieherinnen in Fallgesprächen resigniert behaupten, am Verhalten des Kindes könne *„man eh nichts ändern, zuerst sollen die Eltern einmal…"*

Zweiterzieherinnen befinden sich in mehrfacher Hinsicht in einem Dilemma:

- Sie müssen auch zu den Kindern Nähe und Distanz ausbalancieren. Es sind eben nicht ihre Kinder, die sie betreuen. Wie viel Nähe aber und wie viel Distanz

27 Wolff 1996, S. 39

wünschen sie sich von „fremden" Kindern? Wie viel lassen die Ersterzieher zu, wie viel können diese aushalten? Wir können durchaus von einer emotionalen und personalen Konkurrenz um die Zuneigung der Kinder sprechen, sichtbar etwa, wenn eine Erzieherin sich insgeheim darüber freut, dass ein Kind lieber weiter spielen möchte, anstatt mit seiner Mutter nach Hause zu gehen. Sichtbar auch, wenn Eltern sich fragen, ob die Erzieherin ihrem Kind auch wirklich genug Zuwendung gibt, aber eigentlich meinen, dass das eigentlich nur sie selbst „richtig" können.

- Zweiterziehung ist zeitlich begrenzte Erziehung. Wofür und wieweit sind Erzieherinnen in der Biografie eines Kindes also wirklich zuständig? Was haben sie zu verantworten, was nicht? Wie oft hören wir den Wunsch von Kindergartenerzieherinnen, „ihre" Kinder eigentlich über den Eintritt in die Schule hinaus behalten zu dürfen, um *„mitzukriegen, wie es mit ihnen weitergeht."* Und es wird auch in diesem Zusammenhang nicht selten bedauernd festgestellt, leider könne man im Kindergarten viel weniger ausrichten als man möchte, weil die Kinder ja in die Schule kämen.
- Zweiterziehung muss sich notgedrungen auf das beziehen, was Ersterzieher bereits vorgegeben haben, manchmal messen sie sich sogar selbst daran. Deshalb die häufig gehörte Äußerung, man könne nichts mehr ausrichten, weil die Eltern ja bereits so vieles falsch gemacht hätten. Andererseits halten Ersterzieher das, was sie für ihre Kinder tun, auch für andere als selbstverständlich. So manche Klagen von Erzieherinnen, ihre Arbeit würde von Eltern nicht ausreichend gewürdigt, laufen eben auch deshalb ins Leere, weil Eltern nicht in besonderer Weise hervorheben, was sie als Ersterzieher ganz einfach erwarten.
- Erzieherinnen müssen ein Autoritätsdilemma aushalten. „Erst" kommt auch in punkto Elternrecht **vor** „Zweit", und das letzte Wort in Bezug auf das Kind haben natürlich die Eltern.

Das deutsche Mutterideal

Schließlich wollen wir noch auf ein Phänomen hinweisen, das „typisch deutsch" ist. Angesichts der vor allem in Deutschland historisch belasteten Vorstellung von der „guten Mutter" als eines perfekten Wesens, das sich für seine Kinder aufopfert, ist das Verhältnis von Erzieherinnen als potenziellen oder tatsächlichen Müttern und den realen Müttern von besonderer Bedeutung. *„Manchmal erinnern Konkurrenzkonflikte zwischen Erzieherinnen und Eltern an ein Turnier, das die Trophäe ‚Beste Mutter' zu vergeben hat"*[28], schreibt Margit Grossmann. Sie weist darauf hin, dass in unserer Geschichte über Jahrhunderte das „Gefühlskonzept" der Mutterliebe einen ganz herausragenden Stellenwert erhalten habe. Seine Wurzeln habe dies in der ideologischen Überhöhung der „heiligen Familie", die seit der Aus-

[28] Grossmann 2002, S. 20–22; Grossmann 2006, S. 37–39

breitung des Protestantismus und der Erziehungsphilosophie Rousseaus, Pestalozzis und Fröbels als Gegenmodell zur Verdorbenheit der feudalen Gesellschaft gepriesen wurde.

Die Auswirkungen dieser historisch gewachsenen und u.a. im Nationalsozialismus noch einmal politisch verstärkten Ideologie spüren wir bis heute, beispielsweise in der immer wieder aufflackernden Rabenmutter-Diskussion, wenn es um die öffentliche Betreuung unter dreijähriger Kinder geht, oder in der noch immer geringen gesellschaftlichen Anerkennung des Erzieherinnenberufs. Wir haben in unserer Beratungsarbeit in Kita-Teams (in den alten Bundesländern) mehrfach aus dem Mund von Erzieherinnen gehört, dass diese Kinder in der Familie doch besser aufgehoben seien; auch wissen wir von Müttern, die ihr Kind mit schlechtem Gewissen in eine Krippe oder Krabbelstube „abgeben". In unseren europäischen Nachbarländern wird dieser Konflikt um Aufopferung und Kindesvernachlässigung weit weniger scharf bis gar nicht geführt, nicht zwischen den Frauen und nicht politisch. Der manchmal schon kopfschüttelnde Blick unserer Nachbarn auf dieses deutsche Phänomen mag uns hierzulande helfen, gelassener auf diese Frage zu schauen und sich der Gemeinsamkeit des Anliegens, nämlich der Entwicklungsbegleitung des Kindes, zu widmen.

Wir sehen also, Konkurrenz ist grundsätzlich nicht auszuschließen. Da die Fachlichkeit einer Erzieherin zu einem großen Teil in ihrer Persönlichkeit liegt, ist sie gezwungen, mit den hier beschriebenen Konkurrenzaspekten zu leben und sich konstruktiv damit auseinanderzusetzen. In jedem Fall setzt das die Beschäftigung mit der eigenen Person voraus, sei es in kollegialer Beratung, Supervision oder möglicherweise auch Therapie. Wenn die eigene Person quasi das Handwerkszeug der Erzieherin ist, muss sie es kennen und kompetent einsetzen, wie jeder andere sein Handwerkszeug auch.

3.3 „Sie holt ihr Kind schon wieder nicht pünktlich ab." Gegenseitige Abhängigkeiten

Eine bislang wenig wahrgenommene Schwierigkeit im Zusammenspiel zwischen Erzieherinnen und Eltern sind die gegenseitigen Abhängigkeiten, die ebenso wie die Konkurrenz unauflöslich sind. Beide Seiten erleben fast jeden Tag, dass die Entscheidungen der jeweils anderen Seite Einfluss auf den eigenen Alltag und darüber hinaus haben. Beide Seiten erleben auch, dass sie darauf nur sehr begrenzt Einfluss nehmen können, meist sogar überhaupt nicht.

Eltern müssen sich beispielsweise danach richten, wie Erzieherinnen das Frühstück gestalten, ob sie erwarten, dass alle Kinder bis zu einer bestimmten Zeit gebracht werden, ob während des Frühstücks die Gruppentür geschlossen ist oder ob sie ihren Kindern etwas mitgeben müssen. Sie müssen damit fertig werden, wenn Erzieherinnen sie an ihrer Arbeitsstelle telefonisch mit der Bitte konfrontieren, ihr krankes Kind umgehend abzuholen. Erzieherinnen müssen sich darauf verlassen, dass Eltern dies „einsichtig" tun. Oder sie müssen manchmal bangen, dass alle Kinder wirklich pünktlich abgeholt werden, weil sie die Einrichtung nach der Schließung pünktlich verlassen wollen.

Beiden Seiten obliegt ein Zwang zur Zusammenarbeit. Beide Seiten wissen, dass es gar nicht anders gehen kann. Wenn eine Seite nicht „mitspielt", gerät das System der anderen Seite unweigerlich ins Ungleichgewicht. Hinzu kommt die pädagogisch-fachliche und gesetzliche Verpflichtung der Fachkräfte zur Zusammenarbeit mit den Eltern. Selbst wenn sie es nur bei der gewohnten „Elternarbeit" belassen wollen, liegt es doch nicht in ihrer Entscheidung, **ob** sie das tun oder nicht. Sie könnten ihr Engagement in diesem Sektor im Extremfall weit zurückschrauben, ganz umgehen können sie die Zusammenarbeit mit Eltern nicht.

Die gegenseitigen Abhängigkeiten werden, so meinen wir, auf beiden Seiten tatsächlich erlebt und wahrgenommen, jedoch nicht immer ausgesprochen und bleiben dadurch unbearbeitet. Offen auszusprechen, von Eltern abhängig zu sein, ist fast ein Tabu. Die Gründe dafür mögen auf Erzieherinnenseite darin liegen, dass Abhängigkeit von anderen Erwachsenen ein Teil dessen ist, was sie mit ihrer Berufswahl verhindern suchten. Abhängigkeit kann als aktive Reaktion Gegenwehr und Aggression hervorbringen, ebenso taktisches Verhalten oder in passive Formen wie Hilflosigkeit, Rückzug oder Anpassung münden.

Bei Erzieherinnen meinen wir immer ein starkes Bedürfnis nach Harmonie feststellen zu können, das versucht, die Abhängigkeiten (wie auch die unvermeidliche Konkurrenz) zu negieren. Weil dies aber nicht erfolgreich sein kann, stoßen wir im Kindertagesstättenalltag häufig entweder auf Abwehr, zuweilen mit Aggressionen gemischt, oder auf Rückzug und Hilflosigkeit. Deutlich wird das im Übrigen in der häufig sehr emotionalen Abwehr des Dienstleistungsgedankens mit dem angstvollen Zusatz: *„Dann können wir ja gar nichts mehr selbst entscheiden!"* Um aus diesem emotionalisierten Teufelskreis herauszukommen und die Sachlage aus der Distanz und erst damit professionell betrachten zu können, scheint es uns unumgänglich, sich diese Schwierigkeiten als objektiv vorhanden vor Augen zu führen.

Im Zwang zur Zusammenarbeit

Auf Erzieherinnenseite bestehen den Eltern gegenüber Abhängigkeiten, die sich auf verschiedenen Ebenen befinden und alle dem Zwang zur Zusammenarbeit entspringen.

Da ist zum einen die Abhängigkeit, als Zweiterzieher mit dem umgehen zu müssen, was Ersterzieher bereits betrieben haben und weiterhin betreiben. Zuweilen projizieren Erzieherinnen diese Abhängigkeit auch auf Eltern. Wir interpretieren jedenfalls so das landauf, landab beklagte Phänomen des „Montagssyndroms". *(„Am Wochenende haben die Kinder wieder alle nur ferngesehen. Deshalb sind sie heute so schlecht drauf.")*

Eine weitere Abhängigkeit von Eltern rührt aus internen Hierarchien. Träger sind in der Regel sehr darauf erpicht, „Ruhe" in der Elternschaft zu haben. Sich beschwerende, beklagende oder auch nur nachfragende Eltern werden nicht selten den Erzieherinnen als deren Versagen angehaftet. Erzieherinnen spüren die Zwickmühle, in die sie hier geraten, und bemühen sich ihrerseits **deshalb** um das Wohlwollen der Eltern.

Abhängig sind Erzieherinnen auch von der Anerkennung der Eltern. Dafür sind sie besonders sensibel. *„Die Eltern sehen gar nicht, was wir leisten"*, ist eine der häufigsten Klagen, die Erzieherinnen über Eltern vorbringen. Zwei bereits bekannte Ursachen dafür seien kurz angesprochen: die Tatsache, dass Erzieherinnen ihre ganze Person als Arbeitsmittel einsetzen und ihr Berufswahlmotiv, in dem vielfach auch die Befürchtung mitschwingt, von Erwachsenen eventuell nicht ausreichend berufliche und persönliche Bestätigung erhalten zu können.

Schließlich haben Eltern so etwas wie einen „subversiven" Einfluss auf den beruflichen Alltag der Erzieherinnen. Eltern können, wenn sie wollen, boykottieren, stören oder es „einem einfach schwer machen". Sie können ihre Kinder regelmäßig zu spät bringen, gleichzeitig aber fordern, dass die Gruppe in dieser Zeit nichts gemeinsam unternimmt, damit ihr Kind noch hineinfinden kann. Sie können ein krankes Kind mit der Begründung abgeben, der Arzt hätte behauptet, es sei gesund. Sie können Erzieherinnen belügen oder einfach nur etwas einfordern, was Erzieherinnen besonders schwer fällt. Die Möglichkeiten sind unendlich.

Eltern in institutioneller Abhängigkeit

Die meisten Eltern versuchen übrigens nach unserer Erfahrung vornehmlich, mit Anpassung auf die erfahrenen Abhängigkeiten zu reagieren. Erst wenn die darin liegenden Möglichkeiten erschöpft sind, gehen sie zur Gegenwehr über, und dann meist heftig, weil „sich bereits vieles angestaut hat".

Auf Elternseite stellen wir eine institutionelle Abhängigkeit fest. Sie haben heute zwar mehr Einfluss darauf, ob, wann und wo sie einen Platz für ihr Kind bekommen, aber nur selten können sie sich „ihre Kindertageseinrichtung" wirklich aussuchen. Für Krippe und Hort trifft diese Aussage angesichts des knappen Angebots ohnehin nicht zu. Eltern sind im weiteren Verlauf fast vollkommen abhängig von dem jeweiligen Angebot der Einrichtung. Wie die Eingewöhnungszeit verlaufen wird und ob es überhaupt eine gibt, in welche Gruppe das Kind kommen, mit welchen Haltungen und pädagogischen Konzepten die Familie konfrontiert, an welchen Stellen, wie häufig und in welcher Form es zu gegenseitigen Kontakten kommen wird, das alles und noch mehr sind Entscheidungen, die fast ausschließlich innerhalb der Institution gefasst werden. Erst wenn diese bewusst die Mitsprache der Eltern möchte und sich den Familien öffnet, erhalten diese Möglichkeiten, sich und ihre Interessen einzubringen. Erst dann wird Abhängigkeit aufseiten der Eltern reduziert.

Zur professionellen Gestaltung des Kontaktes zu den Familien gehört auch die Anerkennung dieser strukturellen gegenseitigen Abhängigkeiten. Hilfreich ist es oft bereits, sich dessen bewusst zu sein und die eigene Kompetenz zu spüren, damit gestaltend umzugehen. Verbale Äußerungen wie: *„Ich fühle mich an dieser Stelle einseitig von Ihrer Entscheidung abhängig. Vielleicht gibt es ja einen Weg der Einigung“*, oder umgekehrt: *„Fühlen Sie sich von unserer Entscheidung abhängig und möchten Sie vielleicht in Zukunft Einfluss darauf nehmen?“*, können bereits den Dialog in Gang bringen, ohne die Entscheidungskompetenzen beider Seiten anzutasten.

3.4 „Bin ich jetzt auch noch Eheberaterin?“ Rollendurcheinander

Die Erzieherin Claudia erzählt in der Teamsitzung davon, dass ihr Frau Maurer, Jessicas Mutter, immer sympathischer werde. Im Gespräch zeige sich immer wieder, wie ähnlich auch ihre privaten Interessen seien. Nun habe Frau Maurer ihr auch private Kontakte, z. B. einen gemeinsamen Kinobesuch, vorgeschlagen. Claudia fühlt sich nun etwas ambivalent, sie findet Frau Maurer einerseits sympathisch, andererseits spürt sie auch, dass diese Art von Kontakt mit ihrer beruflichen Rolle nichts mehr zu tun hat. Kollegin Verena entgegnet: „Sei doch froh, dass es bei dir so gut läuft. Ich habe langsam genug von ‚meiner' Frau Wencke; die liegt mir nur noch mit ihren Eheproblemen in den Ohren. Ich fühle mich schon wie ein Mülleimer.“

Möglichkeiten, mehr oder weniger gewünschte Rollen in der Begegnung mit Eltern zu übernehmen, gibt es im Alltag der Kita genügend. Zunächst sieht es so einfach aus: hier die Erzieherin, Fachfrau für Erziehung und zuständig für die Betreuung, Bildung und Erziehung des Kindes in der Kita, dort die Eltern, Fachleute für die Familie und zuständig für das Kind und seine Entwicklung zu Hause. Da sich aber Menschen mit ihrer ganzen, vielfältigen Persönlichkeit begegnen und die Erzieherin diesen Kontakt zu moderieren hat, sind die unterschiedlichsten Bedürfnisse, Erwartungen und persönlichen Verhaltensweisen im Spiel. Damit entsteht auch die Gefahr von Rollendurcheinander.

Was ist eine Rolle? Im Kern entsteht eine Rolle aus dem Zusammenspiel von Erwartungen, die jemand von außen an eine Person heranträgt, und der Art und Weise, wie diese Person die Erwartungen erfüllt bzw. eigene Vorstellungen von der Rolle auslebt. Diese Konstruktion ist im Falle beruflicher Rollen auch noch in die institutionelle Konstellation eingebettet, hier also in den Auftrag der Kita und den Betreuungsvertrag der Eltern mit dem Träger. Ist die Übereinstimmung der Fremd- und Selbsterwartungen an die Rolle groß, d. h. will jemand so sein, wie es von ihm erwartet wird, fühlt er sich in der Rolle wohl. Ist die Übereinstimmung geringer, d. h. gehen die Erwartungen auseinander, kommt es schließlich zu Unbehagen, Missverständnissen, Klärungsbedarf, Forderungen, Abgrenzungen und Konflikten.

Wir alle befinden uns im Leben unablässig in einer Vielzahl von Rollen: Kunde im Kaufhaus, Gast im Restaurant, Patient beim Arzt, Mandant beim Rechtsanwalt, Fußballfan, Autofahrer, Kinobesucher, Schwiegertochter, Steuerzahler, Mieter/Vermieter, Zeuge vor Gericht usw. Wir haben gelernt, uns in der jeweiligen Rolle adäquat zu verhalten, blitzschnell zwischen ihnen zu wechseln und vor allem ein feines Gespür dafür entwickelt, wann wir selbst oder unser Gegenüber „aus der Rolle fallen".

Aus der Rolle gefallen?

„Normalerweise" erwarten Eltern von Erzieherinnen, abgesehen von der verlässlichen Betreuung ihrer Kinder, als Erwachsene mit elterlicher Verantwortung gesehen zu werden, gerne auch begleitet von einem respektvollen, wertschätzenden Umgang mit sich, transparenter Information, Interesse an ihren Fragen und Meinungen, Verständnis für ihre Arbeits- und Lebensbedingungen usw. Erzieherinnen erwarten von Eltern im Allgemeinen Entsprechendes. Meist „passen" die Erwartungen auch zusammen, man kann sich absprechen, aufeinander einstellen, zu tragfähigen Vereinbarungen kommen. Die Eltern fühlen sich in ihrer Elternrolle, die Erzieherinnen in ihrer Erzieherinnenrolle wahrgenommen und angemessen behandelt.

Diese Rollenklarheit wird unscharf, wenn eine oder beide Seiten die feine, aber gut spürbare Linie der erwünschten oder „erlaubten" Erwartungen oder des familiären oder institutionellen Auftrags überschreitet. Dies kann geschehen, wenn z. B. Eltern

- die Fachkraft zur Hilfserzieherin machen wollen: *„Bringen Sie unserem Sohn mal Tischmanieren bei!" – „Die Hausaufgaben müssen jeden Tag vollständig im Hort gemacht werden." – „Wollen Sie nicht zur Geburtstagfeier unserer Tochter kommen und ein paar Spiele machen, Sie können das doch so gut."*
- Erzieherinnen bei psychischen oder Paarproblemen anfragen: *„Ich fühle mich so ausgebrannt." – „Mit unserer Ehe steht es nicht gut, haben Sie eine Idee, was ich tun kann?"*
- Eltern Erzieherinnen ihr Herz ausschütten mit allem, was sie bewegt: *„Das muss ich Ihnen unbedingt erzählen…"*
- Eltern in Erzieherinnen vor allem die Freundin suchen: *„Wollen wir nicht mal zusammen ausgehen?"*

- Eltern die Erzieherinnenrolle verengen: *„Mein Kind soll jeden Tag etwas Gebasteltes mit nach Hause bringen.“*
- Eltern junge Erzieherinnen und Praktikantinnen ungefragt duzen.

Die (inneren) Reaktionen bei Erzieherinnen liegen auf der Hand: „Bin ich etwa deren Handlanger? Bin ich Therapeutin? Ich bin doch kein Mülleimer! Muss ich jetzt auch noch mein Privatleben opfern?“ Die tatsächlichen Antworten fallen meist moderater aus: *„Darauf sollten Sie aber auch selbst achten.“ – „Ich habe dafür leider keine Zeit.“* Manchmal auch spitz: *„Da kann ich Ihnen leider auch nicht helfen.“* Und häufig kommt es auch zur Vermeidung der Antwort oder der Begegnung überhaupt, um die heikle Rollenklärung zu umgehen.

Umgekehrt fehlt es natürlich nicht an entsprechenden Rollenerwartungen an Eltern, etwa wenn Erzieherinnen

- Eltern zu schlechten Pädagogen machen: *„Montags ist Ihr Sohn immer so aufgedreht; hat er am Wochenende denn ausreichende Bewegung gehabt?“ – „Wenn Sie sowieso nur Tennis spielen, können Sie ihr Kind auch früher abholen.“*
- Eltern Zuarbeiten aufdrängen: *„Wollen Sie nicht auch einen Kuchen für unser Sommerfest backen?“ – „Wir brauchen starke Männer für den Aufbau unseres Gartenhäuschens.“*
- den Elternbeirat instrumentalisieren wollen: *„Legen Sie beim Träger doch mal ein gutes Wort für uns ein.“*
- sich Eltern gegenüber gleich zu Beginn klein machen: *„Ich bin die Tanja.“*
- mit Vätern flirten usw.

Die inneren und äußeren Reaktionen der Eltern kann man sich entsprechend ausmalen. Auch Eltern wollen nicht gerne zu Handlangern gemacht oder als Rabeneltern betrachtet werden.

Rollenklarheit gewinnen

Selbstverständlich können solche Rollenerwartungen, die „neben“ den eigentlichen Rollen von Erzieherinnen und Eltern liegen, von beiden Seiten akzeptiert oder sogar begrüßt werden, weil die Fremd- und Selbsterwartungen „passen“. Problematisch wird dies nur, wenn die professionelle und/oder die institutionelle Aufgabe nicht mehr richtig wahrgenommen werden, z.B. wenn eine Freundschaft zwischen Erzieherin und Mutter verhindert, dass sorgenvolle Gedanken über die möglicherweise problematische Entwicklung des Kindes ausgetauscht werden.

Die Lage wird aber erst richtig kompliziert, wenn unterschiedliche Rollenzuschreibungen durcheinandergeraten, verschiedene Rollen kaum noch auseinandergehalten werden können und diese Gemengelage nicht mehr kommuniziert wird. Dann ist der Moment erreicht, wo es unangenehm und „kompliziert“ wird, Störungen gibt und die gemeinsame Handlungsfähigkeit leidet. Irgendwann kann die Lage so verfahren sein, dass Vermeidungsverhalten die Oberhand gewinnt, sich beide Seiten nicht mehr sehen wollen und darauf warten, dass alles mit dem Weggang des Kindes aus der Einrichtung ein Ende nimmt.

In der personalen Dienstleistung ist es schwieriger als in anderen Branchen, Rollenklarheit zu behalten oder zu gewinnen, weil man eben mit der ganzen Person arbeitet. Daher gehen viele persönliche Eigenschaften, biografische Erfahrungen, Wertvorstellungen, pädagogische Haltungen usw. in die Kommunikation mit ein. Eine scharfe Trennung zwischen der „privaten“ und beruflichen Erzieherin ist kaum möglich. Eltern dagegen kommen „nur“ als Eltern, hier ist eine Trennung zwischen privater und öffentlicher Elternrolle weder sinnvoll noch erwünscht.

Eine Erzieherin muss sich immer wieder klar machen, dass sie – um eine anschauliche Metapher zu gebrauchen – eigentlich auf zwei Stühlen gleichzeitig sitzt: dem **privaten** und dem **professionellen**. Auf dem ersten Stuhl sitzt sie als betroffene und unter Umständen auch angegriffene Person. In dieser Rolle darf sie sich z. B. auch über eine Forderung von Eltern ärgern. Auf dem anderen Stuhl **muss** sie versuchen, die Rollenerwartungen von Eltern als Ausdruck von Bedürfnissen, Ansprüchen oder Unsicherheiten zu verstehen, die in deren subjektiver Welt aus guten Gründen vorgetragen werden. Hier **muss** sie ihre eigenen Rollenvorstellungen offenlegen, begründen, verteidigen und sich gegebenenfalls von den Rollenerwartungen der Eltern abgrenzen. In der professionellen Rolle vermittelt sie nicht nur klar, worin sie ihre Aufgabe sieht, sondern sie sorgt auch dafür, dass unterschiedliche Rollenerwartungen zwischen ihr und den Eltern geklärt werden. Es muss dabei nicht unbedingt zu einer einvernehmlichen Lösung kommen; bleiben Unterschiede, so ist deren Benennung aber immer noch besser als die Vermeidung der Klärung.

Die Erzieherin ist kein Kumpel, keine Freundin, keine Ersatzmutter und kein Kind der Eltern. Sie wird ihrer professionellen Rolle in dem Maß gerecht, in dem sie eine mittlere Nähe und Distanz zu den Eltern findet, welche persönliche Vertrautheit zulässt und die berufliche Handlungsfähigkeit nicht sabotiert. Diese Ambivalenz muss sie verstehen und bewusst gestalten. Am Beispiel der eingangs erwähnten Frau Wencke: Die Offenheit der Mutter zeugt von Vertrauen zur Erzieherin. Eine professionelle Erzieherin wird dieses nicht einfach zurückweisen und bietet einen Gesprächstermin an, bei dem sie deutlich macht, dass sie gerne zuhören und raten könne, aber nicht schwerpunktmäßig für die Lösung dieses Problems zuständig und möglicherweise nicht kompetent genug sei. Frau

Wencke weiß, was sie erwarten darf und fühlt sich nicht grundsätzlich abgewiesen. Die Rollen bleiben gewahrt, ohne dass die Beziehung zwischen beiden Schaden nimmt.

Natürlich gibt es – „wie im richtigen Leben" – zu verschiedenen Eltern unterschiedliche Nähe und Distanz. Die einen sind einem sympathischer als die anderen. Es können sich sogar freundschaftliche Beziehungen entwickeln. Manchmal bestehen ja auch schon Freundschaften zwischen Erzieherinnen und Müttern, bevor das Kind in der Kita angemeldet wird. Dies künstlich zu verhindern oder zu leugnen, wäre eben auch nicht authentisch.[29] Aber gerade in solchen Fällen muss auch klar sein, dass sich etwa in einem Entwicklungsgespräch vor allem Mutter und Erzieherin gegenüber sitzen, nicht die Freundinnen. „Stimmt" die private Beziehung, kann sie gegebenenfalls auch dann nicht getrübt werden, wenn die eine der anderen etwas Kritisches oder Unangenehmes mitteilt.

3.5 „Die denken immer nur an ihr Kind." Missverständnisse und Fallen

Als seien die bisher aufgeführten Schwierigkeiten noch nicht genug, wollen wir abschließend auf einige „Fettnäpfchen" hinweisen, die der gedeihlichen Zusammenarbeit zwischen Erzieherinnen und Eltern auch noch im Wege stehen können.

„Mein Kind" – „meine Gruppe"

Da gibt es zum Beispiel die individuelle Sicht der Eltern auf **ihr** Kind und die Zuständigkeitssicht der Erzieherin für die ganze Gruppe. Das klingt banal und ist es eigentlich auch. Häufig führt es aber dazu, dass Erzieherinnen und Eltern aneinander vorbeireden. *„Die Eltern sehen immer nur ihr Kind, aber wir müssen die ganze Gruppe im Blick haben"*, heißt es dann von der einen Seite. *„Die Erzieherinnen kümmern sich vor allem um die anderen Kinder, aber unseres übersehen sie dabei"*, kommt es von der anderen. Dabei scheint der Verdacht mitzuschwingen, dass die jeweils andere Seite etwas bewusst vernachlässige oder gar absichtlich nicht wahrnehmen wolle.

Tatsächlich sind aber beide Sichtweisen nicht nur verständlich, sondern auch berechtigt. Zum einen ist es ja absolut natürlich, dass Eltern ihr Kind gut betreut wissen wollen. Für dessen möglichst gute Entwicklung Sorge zu tragen ist ihre ureigene Aufgabe. Die Frage *„Wie ist es* **meinem** *Kind denn ergangen?"* oder die Aufforderung *„Können Sie bitte darauf achten, dass* **mein** *Kind …"* spiegelt zuallererst diese Fürsorge wider und nicht eine Missachtung der anderen Kinder oder der Gruppe. Leider wird dieser berechtigte elterliche Egoismus von Erzieherinnen manchmal als Herabwürdigung ihrer Kompetenz und Leistung wahrgenommen und ihrerseits moralisch bewertet.

---

29 Zur Frage des Duzens siehe Kapitel 4

Zum anderen ist die Kindergruppe ja geradezu konstitutives Element der Kita, nicht nur als Organisationsform, sondern als Ort sozialen Lernens gewollt. Die Zuständigkeit der Erzieherinnen für ihre Gruppe bezieht sich bei aller Berücksichtigung individueller Kinder auch auf die Prozesse zwischen den Kindern, auf die Strukturen, Abläufe und Themen, die Gruppen ausmachen und die Gruppen hervorbringen. So gesehen ist das Ganze mehr als die Summe seiner Teile, also die Gruppe mehr als eine Anhäufung einzelner Kinder. Daher ist der Blick auf die Gruppe als Ganzes sogar unverzichtbar, selbst wenn es gelänge, alle Kinder als Individuen ständig im Blick zu haben.

Die Lösung des Dilemmas liegt auch hier nicht in fortwährenden Versuchen, die jeweils andere Seite von der alleinigen oder besonderen Richtigkeit der eigenen Sicht zu überzeugen, und schon gar nicht darin, die andere Sichtweise gering zu schätzen, sondern in der Anerkennung der Berechtigung beider Sichtweisen. Erst dann kann man deren Richtigkeit gelten lassen und die Vorteile der anderen Sicht nutzen: Eltern können etwas über ihr Kind als Gruppenmitglied erfahren, Erzieherinnen am Expertenwissen der Eltern über ihr Kind teilhaben.

Möglichst keine Konflikte?

In sozialen Berufsfeldern hält sich immer noch das mehr oder weniger heimliche Motto: Konflikte sollen nicht sein. Der Wunsch, dass es bitte ohne Konflikte gehen möge, wird auch in Kindertageseinrichtungen kultiviert, und davon ist die Zusammenarbeit mit Eltern nicht ausgenommen. Harmoniestreben herrscht vor; es ist ja auch an sich nichts Schlimmes, gerät aber zur Illusion, wenn es mit der Einstellung einhergeht, dass Konflikte nicht sein dürften und mit der Erwartung verbunden ist, sie dauerhaft vermeiden zu können.

Konflikte gehören zum Leben. Mehr noch: Alle Entwicklungen entspringen einem Widerspruch, entstehen aus Reibung und Gegensätzen, und so können auch von Streit und Konflikt neue Lösungen ausgehen. Unsere Alltagserfahrung sagt: Konfliktstoff, der „unter der Decke" gehalten wird, verschafft sich irgendwann doch „Luft"; nur sind dann die Gefahr der Eskalation und der Energiebedarf zur konstruktiven Bearbeitung des Konflikts größer – und die Chancen einer einvernehmlichen Lösung geringer –, als wenn man frühzeitig den Konflikt benannt und Bearbeitungswege gesucht hätte.

Es geht uns nicht darum Konflikte „herbeizureden", auch ist die Vorstellung abwegig, dass ein Konflikt erst richtig angeheizt werde, wenn man ihn benennt. Natürlich kann es unangenehm und angstbesetzt sein, sich mit anderen konflikthaft auseinanderzusetzen. Mit einer „Kopf-in-den-Sand-Haltung" entgeht man dem aber nur vorübergehend.[30]

30 Wir haben dem Thema *konstruktive Konfliktbearbeitung* weiter unten ein ganzes Kapitel (8.1) gewidmet.

Was in sozialen Berufen auch gern unhinterfragt die Kommunikation bestimmt, ist die Vorstellung, man müsse mit seinen Handlungen, Angeboten und Maßnahmen immer Erfolg haben. Auch Erzieherinnen neigen nach unserer Erfahrung dazu, sich als schlechte Fachkräfte zu erleben, wenn ein Vorschlag von Eltern nicht angenommen oder ein angenommener Rat nicht so gewirkt hat, wie sie es sich wünschten. Dahinter steckt eine perfektionistische Einstellung: Erfolgreich bin ich nur, wenn ich immer und möglichst uneingeschränkt positiv wirksam bin. Begleitet ist sie von der Befürchtung, eben als „unfähig" oder „schlecht" zu gelten, wenn etwas nicht gelingt. Erfolg kann aber nicht garantiert werden, nicht nur, weil es ohnehin vermessen wäre, alle Situationen und Problemlagen zu kontrollieren. Machbarkeitswahn hat nicht nur in sozialen Berufen immer wieder in Sackgassen geführt. Wie wir in Kapitel 2.2 gesehen haben, gilt aber gerade für die soziale Dienstleistung, dass diese von den Beteiligten gemeinsam erbracht wird. Das heißt, dass die Erzieherin, selbst wenn sie für sich „perfekt" vorgeht, auf die Mitwirkung des Gegenübers angewiesen ist und die Dienstleistung von diesem auch nur dann mitgetragen und anerkannt wird. Mit anderen Worten: Es darf auch schief gehen, ohne dass ich schlechte Arbeit gemacht hätte.

Pädagogischer Erfolg muss garantiert werden

Eine beliebte Falle ist auch, den eigenen Erfolg und die Wertschätzung der Eltern davon abhängig zu machen, wie groß deren zahlenmäßige Beteiligung an den gemachten Angeboten ist. Wie oft haben wir schon das Wehklagen von Erzieherinnen angehört, die betrübt vom schwachen Besuch des letzten Elternabends oder der geringen Resonanz auf den jüngsten Aufruf zur Mitarbeit bei der Gartenaktion berichteten. Hier scheint uns voreilig die reine Zahl der anwesenden Eltern mit der Qualität der Veranstaltung gleichgesetzt zu werden. Dabei kann ein kleiner Kreis von Eltern ein wunderbares Zusammenwirken mit nachhaltigen Effekten bedeuten, während z. B. ein von fast allen Eltern besuchter Elternabend zu deren Fernbleiben beim nächsten führen kann, wenn er unbefriedigend verlaufen ist. Wir kennen eine Kita, die einmal einen Elternabend mit einer einzigen Mutter durchgeführt hat; diese war selbstverständlich herzlich willkommen, es gab keine Klagen über die geringe Beteiligung. Dagegen gibt es nicht wenige Kitas, die einen Elternabend mit dem Bedauern eröffnen, dass „leider so wenige Eltern erschienen" seien.

Quantität vor Qualität

Selbstverständlich wünscht man sich zu Recht eine möglichst rege Beteiligung bei solchen Veranstaltungen. Schließlich hat man sich vorbereitet und investiert wertvolle Arbeitszeit. Gleichwohl wäre es fatal, die vielleicht enttäuschende Beteiligung von Eltern gerade denen anzulasten, die erschienen sind. Im Übrigen gilt, dass das Angebot auf echte Bedürfnisse und Interessen der Eltern treffen muss; dann dürfte auch mit stärkerer Beteiligung zu rechnen sein – und damit eine Qualitätssteigerung einhergehen. Es wäre nicht wirklich tragfähig, von Eltern Beteiligung zu erwarten, wenn man die Wichtigkeit der Angebote allein aus eigenem Blickwinkel definiert.

Erzieherinnen vertreten eine Organisation – Eltern nicht

Ein letztes Missverständnis scheint uns schließlich in der Fantasie beider Seiten über die strukturelle „Geschlossenheit“ der jeweils anderen zu liegen. Erzieherinnen, die von „den Eltern“ sprechen, verbinden damit nicht selten unbewusst die Vorstellung von einer Elternschaft wie einer organisierten „Front“, so als hätten sich die Eltern als Interessengruppe auf bestimmte Ziele verständigt und würden nun ihre Interessen abgesprochen vertreten. Nichts wäre fataler. Eltern sind zunächst ja „nur“ Mitglieder ihres Familiensystems und verfolgen in erster Linie die jeweils dazu passenden Ziele. Wenn sie andere Familien in ähnlicher Lage antreffen, sind sie oft erleichtert, „dass es denen auch so geht“. Meist sind die Interessen und Bedürfnisse aber sehr individuell. Bei 60, 80, 100 oder noch mehr Familien in einer Einrichtung gibt es eine entsprechend vielfältige Gemengelage. Hier von einer geschlossenen Elternschaft zu sprechen, ist eher eine Vermutung; sie kann sich allerdings bewahrheiten, wenn eine Kita Elterninteressen eklatant oder dauerhaft ignoriert. Eine gute Kenntnis elterlicher Interessen führt dagegen ohne Weiteres zu einer differenzierten Sicht auf einzelne Personen und Familien.

Umgekehrt gibt es ein ähnliches Phänomen: Weil Erzieherinnen ja tatsächlich in Teams organisiert sind, stellen sie in der Fantasie von Eltern leicht ein geschlossenes System dar. Das gilt für bestimmte Aspekte tatsächlich; konzeptionelle Grundlagen, Regeln, Arbeitsabläufe und Kooperationsformen sind vom Team erarbeitet und werden einheitlich praktiziert. Das gilt aber für längst nicht alles, was zwischen Eltern und Erzieherinnen kommuniziert wird. So haben Eltern mitunter die Vorstellung, alle im Team seien gleichermaßen über sie und ihre Familie informiert, weil sie Gegenstand des Austauschs unter den Erzieherinnen seien. Dass viele Informationen schon aus quantitativen Gründen nicht alle erreichen (müssen) und manche aus Datenschutzgründen gar nicht erreichen dürfen, muss Eltern dann erst einmal klar gemacht werden.

Handeln

4. Bildungs- und Erziehungspartnerschaft Der Kern der Zusammenarbeit

Bildungs- und Erziehungspartnerschaft mit Eltern ist kein neuer Begriff. Seit der Gedanke der Zusammenarbeit die autoritär-hierarchische „Elternarbeit" abgelöst hat, taucht er verstärkt in der Fachliteratur und Praxis der Kindertageseinrichtungen auf.[31] Mit den jüngst in allen Bundesländern erstellten Bildungs- und Erziehungsplänen hat er quasi flächendeckende Verbreitung gefunden und wurde zum „Leitbegriff" im fachlichen Diskurs. Allerdings: Was unter Partnerschaft genau verstanden wird und vor allem wie sie erreicht werden kann, darüber geben die Pläne wenig Auskunft. Meist ist von „Offenheit" und „gegenseitiger Wertschätzung" die Rede. Manchmal sprechen die praktischen Vorschläge noch die Sprache der herkömmlichen „Elternarbeit". Am differenziertesten ist noch der bayerische Bildungs- und Erziehungsplan, der eine ganze Liste von Formen der Zusammenarbeit präsentiert. Ansonsten bleibt es der Praxis überlassen, den Begriff zu füllen.

Dass Erzieherinnen und Eltern miteinander partnerschaftlich umgehen wollen, ist nach unserer Erfahrung unbestritten. Dass aber „der Teufel im Detail" steckt, ist genau so offensichtlich. Gründe dafür, dass die konkret gelebte Partnerschaft schwierig werden kann, gibt es genug. Eine Reihe davon haben wir in Kapitel 3 dargestellt. Dies soll hier nicht wiederholt werden. Vielmehr wollen wir der Frage nachgehen, was an Bildungs- und Erziehungspartnerschaft strukturell möglich ist, wo ihre Grenzen liegen und wie sie praktisch gefüllt werden kann.

Verstehen wir Bildungs- und Erziehungspartnerschaft als die Begegnung der Erwachsenen „auf Augenhöhe", betreten wir damit die Beziehungsebene. Denn formaljuristisch ist Partnerschaft eine fragwürdige Sache; je nach Zuständigkeit und Verantwortung sind Eltern und Erzieherinnen unterschiedlich kompetent (im Sinne von verantwortlich). In der Kita bestimmen Erzieherinnen beispielsweise allein darüber, in welche Gruppe ein Kind aufgenommen wird oder welchen konzeptionellen Prinzipien sie folgen. Eltern bestimmen allein darüber, wie lang sie ihr Kind in die Obhut der Kita geben oder wer es von dort abholen darf. An diesen macht- und rechtbesetzten Punkten gibt es ja auch immer wieder Reibung und Konflikte. Vor allem aber sind Erzieherinnen durch ihre Rolle als professionelle Fachkräfte gezwungen, sich partnerschaftlich zu verhalten, während dies von Eltern nicht einfach erwartet werden kann. Es ist also keine gewählte Partnerschaft. Außerdem bezeichnen sich Eltern selbst so gut wie nie als „Erziehungspartner" der Erzieherinnen.

---

31 So z. B. in Klein/Vogt 1995, Eppel u. a. 1996, Wiedemann 1997, Bauer/Brunner (Hrsg.) 2006

Hinzu kommt, dass der Begriff Partnerschaft die Zusammenarbeit mit Erwartungen ziemlich überfrachten kann, Erwartungen, die beide Seiten gar nicht erfüllen können. Fragt man Erzieherinnen danach, womit sie den Begriff füllen würden, tauchen immer wieder „Fairness, Vertrauen und Ehrlichkeit" als Erwartungen auf, die sich daran knüpfen. Das sind jedoch Wünsche, die hochgradig emotional aufgeladen sind. Haben wirklich beide Seiten zueinander Vertrauen? Wie steht es da mit dem Vertrauen in das, was Eltern zuweilen berichten? Darf eine Mutter in einem „partnerschaftlichen" Verhältnis zugeben, dass sie „nur" an das eigene Kind denkt und in diesem Sinne keine Verantwortung für die Geschicke anderer Kinder oder gar der ganzen Kindergruppe übernehmen möchte? Sind Erzieherinnen tatsächlich immer „fair" oder machen sie nicht insgeheim feine Unterschiede zwischen Eltern und Eltern? Und erwarten Erzieherinnen nicht allzu oft von Eltern, dass Vertrauen und Verantwortung quasi von Beginn an bereits vorhanden sind, statt dass sich beides erst langsam entwickeln darf?

Der Begriff „Partnerschaft" verdeckt, dass es sich in der Beziehung zwischen Erzieherinnen und Eltern um eine zeitlich begrenzte Arbeitsbeziehung handelt, die unter anderem auch von gegenseitiger Konkurrenz geprägt ist: Wer ist die bessere Erzieherin? Wer hat Recht, wenn es z. B. um die Einschulung eines Kindes oder um unterschiedliche Beobachtungen aus dem Kindertagesstätten-Alltag auf der einen und der Familie auf der anderen Seite geht?

Partnerschaft als Ziel, nicht als Zustand begreifen

Wir gebrauchen den Begriff vor allem als Zielformulierung: Partnerschaft sollte angestrebt werden. So formuliert wird aber auch klar: Das gelingt nicht immer! Eine solche Sicht auf den Begriff Erziehungspartnerschaft entlastet Erzieherinnen und Eltern. Auch wenn es wünschenswert wäre, müssen sie nicht zu Partnern werden. Manchmal reicht es durchaus, innerhalb vereinbarter Rituale und Arrangements zu kooperieren und sich gegenseitig Respekt zu zollen, sich aber nicht als Partner zu begreifen. Erzieherinnen müssen Eltern nicht persönlich mögen und umgekehrt gilt dasselbe. Oft ist auch gar nicht mehr möglich in den wenigen Jahren, in denen Erzieherinnen und Eltern miteinander zu tun haben. In diesem Sinne möchten wir vorschlagen, den Begriff Partnerschaft im Zusammenhang der Zusammenarbeit zwischen Eltern und Erzieherinnen von seinen moralisch besetzten Anteilen (Fairness, Vertrauen, Ehrlichkeit …) zu befreien und zu verbinden mit Begriffen wie „Wertschätzung", „Achtung", „Respekt".

„Partnerschaftlich" kann nur heißen, die Beziehung zwischen den Erwachsenen in „wechselseitiger Anerkennung"[32] gestalten zu wollen, nicht nur da, wo die Zusammenarbeit sowieso harmonisch läuft, sondern auch, wo Rechte festgelegt sind oder unterschied-

32 Ein Begriff von A. Honneth, ausgeführt in Wiezorek 2006, S. 51 ff.

liche Auffassungen und Werte bestehen. Wechselseitige Anerkennung lässt also beides zu: Übereinstimmung und zugleich Nichtübereinstimmung, Kooperation und Konkurrenz. Ich kann jemanden achten und wertschätzen, auch wenn ich mit ihm nicht übereinstimme. Das gelingt dann, wenn ich mich erstens durch Einfühlung und Perspektivenwechsel in seine Lage hineinversetzen kann. Zweitens darf meine Wertschätzung nicht an Bedingungen geknüpft werden wie: *„Erst, wenn die Mutter meine eigene Arbeit ausreichend würdigt oder wenn sie nicht immer wieder mit denselben Anliegen daherkommt, erhält sie auch von mir Wertschätzung."*

Ich bleibe in diesem Fall ich selbst, verbiege mich nicht und entscheide selbst darüber, was ich verändern werde und was nicht. Ich übernehme Verantwortung für mein Verhalten, nicht aber für das des Anderen. Mehr verlange ich auch nicht vom Gegenüber. Auch er soll stets für sich selbst entscheiden dürfen. *„In dieser grundlegend achtungsvollen Haltung liegt also eine Zurückhaltung begründet, familiale Erziehungsvorstellungen oder familial hochbesetzte Werte einfach herabzuwürdigen, zu missbilligen: Es geht im pädagogischen Elternbezug … nicht um Abwertung, sondern um die Auseinandersetzung mit Fähigkeiten, Eigenschaften und Verhaltensweisen und den ihnen innewohnenden Werten."*[33]

Bildungs- und Erziehungspartnerschaft heißt für die Fachkräfte in der Kita, das Expertentum von Eltern zu respektieren, für das gemeinsame Anliegen zu nutzen und in der Vermittlung mit dem eigenen Expertentum Gewinn zu suchen. Wechselseitige Anerkennung bedeutet den Verzicht darauf, Eltern „erziehen" zu wollen, was in der herkömmlichen Elternarbeit ein mehr oder weniger heimliches Ziel war. Sie bedeutet damit auch eine Neubestimmung der Rolle der Erzieherin, die nicht mehr allein Expertin für die „richtige" Erziehung des Kindes ist, sondern den Dialog mit den Eltern-Experten führt, also auch eine moderierende Rolle übernimmt. Die Abstimmung darüber, was in der Erziehung geschieht, hat nicht das Ziel, zu klären, wer „Recht" hat, sondern was für das Kind gut ist. Dabei können Eltern und Erzieherinnen aus ihrer jeweiligen Erfahrung wichtige Beiträge beisteuern. In diesem Austausch müssen dann Entscheidungen gesucht und Lösungen gefunden werden. Erzieherinnen tun gut daran, in diesem Prozess die Grenze ihrer beruflichen Rolle zu wahren: Solange das Kindeswohl nicht gefährdet ist, haben Eltern als Erziehungsberechtigte die weitergehenden Entscheidungsbefugnisse. (Andernfalls müssen Erzieherinnen „natürlich" – weil gesetzlich dazu aufgefordert – eingreifen.)

Chancen und Schwierigkeiten

Eine engere Zusammenarbeit enthält Chancen und Schwierigkeiten. Zum einen wachsen die Möglichkeiten, sich auszutauschen, Verständnis füreinander zu entwickeln und sich z. B. bezüglich der Entwicklungsförderung des Kindes abzustimmen. In konfliktfreien Beziehungen kommt es im Lauf der Zeit wie selbstverständlich zu einem partnerschaftlichen

33 Wiezorek 2006, S. 57

Austausch. Zum anderen lassen sich unterschiedliche Erwartungen von Eltern und Erzieherinnen aneinander nicht einfach übergehen. Sie würden sich auf Dauer ohnehin an den unterschiedlichsten Anlässen festmachen und damit zum Thema werden. Es kommt deshalb darauf an, die Anwesenheit des Kindes in der Gruppe als gemeinsamen Lebensausschnitt von Familie und Tagesstätte zu begreifen. Die innere Haltung sollte sein, die gemeinsame Zuständigkeit für das Kind zu entdecken und zu gestalten. Das Wörtchen „gemeinsam" schließt Meinungsverschiedenheiten und unterschiedlich geartete Zuständigkeiten ein. „Gemeinsame Zuständigkeit" ist keinesfalls eine Garantie für Harmonie. Gemeinsam bedeutet hier, dass beide zuständig sind und aufgefordert, zusammenzuarbeiten.

Wir halten Erziehungspartnerschaft, in der die Interessen von Eltern und Erzieherinnen zum Wohle des Kindes konstruktiv vereinbart werden können, durchaus für erreichbar, denn Eltern suchen die Erfahrung und Kompetenz der Erzieherinnen und die gemeinsame Beratung mit ihnen zur Einschätzung ihrer eigenen Position. Sie sind bereit, Entscheidungen gemeinsam zu treffen, auch wenn sie formal allein entscheiden könnten. Voraussetzung ist allerdings, dass die hohen Erwartungen, die aufseiten der pädagogischen Fachkräfte häufig an den Begriff Erziehungspartnerschaft geknüpft sind, der Wirklichkeit angepasst werden und die Zusammenarbeit als Prozess begriffen wird, der erst in Gang gebracht werden muss. Dann aber gelingt dies in aller Regel.

Was aber, wenn dies ausnahmsweise nicht so befriedigend verläuft, wie es zu wünschen wäre? Auf der Basis der Verständigung können sicher viele Unklarheiten und Differenzen im gegenseitigen Kontakt bearbeitet oder zumindest toleriert werden. Wie auch sonst im Leben ist die Aussicht auf lange Zusammenarbeit aber nicht die Garantie auf gute Zusammenarbeit. Es gibt unter Erzieherinnen und Eltern die unterschiedlichsten Persönlichkeiten mit vielfältigen Bedürfnissen, Erwartungen und „Eigenarten". Nicht immer verstehen sich Erwachsene gleich gut, nicht immer können Widersprüche geklärt oder Abneigungen überwunden werden. Dabei kann es auch einfach an den unterschiedlichen „Sprachen" und Verhaltensmustern liegen, mit denen Eltern und Erzieherinnen kommunizieren. Eine Erzieherin:

> *„Es kann sein, dass ich eine Mutter nicht ausstehen kann, dass ich es ganz falsch finde, wie sie mit ihrem Kind umgeht, aber ich muss mit ihr Kontakt halten. Ich will die Mutter nicht verändern, aber einen Weg finden, sachlich-kompetent mit ihr umzugehen. Ich muss sie nicht lieben, ich habe einen Arbeitsauftrag zu erfüllen."* [34]

---

[34] Klein/Vogt 1995, S. 207

Auch die überindividuellen Interessen beider Seiten, also den Familien und der Gruppe als Ganzes, können nur im Austausch, in der gemeinsamen Suche nach Lösungen befriedigend vermittelt werden. Hier kommt ebenfalls die grundsätzliche Kooperationsbereitschaft beider Seiten zum Tragen. Auch unter den Eltern selbst wird gewissermaßen Erziehungspartnerschaft praktiziert, wenn sie etwa in konfliktträchtigen Situationen zu vermitteln oder Minderheiten zu schützen suchen.

Die auf das Kind bezogene Zusammenarbeit unterliegt einer eigenen Dynamik. So wie die Kinder in der Gruppe aufwachsen, sich mit ihr identifizieren und später wieder lösen, so ist der Kontakt der Erwachsenen ein Entwicklungsprozess, der das Binden und Lösen der Kinder widerspiegelt. Sowohl die Intensität der Begegnung als auch deren Inhalte sind vom Entwicklungsstand der Kinder abhängig. Die schnellen Entwicklungsschritte der Kleinen und die anfängliche „Neuheit" der Erwachsenenbeziehung bedeuten häufigeren, noch tastenden Kontakt als die routinierte Begleitung des älteren Schulkindes durch Erwachsene mit einer langjährigen Tradition der Zusammenarbeit.

Wie sich das Bemühen um Erziehungspartnerschaft methodisch ausdrücken kann

Im inhaltlichen Fokus der Bildungs- und Erziehungspartnerschaft liegen das Wohlergehen und die Entwicklung des Kindes. Die Begleitung der kindlichen Entwicklung durch die Erwachsenen kann sich vor allem in diesen Formen ausdrücken:

- **regelmäßige Entwicklungsgespräche und Austausch über die Bildungsprozesse des Kindes:** Beobachtungen, Lerngeschichten, Portfolios (siehe auch Kapitel 7.3);
- **regelmäßiger Informationsaustausch im Alltag:** Dies ist die Voraussetzung für eine gute Zusammenarbeit. Beim Bringen und Abholen der Kinder können aktuelle Informationen aus der Gruppe und der Familie weitergegeben werden. Bewährt haben sich „Plauderecken" im Gruppenraum – notfalls im Flur –, wo Eltern auf einer bequemen Sitzgelegenheit, vielleicht bei einer Tasse Kaffee, etwas verweilen und mit einer Erzieherin oder anderen Eltern ins Gespräch kommen können. Mögliche Befürchtungen von Erzieherinnen, die sich kontrolliert fühlen, und unklare Vorstellungen von Eltern, was von ihnen erwartet wird, lassen sich durch die klare Botschaft abbauen: Erzieherinnen gehen ihrer alltäglichen Arbeit nach, Eltern sind einfach willkommen! Diese einfache Maßnahme beruhigt ganz nebenbei die Bring- und Abholsituation und vermeidet gehetzte Gespräche zwischen Tür und Angel. Wenn Kinder alleine kommen und gehen, sind Mitteilungshefte hilfreich. Info-Tafeln, Pinnwände, Litfaßsäulen u.Ä. dienen dem Austausch von Informationen, die nicht personenbezogen sind. Sie behalten ihren Wert allerdings nur, wenn sie gezielt benutzt und gewartet werden, d.h. die Aushänge müssen ins Auge springen, deutlich formuliert und lesbar sein und nach ihrer Aktualität entfernt oder ersetzt werden.

- **Hospitation von Eltern:** Die Eltern sind in einer zeitlich klar abgesprochenen Zeit in der Gruppe anwesend. Sie erfahren den Gruppenalltag, das Mitleben ihres Kindes und die Arbeit der Erzieherinnen unmittelbar und konkret und können aktiv mitarbeiten. Dies ist eine hervorragende Grundlage zum weiteren Austausch.
- Ebenso wie das regelmäßige Erziehungsgespräch kann der **Hausbesuch** ein unspektakulärer Weg sein, den Austausch zu pflegen. Eltern sind gern bereit, Erzieherinnen zu sich nach Hause einzuladen, wenn der Besuch im Klima von Vertrauen und Partnerschaft zustande kommt. Sie wissen das Interesse der Erzieherinnen am partnerschaftlichen Austausch zu schätzen. Natürlich kann der Hausbesuch auch der Ort des Erziehungsgesprächs sein. Im Übrigen bietet er sich auch als Möglichkeit für die Kindergruppe oder Kleingruppe an, um z. B. das Kennenlernen der Kinder zu fördern.
- **Abschlussgespräch**, wenn das Kind die Einrichtung verlässt.

Eltern duzen?

Zwischen lebendigen Menschen, die sich begegnen, stellt sich unweigerlich eine persönliche Beziehung her. Da stimmt dann die „Chemie" oder sie stimmt nicht, sie entwickelt sich mit zunehmender Bekanntschaft oder dümpelt vor sich hin. Manchmal besteht auch schon vor der Aufnahme eines Kindes eine Freundschaft z. B. zwischen seiner Mutter und seiner Erzieherin. Neben der persönlichen wird von Anfang an aber auch die professionelle Ebene betreten. Diese konstituiert sich durch die Rollen der Beteiligten: Die Erzieherin ist mit einem beruflichen Auftrag ausgestattet und trifft auf Eltern, die mit ihrem Träger einen Betreuungsvertrag eingegangen sind, der erfüllt werden muss. Diese professionelle Begegnung ist erst in zweiter Linie eine von unterschiedlichen Persönlichkeiten; nach der Chemie wird hier zunächst nicht gefragt. Es wäre auch ziemlich „daneben", nämlich neben der Rolle, wenn die gute Betreuung, Bildung und Erziehung eines Kindes davon abhängig wäre, ob die Erzieherin mit dessen Eltern „kann".
Nun erbringt die Erzieherin aber eine personenbezogene Dienstleistung, d. h. im Unterschied zum Frisieren von Haaren oder der Reinigung von Mänteln, wo die Interaktion von Leistungserbringer und Leistungsabnehmer Mittel zum Zweck ist, ist ihr Arbeitsgegenstand die Beziehung zum „Kunden" selbst. Das heißt aber auch, dass die Leistung „Beziehung" von diesem mitgestaltet wird, sonst käme sie ja nicht zustande. Insofern haben wir es mit einer unvermeidlichen Verquickung der persönlichen und professionellen Beziehungsanteile zu tun. Professionalität ist aber im Kern die Fähigkeit, um der Entfaltung der beruflichen Kompetenzen willen Distanz zu wahren …
Was also ist zu tun, wenn sich zwischen Erzieherinnen und Eltern eine Freundschaft anbahnt, wenn Eltern Erzieherinnen zur privaten Geburtstagsfeier einladen, einen Kinobesuch vorschlagen oder das Du anbieten? Vor allem, wenn die Erzieherin selber ein freundschaftliches Verhältnis zu Eltern spürt,

käme eine kategorische Zurückweisung einer Missachtung der tatsächlichen Verhältnisse und damit einer persönlichen Abwertung gleich. Ein uneingeschränktes Eingehen auf solche Angebote birgt aber Gefahren: Wenn man mit Eltern freundschaftlich „verbandelt" ist, hat man es schwer, ihnen nötigenfalls mit professioneller Distanz gegenüberzutreten. Da können beruflich nötige unangenehme Mitteilungen oder enttäuschte Erwartungen schnell zu einer Trübung der Freundschaft führen, erst recht, wenn Eltern zwischen den beiden Beziehungsebenen nicht klar trennen können.

Eine weitere Schwierigkeit liegt darin, dass man sich in den Augen Dritter dem Verdacht aussetzt, Kinder zu begünstigen oder andere zu benachteiligen, wenn man zu den Eltern ein mehr oder weniger enges Verhältnis pflegt. Auch wenn der Verdacht unbegründet sein mag, als Fantasie in den Köpfen wirkt er dennoch. Da wird sich manche/r fragen, wie es mit der geforderten Verschwiegenheit steht. Auch Eltern, die sich extensiv im Gruppenraum oder Büro breit machen, dürften in den Augen anderer bald als privilegiert wahrgenommen oder gar der Kungelei mit den Fachkräften bezichtigt werden. Schließlich gibt es zu Bedenken Anlass, wenn eine Erzieherin geschlechtsspezifische Unterschiede macht, also etwa mit einem Vater ein Duz-Verhältnis eingeht, nicht aber mit dessen Frau.

Es gilt also zu balancieren zwischen der professionellen Rolle, die durch die persönliche Beziehung nicht infrage gestellt werden darf, und der privaten Freundschaft, die, wenn sie stabil ist, durch die professionelle Begegnung nicht infrage gestellt werden kann. Die professionelle Rolle darf nicht aufgegeben werden. Das bedeutet für die Erzieherin Vorsicht in der privaten Kontaktaufnahme und Zurückhaltung in der Anbahnung von Freundschaften.

Eine formale Regelung aber, wie etwa das in manchen Einrichtungen praktizierte kategorische Verbot privater Beziehungen, erscheint uns wie Luftanhalten, um sich selbst zu ersticken: Es funktioniert nicht wirklich, überdeckt die tatsächlichen Verhältnisse und entspricht nicht der gewünschten Lebendigkeit des Kita-Alltags.

5. Der Anfang ist die Hälfte des Ganzen Aufnahme und Eingewöhnung

Für jede Familie liegt im Eintritt eines Kindes in die Kita etwas Besonderes. Der Übergang des Kindes von der Familie in die Einrichtung ist meist der erste Kontakt mit einer anderen Erziehungswelt. Für die ganze Familie beginnt ein neuer Lebensabschnitt. Das Kind muss sich von seinen Eltern lösen, muss nun lernen, mit den Erwartungen, die die Kindergartengruppe an es stellt, zurechtzukommen. Es sieht sich nun den Herausforderungen der neuen Umgebung mit den vielen fremden Menschen und veränderten Abläufen gegenüber.

Ähnliches gilt aber auch für seine Eltern; auch sie müssen sich in gewisser Weise erst an die Institution Kindertagesstätte gewöhnen. Wie wir in Kapitel 1 gesehen haben, trägt die Familie meist zum ersten Mal etwas von ihren bisher privaten inneren Strukturen nach außen. Fremde Menschen erhalten von nun an Einblick in das innere Familienleben. Eltern merken schon bald, dass sie in der Kindertagesstätte über ihr Kind auch selbst beurteilt werden. Der erste Kontakt zur Einrichtung ist für Eltern von einer Vielzahl unterschiedlicher Gefühle begleitet. Es vermischen sich Freude, Hoffnungen, Erwartungen, Befürchtungen und Unsicherheiten. Sie fragen sich: Wie wird es meinem Kind wohl dort ergehen? Werden auch wir selbst aufgenommen und akzeptiert?

Wir wollen die Aufnahme und Eingewöhnung einer Familie im Folgenden anhand eines fiktiven Beispiels durchspielen.

Der erste Kontakt – verunglückt

Herr und Frau Schulte suchen eines Tages gegen 11 Uhr gemeinsam die Kindertagesstätte in ihrer Nachbarschaft auf. Doch schon im Flur bleiben sie unschlüssig stehen. Wie sieht eigentlich ein Büro in einer Kindertagesstätte aus? Einen Wegweiser entdecken sie nicht. Der Flur ist leer. Herr und Frau Schulte landen schließlich in der Küche. Die Küchenfrauen sind ziemlich beschäftigt. „Es ist jetzt Mittagessenszeit, da können Sie mit niemandem sprechen!“, wird Frau Schulte abgekanzelt. „Sie müssen bis nach dem Essen warten. Wir haben jetzt keine Zeit.“

Weil die Schultes keinen Platz zum Warten finden, bleiben sie im Flur stehen. Die Küchenfrauen noch einmal zu fragen, wie lange das Essen dauert, trauen sie sich nicht. Sie wollen schließlich nicht gleich beim ersten Mal stören und auffallen. Ihrer Tochter soll es hier doch gut gehen. Nach ca. einer halben Stunde erkundigen sie sich dann doch noch einmal vorsichtig. „Unsere Leiterin muss gerade vertreten. Das wird dauern. Am besten, Sie kommen morgen früh um 8.30 Uhr noch einmal“, lautet nun die Antwort. Herr Schulte hat sich aber heute frei genommen und Lena zu seiner Mutter gebracht. Dennoch, es ist nichts zu machen. Die Leiterin kann ja schließlich jetzt nicht aus der Gruppe gehen und die Kinder dort allein lassen.

Erwartet und erhofft haben sich die Schultes Zuwendung, Interesse und Entgegenkommen, in einer freundlichen Atmosphäre angenommen zu werden. Und nun? Herr Schulte kämpft bereits gegen aufkommenden Ärger an. Was würden seine Kunden sagen, wenn er dermaßen abweisend mit ihnen umgehen würde? Deshalb fragt er nun genau nach und erfährt, dass die Leiterin heute ab 14 Uhr wieder in ihrem Büro sein wird. Trotz seines Unmuts bedankt er sich freundlich und bittet darum, gleich für diese Uhrzeit einen Termin zu bekommen. Die Küchenfrauen fühlen sich zwar nicht zuständig, versprechen aber, der Leiterin „einen Zettel hinzulegen".

Zur angekündigten Zeit versuchen Herr und Frau Schulte es also noch einmal. Gerade wieder im Büro, empfängt die Leiterin sie und spürt gleich, dass etwas nicht stimmt. Sie weiß zwar nicht genau was, hat aber schon bald das Gefühl, dass das „schwierige Eltern" werden könnten. Nur widerwillig trägt sie Familie Schulte in die Vormerkliste ein. Für Familie Schulte sind bereits jetzt ein paar ihrer Hoffnungen geplatzt.

Wer kann sich solche verunglückten Starts nicht vorstellen? Scheinbare Kleinigkeiten führten dazu, die Beziehung von vornherein zu belasten. Was für Leiterinnen und Erzieherinnen Routine ist, nämlich die sich in jedem Jahr wiederholenden Vormerkungen und Neuaufnahmen, ist für die jeweils betroffene Familie eine ausgesprochen gefühlsbeladene Situation. In dieser Verfassung eine halbe Stunde lang im Gang stehend warten zu müssen, niemanden zu finden, der sich einem freundlich zuwendet, vielleicht einen Kaffee anbietet und einen Sitzplatz, niemanden, der einem Auskunft erteilt, erleben Eltern deshalb schnell als persönliche Zurückweisung und Ablehnung ihrer ganzen Familie. Und sie übertragen das auch auf die Zukunft ihres Kindes in der Kindertagesstätte. Statt angenommen und unterstützt zu werden, erwarten sie nun, bestenfalls geduldet, vielleicht sogar abgelehnt zu werden. Sie fühlen sich einer Institution ausgeliefert, die sich scheinbar wenig um die Belange der Familie bemüht. Solche Befürchtungen begleiten die Eltern bis nach Hause. Auch ihr Kind wird davon etwas spüren, und zwar bereits schon weit vor der eigentlichen Aufnahme.

Weil man sich am Anfang noch fremd und unsicher fühlt, greift man auf bekannte Erfahrungen aus früheren Ereignissen zurück, um in der augenblicklichen Situation nicht die Orientierung zu verlieren. Erlebnisse, wie das oben geschilderte, können z. B. bei Herrn und Frau Schulte Gefühlszustände von Machtlosigkeit und Ausgeliefertsein reaktivieren, die aus ähnlich gelagerten zurückliegenden Ereignissen stammen. Diese tief sitzenden Gefühle werden nun auf die neue Situation übertragen. Weil sich beide Seiten in der Anfangsphase sozusagen im Dunkeln aufeinanderzubewegen, neigen sie zudem dazu, das zuerst Wahrgenommene für das Ganze zu halten. Der Anfang ist eben die Hälfte des Ganzen!

Die kundenfreundliche Aufnahme

Stellen wir uns stattdessen Folgendes vor: Familie Schulte hätte gleich an der Eingangstür einen nicht übersehbaren Hinweis folgender Art vorgefunden: *Liebe Eltern. Anmeldungen nehmen wir gerne zu folgenden Zeiten entgegen … Sollten Ihnen diese Zeiten nicht passen, können Sie gerne anrufen und einen anderen Termin mit uns vereinbaren.* Im Flur dann ein Wegweiser zum Büro und zusätzlich ein übersichtlich gestaltetes Informationsblatt mit dem Titel *Damit Sie sich bei uns zurechtfinden.* Darin enthalten wären: Öffnungszeiten, Telefonnummer und Sprechzeiten, das Anmeldeverfahren (kurz, prägnant, übersichtlich), die Information, dass die Leiterin selbst manchmal Gruppendienst macht und deshalb nicht immer erreichbar ist. Außerdem hätten Herr und Frau Schulte einen Elterntreffpunkt vorgefunden, einen Platz, an dem man sich gerne hinsetzt, an dem vielleicht weitere Informationen ausliegen, vielleicht auch den Hinweis: *Wenn Sie einen Kaffee möchten, wenden Sie sich ruhig an unsere Küchenfrauen. Wir bedienen Sie gerne.*

Diese „Vorteilsansprache“[35] setzt einen Perspektivenwechsel voraus, nämlich das eigene Angebot einmal aus der Sicht der Eltern zu betrachten. Tun wir das in Bezug auf den Erstkontakt mit Eltern, spüren wir vielleicht ein wenig mehr von den Hoffnungen, Bedürfnissen, Erwartungen und Befürchtungen, die diese bewegen, wenn sie ihr Kind in einer Tageseinrichtung anmelden. Dann können wir auch wahrnehmen, wie wichtig es gerade am Anfang ist, dass sich Eltern in dem, wie ihnen die Einrichtung begegnet, wiederfinden und verstanden fühlen.

Die Leiterin hätte sich dann beispielsweise im ersten Gespräch mehr auf Familie Schulte einlassen können. Sie hätte sich zunächst persönlich vorgestellt und auch etwas über sich selbst ausgesagt, nach dem Motto: *Wir nehmen Beziehungen ernst.* Danach hätte sie die Eltern u. a. fragen können:

„Was können wir tun, damit sich Ihre Tochter bei uns wohlfühlen wird?“

„Verbinden Sie auch für sich selbst Erwartungen mit dem Kindergartenplatz für Ihre Tochter?“

Solche Fragen setzen an den Bedürfnissen der Familie an. Sie signalisieren, dass die Leiterin in den Eltern kompetente Partner sieht und an ihnen interessiert ist. Die Leiterin erhält auf diese Weise auch selbst erste Auskünfte über die Motive der Familie.

Was das Kita-Team zur Aufnahme einer Familie besprechen und klären kann:

- Was wissen wir über die Lebenslagen „unserer“ Familien?
- Wie können wir von Beginn an unser Interesse an der Lebenssituation der jeweiligen Familie zeigen?

[35] Siehe auch Kapitel 7.5

- Wie können wir deutlich machen, dass nicht nur das Kind, sondern seine ganze Familie bei uns willkommen ist?
- Wie behandeln wir von Beginn an die Eltern als Erziehungspartner und Experten für die Lebenslage ihrer Familie?
- Wie können wir die Eltern in die Anfangsphase einbeziehen?
- Welches abgestimmte Verfahren wollen wir für die Aufnahme und Eingewöhnung praktizieren (Checkliste)?

Brief aus der Kindertagesstätte an neue Eltern:

> Liebe Frau Schulte, lieber Herr Schulte,
> von August an können wir Ihre Tochter Lea in unserer Einrichtung betreuen. Wir möchten alles dafür tun, dass sich Lea von Anfang an bei uns wohlfühlt. Dabei brauchen wir Ihre Hilfe. Sie kennen Ihre Tochter am besten und können uns sicher viele wertvolle Hinweise geben, was wir tun können, damit es Lea bei uns gut geht. Wir möchten daher mit Ihnen ein ausführliches Aufnahmegespräch führen. Bitte planen Sie dafür ca. zwei Stunden ein. Wir würden uns sehr freuen, wenn Sie beide daran teilnehmen könnten. Wir schlagen Ihnen folgende Termine zur Auswahl vor: … Bitte rufen Sie uns an und teilen Sie uns mit, welcher Termin Ihnen am besten passt. Sollte Ihnen keiner dieser Termine möglich sein, werden wir gerne versuchen, einen anderen Zeitpunkt mit Ihnen zu vereinbaren.

Am Aufnahmegespräch mit Herrn und Frau Schulte nehmen Leas zukünftige Erzieherin, Frau Felder, und die Leiterin der Kindertagesstätte, Frau Kiel, teil. Kaffee und Kuchen stehen bereit. Das Gespräch findet im gemütlichen Personalraum statt. Frau Kiel erwartet die Eltern an der Tür und begrüßt sie mit Handschlag, heißt sie herzlich willkommen und bietet ihnen im Personalraum einen Platz an. Sie beginnt, indem sie den Zweck dieses Aufnahmegespräches erläutert: Vier Ziele habe dieses Gespräch, sagt sie:

1. gegenseitiges Kennenlernen,
2. einen Austausch darüber, wie Eltern und Einrichtung die ersten Wochen von Lea in der Kindertagesstätte gut gestalten können,
3. bei Interesse einige zusätzliche Informationen zu den Angeboten der Einrichtung für Kinder und Eltern und
4. die Erledigung der notwendigen formalen Dinge.

Nun stellt sich die Erzieherin den Eltern vor. Sie sagt, dass sie in den ersten Wochen die persönliche Ansprechpartnerin für beide sein wird. Auch Herr und Frau Schulte erzählen etwas von sich. Interessiert und freundlich erkundigt sich nun die Erzieherin nach Beruf und Arbeit von Herrn Schulte, nach etwaigen in der näheren Zukunft liegenden Plänen der Familie, ob auch Lena in zwei Jahren in die Kindertagesstätte kommen soll und ob Frau Schulte dann vielleicht wieder arbeiten möchte.

Die Aufnahme

Angebot an beide Eltern

Angemessenes Setting

- verabredeter Termin
- klare Verantwortlichkeiten
- 1–2 Stunden Zeit
- in einem Raum, in dem sich das Kind wohlfühlen kann (vorher klären, ob das Kind dabei sein wird)
- ungestörte Atmosphäre
- sich selbst bekannt machen
- Eltern nicht warten lassen
- etwas zu trinken und zu essen anbieten (auch an das Kind denken)
- Papier und Stift für Notizen bereithalten
- insgesamt das Signal setzen: die Familie ist willkommen

Formale Aufnahmepapiere erst am Schluss des Gesprächs

Informationen über die Gruppe und die Einrichtung

- angemessene Informationen (nicht zu viel, konkret, verständlich, langsam), am besten: einen Tagesablauf beschreiben
- Leiterin stellt die Einrichtung vor, Erzieherin die Gruppe
- Fragen an die Eltern: „Welche Erwartungen haben Sie an die Einrichtung?“ „Möchten Sie etwas von uns wissen?“

Fragen an die Eltern (Beispiele)

- Was macht das Kind gerne, was nicht?
- Womit lässt es sich trösten?
- Womit spielt es am liebsten?
- Was macht ihm Angst?
- Besonderheiten beim Essen und Trinken
- Besonderheiten beim Schlafen
- „Worauf legen Sie besonderen Wert?“
- Fragen zur Familie (aber nicht mit der Tür ins Haus fallen, spüren, wie weit sich Eltern jetzt schon dafür offen zeigen): Geschwister? Wer wohnt noch im Haus? Etc. Am besten die Eltern fragen, ob sie etwas über ihre Familie erzählen möchten

Gemeinsame Festlegungen und Absprachen über die Eingewöhnungszeit

- Wann soll sie beginnen?
- Wie soll sie verlaufen?
- In welcher Weise erhalten die Eltern Rückmeldungen?
- Wie soll sie beendet werden?

Gruppen- und Hausbesichtigung

- aber auch hier gilt: nicht zu viel auf einmal

Die Eingewöhnung

Was die Eingewöhnung von Lea angeht, erläutern Frau Felder und Frau Kiel, wie wichtig dabei die Begleitung durch die Eltern ist. Man müsse sich das so vorstellen, sagen sie, das kleine Kind komme mit einem Schlag in eine unbekannte Umgebung, müsse sich mit 25 fremden Personen auseinandersetzen, müsse dabei auf die bisherigen Bezugspersonen verzichten und den Trennungsschmerz von Eltern und der kleineren Schwester verarbeiten. Um Lea diesen Schritt zu erleichtern, würde sich Frau Felder Lea in den ersten Wochen als bevorzugte Bezugsperson zuwenden, das heißt auch, wenn nötig und möglich, ihren eigenen Dienstplan an Leas Bedürfnissen orientieren. Aber dennoch, sagt sie, könne es ohne Eltern nicht gut gelingen. Deshalb sehe die Einrichtung eine Eingewöhnungsphase unter Beteiligung der Eltern vor. Das bedeute, dass Mutter oder Vater Lea eine gewisse Zeit begleiten könnten. Wünschenswert wären am ersten Tag ca. zwei Stunden, an dem Vater oder Mutter vormittags mit Lea in der Gruppe bleiben, sie dann ca. eine Stunde alleine lassen und schließlich mit ihr zusammen am Mittagessen teilnehmen könnten. Nach und nach könne Lea dann sicherlich alleine bleiben. Die Eingewöhnung verlaufe bei jedem Kind unterschiedlich. Sie, Frau Felder, würde sich in den ersten Tagen deshalb regelmäßig mit Leas Eltern darüber austauschen.

Neben der Eingewöhnung des Kindes habe diese Hospitationsphase aber auch noch einen zweiten wichtigen Hintergrund, sagt Frau Felder. Es gehe nämlich auch um den Kontakt zwischen den Erwachsenen. Es gäbe keine bessere Möglichkeit, sich gegenseitig kennen zu lernen und das Wachstum von Vertrauen zu befördern, als eine solche Hospitation. Auf diesem Weg könnten sich die Eltern nämlich selbst ein Bild davon machen, wie es Lea in der Kindertagesstätte gehe.

Daher sollte die Eingewöhnung für beide Seiten verpflichtend sein, sagt Frau Kiel, natürlich nicht im rechtlichen Sinne, sondern im Sinne eines gemeinsamen Vertrages. Eltern verpflichten sich, ihre Tochter eine Zeitlang zu begleiten und im Ganzen gesehen einen Tagesablauf zu erleben. Die Erzieherin verpflichtet sich, Lea und ihre Eltern während dieser Zeit als bevorzugte Gesprächspartnerin zur Verfügung zu stehen. Beide Seiten würden nach dem ersten Tag gemeinsam überlegen, in welchen Zeiteinheiten die Eingewöhnung gestaltet werden solle und beide Seiten würden sie in einem gemeinsamen Abschlussgespräch beenden.

Herr Schulte fragt, ob das nicht ein riesiger Aufwand sei. Das schon, erwidert Frau Felder, aber er lohne sich. Natürlich könnten nicht alle „neuen" Kinder auf einmal kommen, zwei oder manchmal auch drei könnten in der Kindertagesstätte aber schon parallel aufgenommen werden. Ansonsten werde man versuchen, die Aufnahmen auf insgesamt drei bis vier Wochen zu verteilen. Herr und Frau Schulte willigen schließlich ein. Frau Schulte will beginnen und die „Hauptlast" tragen. Aber auch Herr Schulte verspricht, wenigstens einmal nachmittags mitzukommen. Frau Felder erkundigt sich noch nach

Leas Ess-, Spiel- und Schlafgewohnheiten, fragt nach besonderen Bedürfnissen von ihr, bittet darum, dass auch Lena einmal mitkommt, um zu sehen, wo sich Lea nun aufhält. Das Gespräch beendet Frau Felder mit der Vereinbarung eines Termins. Anschließend zeigt sie Leas Eltern noch den Gruppenraum und führt sie ein wenig herum. Über das Konzept der Einrichtung wollen Herr und Frau Schulte heute nichts mehr hören. Es wären zu viele Informationen auf einmal, sagen sie.

Auch formale Dinge müssen noch erledigt werden. Frau Schulte nimmt die Formulare in Empfang und verspricht, sie in der darauf folgenden Woche wieder abzugeben. „*Das muss ja schließlich nicht hier ausgefüllt werden*", kommentiert Frau Kiel diesen Teil des Aufnahmegesprächs. Es endet schließlich mit der Frage: „*Mit welchem Gefühl denken Sie nun an Leas Aufnahme?*" Und Frau Schulte antwortet: „*Mit einem überraschend guten. Wir fühlen uns nun angenommen und sind richtig gespannt auf den Kindergarten.*"

Ins Gruppenleben hineinfinden

Lea braucht nicht lange, um sich in ihrer Gruppe zurechtzufinden. Ihre Mutter bleibt am ersten Tag wie verabredet zwei Stunden da. Danach geht sie im Personalraum einen Kaffee trinken. Frau Schulte trifft dort drei andere Mütter, deren Kinder ebenfalls eingewöhnt werden, im angeregten Gespräch. Sie setzt sich dazu und im Nu ist die Zeit bis zum Mittagessen um. An diesem nimmt Frau Schulte noch teil, dann geht sie mit Lea nach Hause. Am Nachmittag aber kommt sie noch einmal zurück, um mit Frau Felder den ersten Tag ein wenig auszuwerten und zu verabreden, wie es weiter gehen soll.

Frau Felder glaubt, dass es Lea ziemlich schnell gelingen wird, sich in die Gruppe zu integrieren, beantwortet noch die eine oder andere Frage und beide vereinbaren, dass Frau Schulte am nächsten Tag nur 30 Minuten bleibt, dann vielleicht einige Einkäufe erledigt und wieder mit Lea zu Mittag essen solle. Frau Schulte ist damit einverstanden, kommt aber am kommenden Tag etwas früher zurück und geht noch einmal „auf ein Schwätzchen" in den Personalraum.

Bereits am übernächsten Tag braucht Lea ihre Mutter vormittags schon gar nicht mehr. Frau Schulte kommt erst zum Mittagessen und bleibt danach, während Lea schläft, noch etwa eine Stunde lang in der Gruppe, um zu sehen, wie der Nachmittag läuft. Dann geht sie noch einmal in den Personalraum. Gegen 15 Uhr gehen sie und Lea schließlich nach Hause. Am Abend erzählen sie Herrn Schulte, was sie erlebt haben.

Herr Schulte versucht auch in der kommenden Woche einen Nachmittag frei zu nehmen, stößt jedoch auf wenig Verständnis in seiner Firma, und so klappt es schließlich doch noch nicht. Vier Wochen nach der Eingewöhnungsphase führt Frau Felder ein Reflexionsgespräch mit den Eltern. Hier schildert sie den beiden, wie sie Leas Eingewöhnung erlebt hat, und Frau Schulte ergänzt ihre eigenen Erfahrungen. Sie sind sich einig, dass Lea sich gut in die Gruppe eingefunden hat; auch erste Freundschaften mit anderen Kindern bahnen sich an. Inzwischen traut sie sich auch schon aus dem Gruppenraum hinaus auf den Flur, trifft dort Kinder aus anderen Gruppen und „badet" im Bällebad. Wenn Frau Schulte ihre Tochter morgens in den Kindergarten bringt, kann sich Lea ohne weiteres von ihr verabschieden und ihren Vorhaben nachgehen. Das alles macht auf die Erwachsenen einen beruhigenden Eindruck.

Herr Schulte, dem die persönliche Erfahrung mit der Eingewöhnung fehlt, kann sich nun aber ein Bild davon machen und ist von der Sinnhaftigkeit dieses Vorgehens überzeugt. Als es ihm nach fast einem Jahr schließlich gelingt, Lea nicht nur abzuholen – das macht er gerne und so oft er kann –, sondern sie auch einen Nachmittag lang in ihrer Gruppe zu besuchen, gehört Familie Schulte schon längst dazu. Sie kennen inzwischen andere Eltern, die Erzieherinnen und durch die Anfangshospitationen auch alle Kinder. Zu Frau Felder haben sie immer noch ein besonders vertrautes Verhältnis, mögen aber auch ihre Kollegin.

Die Familie ist im Bilde: Wir sind alle in der Kita willkommen

Dass der Kontaktaufbau in unserem fiktiven Beispiel[36] gelungen ist, hängt in nicht unwesentlichem Maße von der Gestaltung des Anfangs ab:

- Erzieherin und Leiterin hatten seit den Aufnahmegesprächen den „Kundenblick". Sie haben sich gefragt: Was braucht die Familie jetzt? Die sensible Anfangsphase wurde von ihnen bewusst familienfreundlich gestaltet. Leiterin und Erzieherin haben die momentane Belastung der Familie, die aus der noch vorhandenen Unsicherheit herrührt, ob es dem Kind in der neuen Umgebung auch gut gehen wird, im Blick gehabt und sind Herrn und Frau Schulte feinfühlig und freundlich gegenübergetreten.
- Sie haben die Eltern als Experten für ihre Lebenssituation und die Bedürfnisse ihrer Tochter und damit als gleichwertige Partner behandelt. Statt diese über das eigene Konzept oder etwa zukünftige „Bringpflichten" zu belehren, haben sie Interesse an der Lebenslage der Familie gezeigt.

[36] Ein sehr informativer „realer" Praxisbericht findet sich in Wies 2006, S. 26–29.

- Erzieherin und Leiterin haben auch bewusst die ganze Familie einbezogen, haben sich mit voller Absicht an Mutter und Vater gewandt und die Familie als Ganzes in den Blick genommen.
- Darüber hinaus haben sie Herrn Schultes Schwierigkeiten, sich an der Eingewöhnung zu beteiligen, nicht als Desinteresse bewertet, sondern Verständnis dafür aufgebracht, dass eine Hospitation in der Kita-Gruppe für ihn beruflich schwierig ist.

Grundsätze für eine gute Eingewöhnung

- Den Eltern frühzeitig ankündigen, erläutern und absprechen, wer das Kind begleiten wird. Abwechslung der Eltern ist möglich. Können sich die Eltern dies selbst nicht einrichten, könnten alternativ die Großeltern oder ggf. die bisherige Tagesmutter das Kind begleiten.
- Nur ganz wenige Kinder gleichzeitig eingewöhnen. In der Eingewöhnungszeit werden die Erzieherinnen naturgemäß stärker beansprucht. Soll sie den gewünschten Nutzen bringen, muss man sich auf die neuen Kinder und Eltern konzentrieren können. Parallele Eingewöhnung mehrerer Kinder ist eine unvertretbare Belastung für alle Beteiligten. Deshalb ist die Aufnahme von Kindern so zu terminieren, dass die Eingewöhnungszeiten möglichst hintereinander liegen oder sich nur wenig überschneiden.
- Festen Zeitrahmen absprechen. Die Länge der Eingewöhnungszeit nimmt mit dem Alter der Kinder ab. Im „Berliner Modell“[37] werden für die Kinder im Krippenalter 6–14 Tage, unbedingt aber drei Tage Grundeingewöhnung empfohlen.[38] Wenn der entwicklungspsychologische Aspekt in den Hintergrund tritt, kann mit den Eltern ein Zeitraum vereinbart werden, der den Umständen, besonders der erforderlichen beruflichen Freistellung, gerecht wird und den Zweck des Kennenlernens der Erwachsenen erfüllt. Dies kann einige Stunden an wenigen Tagen umfassen, bei flexibler Wahl der Tageszeiten.
- Zuständige Erzieherin benennen. Für den ersten Kontakt mit dem Kind und den Eltern und die ganze Eingewöhnungszeit sollte eine der Erzieherinnen der Gruppe als Hauptkontaktperson benannt werden. Dies hat auch Auswirkungen auf die Vertretungsregelung: Die Erzieherin muss in der Eingewöhnungszeit bei „ihrem“ Kind bleiben. Es erleichtert vor allem dem jungen Kind den Übergang zur Einrichtung und gestaltet den Kontakt unter den Beteiligten übersichtlicher. Alternativ kann man auch abwarten, wem sich das Kind zuerst zuwendet und dann diese Erzieherin als hauptzuständig benennen. Diese Zuständigkeit gilt jedoch nur für die erste Zeit.

37 Vgl. Laewen/Andres/Hedervari 2006[4]

38 Eine Eingewöhnungsphase ist in der Krippe unumgänglich, aber auch für den Kindergarten zu empfehlen. Selbst im Hort ist sie sinnvoll, allerdings nicht in erster Linie für das Kind, sondern damit sich die Eltern ein eigenes Bild vom Alltag im Hort machen können.

- Regelmäßiger Austausch zwischen der zuständigen Erzieherin und den Eltern über den Verlauf der Eingewöhnungszeit, am besten täglich.
- Sinnvoll sind auch Begleitangebote für Eltern während der Eingewöhnungszeit, z. B. ein begleitender Gesprächskreis für Eltern, deren Kinder gerade eingewöhnt werden. Thema könnte z. B. sein: Wie geht es mir, wenn ich mein Kind jetzt gerade alleine lasse?
- Reflexion der Eingewöhnungsphase nach einigen Wochen mit Erzieherinnen und Eltern. Dies ist das erste Entwicklungsgespräch (siehe auch Kapitel 7.3).

6. Was wollen Sie, das wir für Sie tun? Erfassen von Bedarf, Erwartungen und Zufriedenheit

Herr und Frau Weinmann sind beide berufstätig. Herr Weinmann arbeitet als Versicherungskaufmann im Außendienst ganztags und manchmal wird es abends spät. Frau Weinmann hat einen Bürojob in einer Spedition, in dem sie wochenweise abwechselnd vormittags bzw. nachmittags in die Firma muss. Für Ihren Sohn Lukas haben Sie einen Ganztagsplatz im Kindergarten gefunden, der die meiste Zeit ihrer berufsbedingten Abwesenheit überbrückt. Aber nach 17.00 Uhr kann es auch schwierig werden.

Frau Esposito ist allein erziehende Mutter. Ihre Tochter Maria besucht einen Kindergarten, der bis 17.00 Uhr geöffnet hat. Frau Esposito arbeitet bis 16.30 Uhr und braucht normalerweise eine halbe Stunde, bis sie im Kindergarten eintrifft. Immer wieder kommt es aber vor, dass sie es nicht pünktlich schafft. Mal kam sie nicht rechtzeitig aus dem Betrieb, mal ist der Berufsverkehr zu dicht gewesen.

Familie Adam hat bereits ein Kind im Kindergarten. Nun ist das jüngere Geschwisterkind Jana ein Jahr geworden. Frau Adam möchte an ihren Arbeitsplatz zurück und Jana soll eine Krippe besuchen, denn der Kindergarten nimmt Kinder erst ab drei Jahren auf. Einen Krippenplatz haben sie schon in Aussicht, aber die beiden Einrichtungen liegen weit auseinander und das bedeutet komplizierte Wege und Absprachen unter den Eltern, wer wann welches Kind wohin bringen und wieder abholen kann.

Familie Winter ist gerade erst aus einer anderen Stadt in den Einzugsbereich des Kindergartens gezogen. Die Eltern kennen noch niemanden in der Nachbarschaft. Wenn Herr oder Frau Winter ihren Sohn in den Kindergarten bringen oder ihn von dort abholen, gibt es flüchtige Begegnungen mit anderen Eltern. Sie fragen sich, ob denn daraus nicht mehr entstehen könnte…

Herr Frantz hat ein Hobby: Er fotografiert leidenschaftlich gern. Seit seine Kinder, sieben und fünf Jahre alt, sich auch schon fürs Fotografieren interessieren, hat er die Idee, doch in deren Kita mal nachzufragen, ob sich da vielleicht eine AG oder ein Projekt initiieren ließe, in dem er mit den Kindern der Gruppe auf fotografische Entdeckungsreise geht.

Die „Bedarfe" von Familien, um gleich anzudeuten, dass es keineswegs um eine einheitliche Bedarfslage geht, sind vielfältig. Jede Familie hat ihre individuellen Lebenslagen und Alltagsbedingungen. Keine gleicht der anderen und jede ist für die betreffende Familie existenziell. Während in der Geschichte des Kindergartens traditionell ein (immer unzureichendes) Angebot vorgehalten wurde, das die Familien annehmen mussten, egal wie gut dies auch zu ihrer Bedarfslage passte, haben wir seit einigen Jahren einen sehr viel stärkeren Trend zu einem bedarfsgerechten Kita-Angebot für Familien zu verzeichnen. Nicht zuletzt das Kinder- und Jugendhilfegesetz hat aufgegriffen und beschleunigt, was sich auf dem „Kinderbetreuungsmarkt" tut. Der Einführung des Rechtsanspruchs auf einen Kindergartenplatz für jedes Kind im Kindergartenalter folgte ein massiver Ausbau an Plätzen, Öffnungszeiten wurden ausgeweitet, Ganztagsplätze verstärkt eingerichtet, (im Westen) neue Plätze für Kinder unter drei Jahren geschaffen. Für dieses Alter stehen wir aktuell und in den kommenden Jahren vor einem massiven Platzausbau. Die Trägerlandschaft und Einrichtungsformen sind vielfältiger geworden. Heute ist die Kita in der Regel nicht länger eine Institution, die den Mangel zu verwalten hat, sondern versteht sich als moderner Dienstleistungsbetrieb. Das gilt nicht nur für die Befriedigung des „harten" Bedarfs (Plätze, Öffnungszeiten), sondern immer mehr auch für „weiche" Bedarfsfaktoren, die etwa das pädagogische Programm und auch die Beratung von Eltern, Elternmitwirkung und Elternbegegnung umfassen.

Die Elternecke – Ort zwangloser Treffen

Dienstleistung – das heißt, sich für die Bedarfslagen von Familien zu interessieren, die Erwartungen von Eltern anzuhören und deren Zufriedenheit mit dem Angebot auszuloten. Die vielfältigen Bedarfe und Erwartungen von Eltern werden Erzieherinnen ohnehin nicht entgehen, wenn sie Aufnahmegespräche führen und erst recht nicht, wenn sie eine Eingewöhnung der Kinder zusammen mit Eltern praktizieren. Auch in den alltäglichen Begegnungen beim Bringen und Abholen der Kinder und in Tür-und-Angel-Gesprächen werden sie einiges darüber erfahren. So entsteht eine ungefähre Vorstellung davon, wie die Kita und die Arbeit der Fachkräfte von Elternseite gesehen werden. Das mag oft ausreichen, um eine Einschätzung zur „Passung" des Angebots mit den Elternerwartungen zu gewinnen.

Elternerwartungen und eigene Position in Beziehung setzen

Eine gezielte, systematische Erfassung von Bedarf, Erwartungen und Zufriedenheit von Eltern könnte allerdings weitere Erkenntnisse und mehr Planungssicherheit für die Zusammenarbeit mit den Eltern bringen. Vielleicht schrecken manche Fachkräfte davor zurück, von Eltern allzu viel in Erfahrung zu bringen, weil sie sich inquisitorisch vorkommen oder sich selbst auf den Prüfstand zu stellen glauben. Vielleicht befürchten sie aber auch, liebe Gewohnheiten und sogar konzeptionelle Überzeugungen aufgeben zu müssen, wenn ihnen die Eltern z. B. schriftlich geben, was sie brauchen und wünschen. Außerdem muss man mit den gewonnenen Erkenntnissen schließlich auch etwas machen, wenn man sie ernst nimmt. Das bedeutet Anstrengung und Zeitaufwand. Kitas haben Rahmenbedingungen, an denen sie nicht vorbeikommen; schließlich können sie z. B. nicht ohne Weiteres die Öffnungszeiten ändern. Sie könnten mit Forderungen konfrontiert werden, die sie nicht erfüllen können oder wollen.

Hier gilt es genau zu unterscheiden: Ein Bedarf, eine Erwartung und gegebenenfalls eine Unzufriedenheit von Eltern ist zunächst nicht mehr und nicht weniger als eben dies und zieht nicht automatisch eine bestimmte Konsequenz nach sich. Hier ist ein gedanklicher Zwischenschritt nötig: Wie stehen wir selbst dazu? Was können und wollen wir selbst damit anfangen? Welche Schlussfolgerungen ziehen wir daraus? Dann erst kann man entscheiden, ob und gegebenenfalls inwieweit man handelt: etwas verändert, ausprobiert und weiterentwickelt.

Die Elternbefragung

Werfen wir einen Blick in den Kindergarten „Regenbogen": Das Team möchte mithilfe einer Elternbefragung herausfinden, wie weit sich im Alltag der Einrichtung eine Orientierung an der Lebenswirklichkeit der Familien bereits durchgesetzt hat. Die Erzieherinnen sind sogar bereit, von dieser Warte aus ihre eigene Arbeit von Eltern bewerten zu lassen. Außerdem möchten sie nach bisher nicht ausreichend berücksichtigten Bedürfnissen und Wünschen von Eltern fragen. Hier betritt das Team echtes Neuland und fragt sich: Was, wenn wir nicht alle Bedürfnisse befriedigen können? Eltern erwarten doch, dass ihre Wünsche auch erfüllt werden, wenn wir danach fragen. Wie gehen wir denn damit um, wenn Eltern unsere Arbeit sehr kritisch sehen?

Bisher sind die Erzieherinnen fast immer mit bereits fertigen Vorschlägen an Eltern herangetreten. Die nun anstehende Elternbefragung ist etwas ganz Anderes. Sie ist Ausdruck einer offenen Fragehaltung und damit auch ein Aufbruch ins Ungewisse. Sie gelingt nur, wenn echtes Interesse an den Rückmeldungen von Eltern vorhanden ist und setzt die Bereitschaft voraus, das Ergebnis, unabhängig davon, wie es ausfällt, zur Grundlage eines Veränderungsprozesses zu machen. Das Wir-reden-mal-darüber reicht nicht aus. Es müssen Taten folgen. Die Befragung steht erst am Anfang eines Prozesses, dessen Ergebnis noch niemand genau kennt.

Das Team listete zunächst auf, was eine Elternbefragung bewirken kann:

- Sie signalisiert deutlicher als vieles andere, dass das Team in den Eltern ebenfalls Experten und Partner sieht, die etwas über ihre Familien und die Kindertagesstätte zu sagen haben.
- Durch sie zeigt das Team Interesse an Kritik und Lob der Eltern und damit an ihren Familien. Es weicht auch kritischen Sichtweisen nicht aus, sondern nutzt diese zum Nachdenken und schließlich zur Verbesserung des eigenen Angebots.
- Das Team bringt damit den Erlebnisinhalten von Eltern eine hohe Wertschätzung entgegen.
- Sie kann dem Team helfen, eingefahrene Pfade zu verlassen und den Blick für neue Sichtweisen und Ideen öffnen.
- Sie verhilft dem Team dadurch zu tieferem und umfassenderem Verständnis der Beziehungen zwischen Eltern und Erzieherinnen.

Einen brauchbaren Vorschlag für einen Fragebogen finden die Erzieherinnen in einem Buch[39]. Auch den dort abgedruckten Vorschlag für ein Anschreiben zum Fragebogen finden die Erzieherinnen gut. Leicht verändert lautet ihr Brief an die Eltern schließlich:

> Liebe Eltern!
> Ihr Kind kommt nun schon einige Zeit zu uns, und Sie haben unser Haus und unsere Arbeit kennengelernt. Wir wünschen uns, dass Sie sich wohlfühlen und Ihr Kind bei uns in guten Händen wissen. Um herauszufinden, ob wir nicht noch einiges verbessern können, möchten wir Sie über Ihre Eindrücke befragen. Was finden Sie gut? Was möchten Sie ändern? Sicher kostet es etwas Mut, auch Kritik zu äußern. Aber ohne Kritik kann sich auch nichts verbessern. Außerdem interessiert uns, wie wir Sie selbst und Ihre Familien im Rahmen unserer Möglichkeiten noch besser unterstützen können. Welche Angebote würden Sie z. B. begrüßen? Für Ihre ehrlichen Antworten sind wir Ihnen dankbar. Wir bitten Sie, wenn möglich den Fragebogen gemeinsam auszufüllen. Natürlich werden wir Sie über das Ergebnis unserer Umfrage informieren.

Der Fragebogen wird den Eltern mit dem Begleitschreiben beim Bringen und Abholen persönlich überreicht. Insgesamt hat sich das Team drei Monate Zeit gegeben, um den Fragebogen auszuteilen, wieder einzusammeln, auszuwerten und schließlich mit Eltern zu besprechen.

39 Vgl. Eppel u. a. 1996, S. 116 ff.

Nicht alle Bedarfe und Erwartungen werden sich befriedigen lassen, das ist auch nicht das Ziel dieser Aktion. Wichtig ist nur, dass die Eltern in jedem Falle mitgeteilt bekommen, was die Kita mit den gewonnenen Erkenntnissen anzufangen gedenkt. Rückmeldung muss sein. Dann fühlen sich Eltern ernst genommen, auch wenn die Rückmeldung inhaltlich möglicherweise nicht befriedigend für sie sein mag.

Formen der Befragung

Grundsätzlich gibt es zwei Formen der Befragung: das Interview und den Fragebogen. Das Interview erfolgt persönlich und mündlich; die Fragen sollten aber schriftlich formuliert sein und die Antworten natürlich notiert werden. Der Fragebogen wird schriftlich formuliert und beantwortet und kann, muss aber nicht, anonym sein. Der Vorteil des Interviews liegt im persönlichen Kontakt, der die spontane Klärung von Unklarheiten erlaubt. Es ist zeitaufwändig, wenn man viele Eltern befragen will. Es ist naturgemäß nicht anonym. Mit einem Fragebogen kann man eine große Zahl von Eltern gleichzeitig erreichen, der Rücklauf kann unter Umständen geringer ausfallen. Er muss sehr sorgfältig ausgearbeitet werden, sowohl was die Eindeutigkeit der Fragen als auch die passende und leicht verständliche Form der Beantwortung angeht. Je sorgfältiger die Instrumente vorbereitet sind, desto größer ist die Chance, dass sich der Aufwand lohnt und die Ergebnisse das zeigen, was man sich versprochen hat.

Diese Kriterien müssen bei der Ausarbeitung von Interviews und Fragebögen beachtet werden:[40]

- Warum stelle ich die Frage? Ist sie wirklich wichtig für das, was ich in Erfahrung bringen will?
- Die Fragenliste muss kurz und präzise aufgebaut sein.
- Die Fragen sind für die Zielgruppe verständlich formuliert.
- Jede Frage darf nur einen Sachverhalt behandeln, d.h. keine Mehrfachfragen, keine Oder-Fragen.
- Keine Suggestivfragen formulieren. („Finden Sie nicht auch, dass …“)
- Antwortvorgaben müssen grammatisch und logisch auf die Frage abgestimmt sein. Es gibt offene Fragen, die keine Antwortvorgaben enthalten, und geschlossene Fragen, die Antwortvorgaben machen, z. B. Kästchen oder Skalen zum Ankreuzen. In solchen Fällen sollte eine zusätzliche offene Kategorie, wie etwa „Sonstiges“ oder „Bemerkungen“ angegeben sein, weil es immer möglich ist, dass Antwortvorgaben nicht alles abdecken, was Eltern an Antworten haben können.

[40] In Anlehnung an: Bundesministerium für Familie, Senioren, Frauen und Jugend 1998

Elternfragebogen zur Zufriedenheit mit unserer Einrichtung *

I. Allgemeines

1. Die Auswahlkriterien für die Einrichtung waren für mich die Folgenden: ____________________

Bitte bewerten Sie die folgenden Aussagen aus Ihrer Sicht:

2. Ich fühle mich wohl in der Einrichtung.	☐ trifft zu	☐ trifft eher zu	☐ trifft eher nicht zu	☐ trifft nicht zu
3. Mein Kind fühlt sich wohl in der Einrichtung.	☐	☐	☐	☐
4. Die Einrichtung hat eine angenehme Atmosphäre.	☐	☐	☐	☐
5. Ich erlebe die Erzieherinnen als offen und freundlich.	☐	☐	☐	☐
6. Ich kann/konnte Kontakte zu anderen Eltern knüpfen.	☐	☐	☐	☐
7. Ich nehme die konfessionelle Ausrichtung der Einrichtung wahr.	☐	☐	☐	☐

II. Arbeit mit den Kindern

1. Mir ist deutlich, wie die pädagogischen Fachkräfte die Entwicklung meines Kindes begleiten.	☐	☐	☐	☐
2. Ich nehme die von den Fachkräften gesetzten Impulse, die mein Kind in seiner Entwicklung unterstützen, wahr.	☐	☐	☐	☐
3. Mir ist ersichtlich, wie sich mein Kind im Kinderhaus bilden kann.	☐ trifft zu	☐ trifft eher zu	☐trifft eher nicht zu	☐ trifft nicht zu
6. Insgesamt fühle ich mich gut über die Arbeit des Kinderhauses informiert.	☐	☐	☐	☐

* Auszug aus dem Elternfragebogen des Kinderhauses Bernhard von Baden, Freiburg

7. Kommunikation ist alles

7.1 Grundlagen der Kommunikation und hilfreiche Kommunikationsformen

Was meinen wir damit, wenn wir sagen, Kommunikation ist alles? Wir wollen es so ausdrücken: Alle Methoden der Beteiligung, Unterstützung oder Beratung von Eltern sind wichtig, auch spezielle Angebote, Bedarfserhebungen und Informationssysteme. Aber alles ist wertlos, wenn die Kommunikation im Alltag und in besonderen Situationen nicht gelingt. Umgekehrt: Wenn die Kommunikation gelingt, fällt das Fehlen von einzelnen Angeboten und Beteiligungsformen nicht ins Gewicht. Im Kern ist es die Gestaltung des täglichen Kontakts, der die Beziehung festigt oder stört. Wir fassen noch einmal zusammen, was aufseiten der Erzieherinnen professionelle Kommunikation erfordert:

1. Sie sind allein verantwortlich für die Gestaltung der Kommunikation und des Kontaktes. Eltern sind auf diesem Gebiet (mit Ausnahmen) keine Experten. Sie haben ihre Kommunikation in der Regel weder reflektieren noch ihre Kommunikationsfähigkeit gezielt entwickeln können. Auch wenn dieser Teil der Professionalität in der Ausbildung einer Erzieherin normalerweise zu kurz kommt, so ist doch sie es, die verantwortlich ist für die Pflege des Kontaktes. Eltern dürfen „aus dem Bauch heraus" handeln. Sie sind den Erzieherinnen darüber nicht rechenschaftspflichtig.
2. Erzieherinnen müssen den Kontakt **ohne Vorbedingung** herzustellen versuchen – und dies immer wieder neu. Enttäuschung oder Ärger über Zurückweisung des Kontaktwunsches oder unangebrachte Kommunikationsweisen von Eltern sind als Gefühle bei Erzieherinnen zwar in Ordnung und nicht „falsch", sie dürfen aber nicht dazu führen, dass Erzieherinnen den Kontakt abbrechen.

Das sind gewiss hohe Ansprüche an die Erzieherin, dessen sind wir uns bewusst. Und wir wissen auch, dass sie in diesem Punkt unbedingt Unterstützung durch Supervision und/ oder Fortbildung benötigen. Es führt aber kein Weg daran vorbei. Und wir sind überzeugt davon, dass Erzieherinnen dies auch wissen, denn nicht selten leiden sie darunter, wenn sie spüren, dass ihnen eine professionelle Gestaltung des Kontaktes nur ungenügend gelingt. Deshalb soll der Aspekt Kommunikationsgestaltung und Kommunikationsformen im Folgenden einen relativ breiten Raum einnehmen.

Vier verbreitete Kommunikationsmuster

Wir alle haben im Laufe unseres Lebens in unserer Kommunikation mit anderen Menschen bestimmte wiederkehrende Muster gelernt. Am Beispiel von vier solchen Kommunikationsmustern wollen wir diesen Mechanismus verdeutlichen. Virginia Satir, eine amerikanische Psychotherapeutin und Familienberaterin, hat sich damit befasst, mit welchen nicht angemessenen Kommunikationsweisen[41] Familienmitglieder (und Menschen überhaupt) versuchen, eine drohende Ablehnung (etwa infolge von Fehlverhalten oder Schwäche) zu umgehen. Ein Beispiel: Ein Kind hat aus Sicht seiner Mutter beim Einkaufen für die Familie etwas Wichtiges vergessen. Es erfährt an den Reaktionsweisen der Mutter, wie unter Umständen in der Familie mit Fehlverhalten umgegangen wird:[42]

- Die Mutter könnte als Reaktion darauf beispielsweise beginnen zu **beschwichtigen**. Das bedeutet, in einer einschmeichelnden Art und Weise zu reden, zu gefallen versuchen, sich stets sofort zu entschuldigen, manchmal sogar im Vorhinein oder als Ja-Sagerin nie gegen etwas zu sprechen. Sie würde in unserem Fall vielleicht sagen: *„Das macht doch nichts. Eigentlich bin ja ich schuld. Ich habe es bestimmt nicht richtig aufgeschrieben. Ich gehe gleich und hole es selbst.“*
- Oder sie **klagt an.** Solche Menschen sind „Fehlersucher“ bei Anderen. Sie wenden sofort das Blatt und behaupten, jemand Anderes sei noch viel schlimmer. Solche Menschen haben oft eine laute Stimme und wirken ziemlich von sich überzeugt. Die Mutter würde sagen: *„Egal, was ich mache, nie hörst du mir wirklich zu! Es hat gar keinen Zweck mit dir!“*
- Andere Mütter würden in der gleichen Situation vielleicht **rationalisieren**, d.h. sie scheinen absolut vernünftig und rein sachlich über das Problem zu reden. Ihre eigenen Gefühle verschweigen sie dabei, sie tun nichts zur Sache. In diesem Fall würde die Mutter vielleicht sagen: *„Lass uns über die Sache reden. Es wäre möglich, ich habe dir vergessen zu sagen, dass wir das noch brauchen, es wäre aber auch möglich, du hast es vergessen. Was meinst du, sollen wir die Sache auf sich beruhen lassen oder ein andermal weiter darüber sprechen?“*
- Wieder eine andere Mutter würde eventuell mit den Worten reagieren: *„Lege die Sachen hier hin. Ich habe vorhin einen interessanten Film im Fernsehen über Mallorca gesehen. Hast du eigentlich schon dein Zimmer aufgeräumt? Wie war's heute in der Schule? Du, deine Schuhe sind aber wieder schmutzig.“* Virginia Satir nennt eine solche Kommunikation **Ablenken** und schreibt: *„Was immer der Ablenkende sagt oder tut, es hat keine Beziehung zu dem, was irgend ein Anderer sagt oder tut.“*[43]

Ein angemessenes Verhalten der Mutter – in der systemischen Theorie wird es als kongruent bezeichnet – könnte z. B. das folgende sein: *„Oh, darüber ärgere ich mich jetzt aber.*

[41] Sie spricht von „universellen Reaktionsmustern“. Satir 1996[12], S. 85
[42] Andere Familienmitglieder repräsentieren oft andere Muster
[43] Ebd., S. 92

Ich brauche das ganz dringend. Bitte geh doch noch einmal und hole es noch. Damit würdest du mir eine Freude machen." Auch dies ist durchaus ein Kommunikationsmuster: Gefühle als Ich-Botschaften verbalisieren, das Passende einfordern und nicht überspielen.

Welche dieser Muster in Rein- oder Mischform in der Familie auch immer vorkommen, Kinder werden versuchen, sie auch selbst anzuwenden. Das scheint aus ihrem Blickwinkel „allgemein üblich" zu sein und wird außerdem mit Personen verbunden, zu denen eine sehr große emotionale Beziehung und Abhängigkeit besteht.

Was wir als Kind unserer Herkunftsfamilie über viele Jahre eingeübt haben, wirkt aber weiter und wird unser kommunikatives Verhalten als Erwachsene prägen. Vor allem in Stress-, Konflikt- und Notsituationen „klinkt" dann „ein", was wir aus der Kindheit mitgebracht haben, weil wir dann stärker affektgesteuert als reflektiert handeln. Dies gilt besonders dann, wenn wir uns dieses Zusammenhangs gar nicht bewusst sind und unsere Kommunikationsmuster für selbstverständlich und gerechtfertigt halten. Erst wenn wir unser eigenes Kommunikationsverhalten kritisch reflektieren, bemerken wir, wie oft wir in gelernte Muster verfallen und dass dies in der aktuellen Situation nicht unbedingt angemessen ist. Je mehr Gelegenheit wir zu solcher Reflexion haben, desto größer wird die Chance, kongruent kommunizieren zu lernen. Dies ist oft ein mühsamer Prozess, aber der Erfolg wird nicht ausbleiben. Im Übrigen geht es gar nicht darum, alte Kommunikationsmuster vollständig abzulegen und ausschließlich kongruent zu interagieren. Das wäre vermessen, in privaten Beziehungen sogar störend und würde ja auch den Verzicht auf einen Teil unserer unverwechselbaren Persönlichkeit bedeuten. Vielmehr geht es darum, in professionellen Beziehungen ein Stück professioneller zu handeln.

Mit vier Ohren hören

Eine weitere grundlegende Erkenntnis der Kommunikationswissenschaft besteht darin, dass eine Mitteilung mehrere Komponenten enthält und immer mehr ist, als vordergründig verkündet wird. Wir sprechen – bildhaft – mit vier Zungen und hören mit vier Ohren.[44] Die vier Aspekte unserer Mitteilungen sind:

- **der Sachaspekt:** Das ist schlicht der sachliche Gehalt der Mitteilung: So ist es. Wenn z. B. eine Mutter sagt: *„Ich weiß nicht, ob ich meinen Sohn heute pünktlich zur Schließung des Kindergartens abholen kann"*, dann drückt sie damit eine Ungewissheit und Abweichung von der Regel aus.
- **der Appell:** Hiermit wird jemandem mitgeteilt, was man von ihm erwartet und was das Gegenüber an Erwartungen heraushört: Dies sollst du denken oder tun. Oder: Jenes soll ich denken oder tun. Im Beispiel könnte die Mutter damit sagen wollen,

[44] Schulz von Thun 1993; weitere Literatur zu diesem Thema z. B. Watzlawick 1967 und 1983

dass die Erzieherin doch bitte ein Auge zudrücken und etwas warten möge, falls sie zu spät kommt. Die Erzieherin könnte genau dies hören, aber z. B. auch, dass sie sich erkundigen soll, warum die Mutter nicht pünktlich sein kann.

- **die Beziehung:** Dieser Aspekt drückt aus, in welchem Verhältnis die Kommunizierenden stehen. In unserem Beispiel könnte sich zeigen, dass es sich um eine entspannte Situation handelt, die schon öfter vorkam. Mutter und Erzieherin denken dann: *„Gut, dass wir so unkompliziert miteinander auskommen."* In einer gespannteren Situation könnte die Mutter aber auch ein Unbehagen spüren: *„Ich hoffe, dass die Erzieherin meine Lage versteht und mir wohlgesonnen bleibt."* Die Erzieherin ihrerseits könnte denken: *„Schon wieder kommt sie mit Sonderwünschen und verlässt sich auf meine Gutmütigkeit."*
- **die Selbstoffenbarung:** Hiermit teilt der Kommunizierende etwas über seine Person mit: So bin ich, das denke und fühle ich gerade. Im Beispiel könnte die Mutter von sich sagen: *„Ich fürchte, dass die Erzieherin ärgerlich wird, weil sie glaubt, ausgenutzt zu werden"*, oder auch: *„Ich bin eine unzuverlässige Person und mir ist es peinlich, um Nachsicht bitten zu müssen."* Die Erzieherin könnte genau dies hören, aber möglicherweise auch: *„Die ist ja ziemlich unverfroren, dass sie sich schon wieder eine Ausnahme erlaubt."*

Wie also eine Botschaft gesendet und aufgenommen wird, bestimmt sich erstens aus diesen Anteilen, die ihr stets anhaften. Hinzu kommt, dass diese Anteile in unterschiedlicher Gewichtung in der Botschaft enthalten sein können. So können z. B. eine starke Selbstoffenbarung und ein schwacher Appell enthalten sein. Zweitens bestimmt sich das, was beim Empfänger ankommt, dadurch, mit welchem „Ohr" dieser die Botschaft vor allem hört. Und dies kann ein anderer Aspekt sein als der vom Sender vor allem gemeinte. Es kann also ohne Weiteres passieren, dass die Mutter in unserem Beispiel vor allem auf der Beziehungsebene „sendet", während die Erzieherin vor allem mit dem Appell-Ohr hört. Im Nu kommt es zu unterschiedlichen Deutungen der Situation und zu Missverständnissen in der weiteren Kommunikation. Wenn die Erzieherin nämlich antwortet, ist sie jetzt die Senderin einer Botschaft mit vier Aspekten und die Mutter die Empfängerin mit vier Ohren. Ein „richtiges" Verstehen stellt sich da keineswegs automatisch ein, im Gegenteil: Wir alle kennen Kommunikationssituationen, in denen wir uns in dieser wechselwirkenden Weise heillos verstrickt haben. Da braucht es das Bemühen um Klarheit und Nachfragen, wenn etwas unklar erscheint.

Hilfreiche Kommunikationsformen

Professionelle Kommunikationskompetenzen können nur unzureichend durch ein Literaturstudium erworben werden. Die praktische Übung ist durch nichts zu ersetzen. Dennoch wollen wir den Versuch unternehmen, zumindest ein paar Hinweise auf solche Kommunikationsformen zu geben, die sich in der Praxis als hilfreich erwiesen haben.

1. Niemals einen Vorwurf machen,
weder versteckt noch direkt! Dies gilt auch dann, wenn Eltern sich ganz offensichtlich nicht an Absprachen gehalten haben. Statt Eltern z. B. den Vorwurf zu machen: *„Sie haben sich nicht an unsere Öffnungszeiten gehalten!“*, ist es stets sinnvoller die eigenen Ziele zu benennen.

2. Ich-Botschaften
senden: *„Ich will nicht so häufig nach Dienstschluss noch warten müssen und bitte Sie deshalb noch einmal eindringlich darum, unsere Öffnungszeiten einzuhalten.“*
Ich-Botschaften sagen etwas über mich aus und darüber, was ich erreichen möchte. Sie greifen nicht an und lassen dem Gegenüber Möglichkeiten der Reaktion offen. Sie können dennoch nachdrücklich vorgebracht werden. Ich-Botschaften sind auch im Konfliktfall geeignet. Sie reduzieren die Gefahr eines Schlagabtauschs darüber, wer Recht hat.

3. Keine unzulässigen Verallgemeinerungen benutzen
Beispiele dafür sind: „immer“, „nie“, „ständig“, „andauernd“ …

4. Eine Frage- anstelle einer Angriffshaltung einnehmen
Statt herausfordernden, manchmal sogar streitsüchtigen Vorstößen: *„Ich möchte mal wissen, warum...“*, wäre es besser eine moderatere Form zu wählen, wie etwa: *„Wir haben uns Gedanken gemacht, woran es liegen könnte, dass...“* Eine Fragehaltung gibt meinem Gegenüber die Möglichkeit zu antworten. Angriffe werden zurückgewiesen. Von einem uns unbekannten Autor haben wir einmal das folgende Zitat gelesen: *„Was hast du gemacht? – Jemand stellte die Frage zornig, jemand besorgt, jemand misstrauisch, jemand drohend. Aber jemand fragte unbeschwert neugierig. Das machte die Antwort leicht.“*

5. Präzises Nachfragen
Viel zu schnell geben sich Kommunikationspartner mit der eigenen Interpretation dessen zufrieden, was sie vermeintlich verstanden haben. Sie fragen nicht präzise nach. Wenn eine Mutter beispielsweise den Vorwurf äußert: *„Meine Tochter hatte gestern erzählt, sie sei von Jonas gehauen worden! Können Sie dazu etwas sagen?“*, folgt normalerweise eine meist schnelle Rechtfertigung oder Erklärung. Präzises Nachfragen macht erst deutlich, worum es der Mutter wirklich geht: *„Was hat Ihre Julia denn genau erzählt?“ – „Sie hat erzählt, dass Jonas sie mit einem Baustein auf den Kopf geschlagen hätte.“ – „Konnte sie mehr dazu sagen, z. B. wie es dazu gekommen ist?“ – „Nein, aber Jonas hat das wohl schon öfter getan und sie sagt, dass sie vor Jonas mittlerweile Angst*

hat." – „Sie haben insofern Recht, als Julia und Jonas in letzter Zeit häufig Streit miteinander hatten. Wir haben das auch beobachtet. Dann mache ich Ihnen den Vorschlag, dass ich heute mit beiden mal in Ruhe spreche und versuche herauszubekommen, wie wir Julia und Jonas helfen können. Vielleicht hat Jonas noch gar nicht bemerkt, dass Julia Angst vor ihm bekommen hat."

6. Verlangsamen

Spiegelndes Fragen, aktives Zuhören und sekundenlanges Schweigen sind Formen der Verlangsamung. Verlangsamung hilft dabei, das Gehörte zu verarbeiten, vermindert die Gefahr, zu schnell zu reagieren und lässt dem Gesprächspartner Zeit, eventuell noch etwas nachzuschieben oder klarzustellen.

7.2 Gespräche führen: Grundsätze, Vorbereitung, Einladung, Gesprächsphasen

Die eingebürgerte Wortwahl „Elterngespräch" spricht Bände. Ebenso wie bei „Elternarbeit" weist der Begriff „Elterngespräch" auf eine weit verbreitete eindimensionale Sichtweise hin. Was eigentlich interaktiv geschehen sollte, wird allein aus der Perspektive der Erzieherin betrachtet: Sie führt ein Elterngespräch! Richtig daran ist, dass die Erzieherin in der Rolle der Gesprächsmoderatorin ist, aber systemisch betrachtet entwickelt sich ein Gespräch im Zusammenwirken mindestens zweier Beteiligter. Ein Gespräch ist immer wechselseitig. Beide Seiten müssen es wollen, und beide Seiten müssen dabei aktiv sein können. Wir wissen, dass auch weiterhin die Rede vom Elterngespräch sein wird. Auch eine unnütze Begriffsklauberei liegt uns fern. Wir möchten aber den Blick dafür schärfen, dass es sich eigentlich um ein Gespräch zwischen verschiedenen Experten handelt.[45] Experten bereichern sich gegenseitig. Experten dürfen für ihren Zuständigkeitsbereich eigene Entscheidungen treffen, und sie erhalten auch Anerkennung für ihr Expertentum.

Der Begriff „Expertengespräch" stammt von Heidi Eppel u. a. aus ihrem sehr lesenswerten Buch „Mit Eltern partnerschaftlich arbeiten. Elternarbeit neu betrachtet." Dort schreiben sie: *„Sich klar zu machen, wie vielfältig die täglichen Anforderungen an Eltern sein können und wie viel Kraft und Kompetenz deren Bewältigung kostet, haben wir als sehr hilfreich empfunden. Auf dieser Grundlage haben wir uns aktiv um den Zugang zur Lebenswelt der Familien bemüht. Ganz schnell wurde deutlich, welche Forderungen wir einigen Familien in ihrer Situation nicht stellen können. Bereitwilliger als sonst haben wir in Problemsituationen gemeinsam nach Spielräumen und Alternativen gesucht. Der Schritt in unserem Kopf, ein Problemgespräch mit Eltern als ‚Expertengespräch' zu sehen, hat neue Schritte aufeinander zu ermöglicht."*[46]

[45] Vgl. Kapitel 2.3

[46] Eppel u. a. 1996, S. 21 f.

Experten sitzen sich gegenüber

Experten sind für uns, wir möchten es noch einmal betonen, beide Seiten. Eltern sind es für alle Angelegenheiten ihrer Familie. Niemand kennt die Familie so gut wie diejenigen, die dazu gehören. Niemand kann besser abschätzen, was zu dieser Familie passt und was nicht, was sie zu leisten imstande ist und womit sie sich überfordern würde. Allein die Eltern müssen für alle Entscheidungen geradestehen, die ihre Familie betreffen und alleine sie müssen sie schließlich auch ausbaden. Das so zu sehen, drückt Respekt aus, drückt aus, dass Eltern eben nicht unüberlegt handeln, sondern in der Regel im Bewusstsein voller Verantwortung für ihre Familie und natürlich auch für ihr Kind.

Die Erzieherinnen sind in der Tat die Expertinnen für ihren Bereich, die außerfamiliäre pädagogische Betreuung der Kinder in der Kindertagesstätte. Sie allein sind verantwortlich für das dort gültige pädagogische Konzept und seine Umsetzung. Sie allein müssen auch ausbaden, wenn dort etwas schief läuft. Und sie wissen natürlich auch am besten, was im pädagogischen Alltag der Kindertagesstätte leistbar ist und was nicht.

Wenn Erzieherinnen lernen, Eltern auch als Expertinnen und zwar für ihre Familie zu betrachten, wenn sie lernen, ihnen die Entscheidungsfreiheit über alle ihre Familie betreffenden Angelegenheiten zu überlassen, dann gehen sie auch anders in ein „Elterngespräch". Dann nämlich sitzen sich Experten und Expertinnen gegenüber und behandeln ein Thema mit Sachverstand auf beiden Seiten. In diesem Fall gelingt es vielleicht, Eltern in solchen Gesprächen nicht mehr „erziehen" zu wollen oder, in einer anderen Situation, sich selbst nicht mehr länger angegriffen zu fühlen.

Daraus ergibt sich eine Reihe von Grundhaltungen und Schlussfolgerungen, mit denen Erzieherinnen in ein Gespräch mit Eltern gehen sollten:

- Eltern sind die Experten für ihre Familie und auch Experten für ihr Kind.
  Ich kann keine Lösung ohne sie finden.
- Eltern sind alleine für ihre Familie und sich selbst verantwortlich.
  Das Gespräch darf aus meiner Sicht auch schief gehen.
- Eltern haben aus ihrem Blickwinkel stets gute Gründe für ihre Sichtweise und ihr Verhalten.
  Ich kann sie entdecken, wenn ich echtes Interesse daran zeige.
- Eltern haben ihre ganze Familie im Gepäck.
  Ich sitze nicht nur Mutter und Vater gegenüber.
- Eltern kommen nicht in die Rolle von Gesprächsführern.
  Ich alleine bin für eine konstruktive Gestaltung des Gesprächs verantwortlich.

Immer wieder hören wir, wenn wir diese Grundhaltungen in Fortbildungen benennen, wie schwer es offensichtlich ist, aus dem Erzieherinnenblickwinkel herauszutreten, die Perspektive zu wechseln und den Gesprächsanlass sowie den Gesprächsverlauf auch aus der Perspektive der Eltern und ihrer Familie zu betrachten. Andererseits erhalten wir immer auch die Rückmeldung, wie sehr diese Sichtweise entlastet. Nicht mehr alleine für eine Lösung verantwortlich zu sein und zu wissen, dass es aus meiner Sicht auch schief gehen darf, weil sich Eltern anders entscheiden als ich es mir wünschen würde, das nimmt Last von den Schultern und lässt Erzieherinnen gelassener auch in schwierige Gespräche gehen.

Ablaufphasen eines Gesprächs im Überblick

Vorbereitung

- Perspektivenwechsel: die Situation aus dem Blickwinkel der Familie betrachten
- die eigenen Ziele und Wünsche genau formulieren: konkret, selbst initiierbar, überprüfbar, positiv formuliert
- den Verhandlungskorridor in Bezug auf das Thema ausloten
- Was möchte ich mitteilen?
- Was möchte ich in Erfahrung bringen?
- den eigenen Gefühlshaushalt ausloten
- mich um den Rahmen kümmern (Setting)

1. Phase: Beginn

- Joining: „andocken“
- Eröffnung: ins eigentliche Gespräch einsteigen
  das genaue Thema klären (Wer hat welche Vorstellung davon? Wer hat welche Erwartung daran? Sich der Gemeinsamkeit des Themas vergewissern.)
- gegebenenfalls Gesprächsziele klären
- gegebenenfalls Rolle klären
- Zeit festlegen

2. Phase: Absichten und Interessen erkunden

- Zunächst die Haltung einer Lernenden einnehmen: Eltern als Experten für ihre Lebenssituation betrachten, Eltern in der Ratgeberrolle ansprechen
- Suche nach den „positiven Absichten“: Welche guten Gründe könnten die Eltern für ihr Handeln haben?
- systemisches Fragen (siehe Kapitel 2.3)
- gegebenenfalls produktiv plädieren: Fragen und Aussagen begründen, eigene Gedankenwege transparent machen
- gegebenenfalls Unterschiedsbildung

3. Phase: Argumentation, Lösungssuche

- Bei der Lösungssuche gilt: Jeder bekommt etwas!
- Es gibt verschiedene Arten von Lösungen (etwas verstehen, klären, unterlassen, entscheiden, Kompromiss, Teilvereinbarung, Probezeit vereinbaren, delegieren, vertagen)
- gegebenenfalls Vereinbarung treffen, z. B. ein weiteres Gespräch

4. Phase: Abschluss

- Gesprächsergebnis nochmal zusammenfassen
- gemeinsames Verständnis über das Ergebnis herstellen
- weitere Perspektiven entwickeln
- Wie gehen die Gesprächsteilnehmer aus dem Gespräch?

Vorbereitung

Nicht immer ist (viel) Zeit verfügbar, um sich auf ein Gespräch mit Eltern vorzubereiten. Weil viele Erzieherinnen solche Gespräche aber als belastend erleben, schaufeln sie sich normalerweise die dafür notwendige Zeit frei. Gehen wir also hier davon aus, dass eine Vorbereitung möglich ist.

Die veränderte Haltung wird bereits jetzt deutlich. Was unternehmen viele Erzieherinnen, um sich auf ein Elterngespräch vorzubereiten? Sie versuchen, sich sattelfest zu machen. Je nachdem, um welchen Anlass es geht, ob z. B. sie selbst dazu eingeladen haben, weil sie vielleicht irgendeinen Tatbestand ansprechen möchten, oder ob Eltern das Gespräch wünschen, weil sie unzufrieden mit irgendetwas sind, gibt es in der Vorbereitung unterschiedliche Nuancen. Im Allgemeinen aber beobachten Erzieherinnen „gezielt“ das entsprechende Kind oder ziehen alte Beobachtungen zu Rate, um Eltern etwas mitteilen zu können. Fast immer schwingt von Beginn an das Bedürfnis mit, sich und das eigene Tun rechtfertigen zu können. Wenn Eltern über etwas sprechen wollen, was sie kritisch sehen, legen sich Erzieherinnen im Vorfeld Verteidigungsstrategien zurecht.

So oder so, leicht bleibt die Vorbereitung in der eigenen Sichtweise stecken und sehr häufig werden Eltern, bevor sie überhaupt etwas gesagt haben, bereits als Gegenseite betrachtet. Sich sattelfest zu machen, wird sehr oft verkürzt verstanden als Aufbau guter Verteidigungsstrategien. Es liegt auf der Hand, dass ein Gespräch, in das ein Gesprächspartner von Beginn an mit einer solchen Haltung geht, schwierig verlaufen muss! Im Übrigen spüren Eltern diese Haltung. Schon in Hab-Acht-Stellung sind sie darauf eingestellt und bringen ebenfalls viel Vorsicht und manchmal auch bereits Konfliktbereitschaft mit. Eine denkbar ungünstige Ausgangssituation für ein produktives Gespräch!

Eine Vorbereitung, die einen echten Dialog zum Ziel hat, macht sich hingegen die Mühe des Perspektivenwechsels. Erzieherinnen fragen sich dann bereits in der Vorbereitung auf das Gespräch, wie sich der Gesprächsanlass aus dem ganz subjektiven Blickwinkel der Eltern und besonders der ganzen Familie darstellt. Sie überlegen, welche Bedeutung das Thema für die Eltern hat, was sie für ihre Familie erreichen wollen und weshalb. Sie fragen sich, warum ihnen vielleicht etwas wichtig ist, was die Erzieherin in Zweifel zieht oder gar ablehnt usw. Im Perspektivenwechsel versucht die Erzieherin, Eltern aus ihrer Situation heraus zu verstehen. Allein dieser Schritt nimmt vielen Gesprächen die Schärfe.

Ein ganz praktischer Vorschlag ist der, dass eine Kollegin sich für eine gewisse Zeit auf einen anderen Stuhl setzt und in die Rolle der Mutter oder des Vaters schlüpft. Aus dieser Rolle heraus kann sie befragt werden oder sie schildert, wie es ihr im Vorfeld des Gesprächs als Elternteil geht, was sie erwartet usw. Wichtig ist dabei, dass sie es in der Ich-Form tut. Für den Augenblick des Rollentausches ist sie die Mutter bzw. der Vater. Diese Vorgehensweise gibt überraschende Einblicke in die subjektive Wirklichkeit der Eltern. Auch wenn sich die Erzieherin im Rollentausch dieser natürlich nur annähern kann, macht dieser Schritt zumindest sensibel für den anderen Blickwinkel. Möglich ist auch, sich selbst einen Moment auf den anderen Stuhl zu setzen und nun als Mutter oder Vater zu überlegen, mit welchen Erwartungen, Wünschen und Hoffnungen sie zu dem anstehenden Gespräch gehen.

Natürlich ist es auch sinnvoll, sich Klarheit über die eigenen Wünsche und Ziele zu verschaffen. Hier fällt es immer wieder schwer, genau zu sein. Weil die Formulierung eigener Ziele so schwierig ist, möchten wir an dieser Stelle ein paar Tipps dazu geben:

- **Ziele sollten selbst initiierbar sein:** Ich muss also selbst etwas dafür tun, dass ich mein Ziel erreiche. Allzu oft werden Ziele so formuliert, dass sie etwas beschreiben, was der Andere tun soll. Das aber macht mich davon abhängig, ob er es auch tut! Im Gespräch merke ich sehr schnell, dass es gar nicht so einfach ist, ihn dazu zu bringen. Bezogen auf unsere beiden Beispiele wäre es deshalb besser, sich selbst in etwa dies vorzunehmen: *Ich möchte den Eltern mit folgenden Beispielen Mut machen, ihrem Kind etwas mehr zuzutrauen … Ich möchte die Eltern über unsere Beobachtungen informieren.*

- **Ziele sollten realitätsnah und konkret überprüfbar sein,** also nicht zu hoch gehängt werden, nicht allumfassend sein, sondern das (augenblicklich) Machbare in den Blick nehmen. Das könnte beispielsweise sein: *Ich möchte mit den Eltern über eine Situation sprechen, die mir besonders wichtig erscheint und möchte mit ihnen darüber ins Gespräch kommen, was sie konkret tun könnten, um ihrem Kind Zutrauen zu vermitteln … Ich möchte wenigstens erreichen, dass die Eltern mir vertrauen, dass ich ihnen keine Maßnahme überstülpen will. Ich werde ihnen deshalb versichern, dass sie in jedem Fall die letzte Entscheidungsbefugnis behalten.*
- **Ziele sollten positiv formuliert sein.** Sich selbst etwa vorzunehmen: *Ich möchte, dass die Mutter endlich aufhört, ihrem Kind Vorschriften zu machen,* ist sinnlos. Die Kunst besteht darin, Ziele so zu formulieren, dass in ihnen bereits konkrete Lösungsrichtungen enthalten sind. In diesem Fall: *Ich möchte den Eltern einen Vorschlag machen, damit eine kleine Veränderung eintritt.*

Ein positiv formuliertes, selbst initiierbares und realitätsnahes Ziel kann übrigens schlicht darin bestehen, Eltern diese oder jene Frage stellen zu wollen, um ihr Verhalten oder das des Kindes besser verstehen zu können.

Das mag auf den ersten Blick „aufgesetzt“ wirken. Auf den zweiten aber wird klar, warum es sinnvoll ist, sich auf diese Weise mit den eigenen Wünschen und Zielen zu befassen. Es entlastet nämlich. Je realitätsnaher, überprüfbarer, selbst initiierbarer und positiver ein Ziel ist, umso mehr kann ich dafür tun, es zu erreichen. Je abgehobener, allgemeiner und nicht selbst initiierbar es ist, desto größer wird die Kluft zwischen dem, was ich erreichen will, und dem Durchführbaren. Das Resultat ist die Ablehnung der anderen „nicht einsichtigen“ Person. Sie wird dafür verantwortlich gemacht, dass ich meine Ziele nicht erreiche. Dann bleibt als Ziel, die Gesprächspartnerin oder den Gesprächspartner selbst zu verändern, sie also nach meinen Wünschen zu erziehen und ihnen damit letztlich ihre Eigenverantwortlichkeit zu nehmen.

Gefühlshaushalt und Verhandlungskorridor ausloten

Wenn mir ein erster Perspektivenwechsel geglückt und es mir gelungen ist, mir meiner eigenen Ziele klarer zu werden, kann ich auch genau festlegen, wie das Thema oder die Themen des Gesprächs lauten. Damit kann ich Eltern leicht einladen. Dann kann ich, sofern ich selbst einlade, mit offenen Karten spielen und Eltern damit von Beginn an respektvoll behandeln.

Es bleiben zwei Aspekte zu benennen, die eventuell dann von Bedeutung sein können, wenn sich ein konflikthaftes Gespräch abzeichnet: das Ausloten des eigenen Verhandlungskorridors und des eigenen Gefühlshaushaltes. Wenn Eltern etwas von der Erzieherin einfordern, wenn sie sich (und dazu haben sie ja ein Recht) einmischen wollen, dann kann es sinnvoll sein, im Vorfeld so genau wie möglich zu prüfen, an welcher Stelle etwas verhandelbar ist und an welcher nicht. Das Verhandelbare befindet sich dann bildlich gesprochen innerhalb des Verhandlungskorridors, das andere außerhalb. Sinnvoll ist es, darauf zu achten, dass immer etwas verhandelbar ist. Wir kommen darauf weiter unten noch einmal zurück.

Beim zweiten Punkt geht es darum, unter Umständen eigene Gefühlslagen zu spüren oder gefühlsmäßige Verstrickungen aufzudecken. Oft hilft es bereits, sich selbst gegenüber oder im Kreis der Kolleginnen einmal ausgesprochen zu haben, dass man eine Mutter nicht leiden mag, dass Angst im Spiel ist oder der Ärger so groß, dass eine professionelle Herangehensweise nur schwer möglich ist. Wenn ein „Darüber-Sprechen" nicht ausreicht, halten wir es für sinnvoll, wenn irgend möglich, jemand anderen mit dem Gespräch zu beauftragen.

Eltern einladen – von Eltern „eingeladen" werden

Eltern reagieren unterschiedlich, wenn sie zu einem besonderen Gesprächstermin eingeladen werden. Häufig vermuten sie bereits bei der Einladung, dass „etwas vorgefallen" ist oder es sich um Kritik an ihrem Verhalten handeln muss. Echtes Interesse an ihrer Person, ihrer Sichtweise und ihren Erfahrungen vermuten sie selten. Da braucht es in der Regel erst die eine oder andere positive Gesprächserfahrung.[47] Erzieherinnen sollten sich von einer daraus resultierenden vielleicht ablehnenden oder ausweichenden Reaktionsweise nicht abschrecken lassen.

Wichtig ist, dass sie Eltern gleich von Beginn an reinen Wein einschenken und ihnen möglichst konkret sagen, welches Gesprächsthema sie sich wünschen. Dazu brauchen sie natürlich einen Moment Zeit. Das geht nicht nebenbei. Eine Einladung muss zumindest in einem solchen zeitlichen Rahmen stattfinden, dass mein Gegenüber nachfragen und das Thema vielleicht verändern oder ergänzen kann. Auch eine gegenseitige terminliche Abstimmung sollte wirklich möglich sein und schließlich erste Verabredungen über den geplanten zeitlichen Rahmen. Zuletzt erweist es sich als angebracht, schon jetzt bereits bei der Einladung darauf hinzuweisen, wer am Gespräch teilnehmen möchte und sich die Erlaubnis der Eltern dafür zu holen!

Erzieherinnen sollten daran interessiert sein, dass Eltern mit Interesse, nicht mit Angst oder Abwehrhaltung zu einem Gespräch mit ihnen kommen. Unter Umständen müssen

---

47 Vgl. dazu weiter unten: das „Expertengespräch"

Erzieherinnen es akzeptieren, wenn Eltern ein solches Gespräch (zunächst?) ablehnen. Auch dafür haben sie mit Sicherheit aus ihrem Blickwinkel heraus gute Gründe! In diesem Fall gilt es, einen neuen Versuch zu starten. Wer einlädt, muss in Rechnung stellen, dass der Eingeladene die Einladung aus irgendeinem Grund nicht annimmt. Das ist kein Beinbruch, sondern eben ein Merkmal der Einladung. Wer das nicht kann oder will, muss Eltern zu einem Gespräch zitieren, natürlich mit den entsprechenden Folgen. Andersherum ist es immer so, dass Eltern eher zu Gesprächen erscheinen, wenn sie Respekt ihnen gegenüber spüren und sie die Entscheidung daran teilzunehmen oder nicht tatsächlich selbst treffen können. Freiwilligkeit öffnet Fenster und Türen!

Wenn Erzieherinnen um ein Gespräch gebeten werden, sieht es etwas anders aus. Weil sie der Dienstleistende und professionelle Teil der Beziehung sind, können sie nicht ablehnen. Sie sollten also genau und präzise nachfragen, worum es geht, nicht mit einer, sondern mit mehreren Fragen, solange, bis sie wirklich das Anliegen der Eltern verstanden haben. Im Anschluss können auch sie Einfluss nehmen auf den Themenkreis, können Veränderungen oder Ergänzungen vorschlagen und natürlich bei der Terminbestimmung mitreden. In jedem Fall aber sollten sie

- echtes Interesse am Anliegen der Eltern und
- echte Gesprächsbereitschaft signalisieren.

Eltern sollten nicht das Gefühl bekommen, um einen Termin betteln zu müssen. Unabhängig davon, wie die Erzieherin inhaltlich zum Thema steht, muss sie in jedem Fall Dialogbereitschaft[48] zeigen.

Der Beginn des Gesprächs

Der Anfang ist die Hälfte des Ganzen, heißt es. Der Anfang ist ja bereits gemacht, wenn Eltern eingeladen sind. Beginnt das Gespräch, muss aber neu begonnen werden. Zunächst muss der Rahmen stimmen, das bedeutet vor allem, unbedingt ungestört zu sein, also ohne Telefon und am besten ein Schild an der Tür, das allen klar macht, dass Störungen nicht erwünscht sind. Etwas zu trinken ist sinnvoll, eine Kleinigkeit zum Knabbern auch.

Wenn die Eltern begrüßt sind, sich (selbst) einen Platz gesucht haben und die ersten Worte des Willkommens und des „Andockens" (Joining) gewechselt sind, ist es zweckmäßig, zunächst den Gesprächsrahmen gemeinsam zu klären. Dieser kleine aber wichtige Schritt wird häufig vergessen. Im Einzelnen bedeutet das:

- klären, wie viel Zeit zur Verfügung steht,
- sich über die gegenseitigen Erwartungen austauschen und sich des Gesprächsthemas versichern,
- gegebenenfalls klären, wer in welcher Rolle hier sitzt.

[48] Zu den seltenen, aber umso problematischeren Fällen eines „Überfalls" und Konflikts siehe Kapitel 8.3

Zum ersten: Immer wieder treffen wir auf so genannte Elternsprechtage. Im Viertelstundentakt werden dabei Eltern durchgeschleust. Diese noch immer in vielen Schulen übliche Form des Gesprächsangebots hat auch in Kindertagesstätten Einzug gehalten, mit dem „Erfolg", dass sich niemand wirklich auf den Anderen einlassen kann. Solche Veranstaltungen sind eventuell sinnvoll, um kurze Informationen auszutauschen, sie ersetzen aber nicht das echte Gespräch. Ein solches braucht Zeit. Ein bis zwei Stunden rechnen wir, natürlich bloß, wenn auch die Eltern sich die Zeit nehmen können. Auch wenn schon beim Einladen besprochen wurde, dass ca. 1 ½ Stunden zur Verfügung stehen, ist es sinnvoll, sich dessen hier noch einmal zu vergewissern. Angebracht ist es auch, nachzufragen, wie viel Puffer nach hinten noch besteht, falls die verabredete Zeit nicht ausreicht.

Zum zweiten Punkt: sich des Themas vergewissern. Das sollte ausführlich stattfinden. Eltern müssen mit dem Thema einverstanden sein. Noch einmal gilt es zu klären, ob sich inzwischen etwas verändert hat, ob neue Fragen aufgetaucht sind oder neue Themenwünsche. Das könnte in etwa so aussehen: *„Ich hatte Sie ja eingeladen, weil wir uns mit Ihnen über die erste Zeit Ihres Kindes bei uns im Kindergarten austauschen möchten. Wir möchten Ihnen gerne berichten, was wir beobachtet haben und wie wir Ihr Kind erleben. Auch von Ihnen würden wir sehr gerne hören, was Sie mitbekommen und beobachtet haben. Wir möchten uns vergewissern, dass wir Ihr Kind verstehen und richtig auf es eingehen. Dafür brauchen wir Ihre Hilfe. Zunächst aber möchte ich Sie fragen, ob Sie noch etwas auf dem Herzen haben, was wir besprechen sollten…Gut, dann hätten wir also drei Themen: den Austausch über die ersten Wochen, Ihre Frage nach dem Frühstück und Ihr Anliegen Ihrem Kind in die morgendlichen Spielgruppen zu helfen."*
Es gilt, hier „die Wurzeln des Themas dran zu lassen", also so verständlich und genau wie möglich zu beschreiben, wie das Thema entstanden ist, woher es kommt, wer welches Interesse damit verfolgt, kurz: was es mit mir zu tun hat. Haben die Eltern das Gespräch gewünscht, kann ähnlich verfahren werden: *„Sie haben um das Gespräch gebeten. Ich habe verstanden, dass Sie besorgt sind, ob Ihr Kind morgens leicht in die Spielgruppen findet und Sie möchten gerne wissen, wie wir ihm dabei helfen. Habe ich Sie richtig verstanden? Möchten Sie Ihr Anliegen vielleicht noch ein wenig ausführlicher beschreiben?"*

Sitzt die Leiterin oder eine weitere Kollegin mit im Kreis, müssen die Rollen angesprochen werden. Welche Rolle hat die Leiterin: Schlichterin, Zuhörerin, Leiterin, Kollegin? Wer ist für die Moderation verantwortlich? Schreibt jemand ein Protokoll?

Ein Gespräch kann also eigentlich erst dann richtig beginnen, wenn

- sich jemand um den Rahmen gekümmert hat,
- die Eltern willkommen geheißen sind und in Ruhe ankommen konnten,
- das genaue Thema geklärt ist (Wer hat welche Vorstellung davon? Wer hat welche Erwartung daran? Sich der Gemeinsamkeit des Themas vergewissern, bzw. das eigene ergänzen.),
- weitere Themen gesammelt sind,
- eventuell die Rollen klar sind und schließlich
- ein zeitlicher Rahmen und eine Reihenfolge der Themen vereinbart wurde.

Absichten und Interessen erkunden

Zu Anfang des eigentlichen Gesprächs sollten, wenn irgend möglich, die Eltern als Erste zu Wort kommen. Die Erzieherin wäre in dieser Gesprächsphase beteiligte und fragende Zuhörerin. Sie signalisiert den Eltern echtes Interesse an deren Sichtweise, hält sich mit Rechtfertigungen jeglicher Art zurück und fragt stattdessen interessiert nach, um die andere Seite wirklich zu verstehen. Fragen zielen in diese Richtung.

Ein Beispiel: Eine Mutter möchte, dass ihre Tochter, Hanna, 4 ½ Jahre alt, schon an den Aktivitäten der Vorschulkinder teilnimmt, weil ihre beste Freundin ebenfalls dabei ist. Der Vorschlag würde aber mit der Tradition brechen, dass eben bloß die Kinder teilnehmen, die auch in die Schule kommen. Die Erzieherin hat hier wenig Handlungsspielraum, weil im Team die Gefahr gesehen wird, dass bei einem Nachgeben „Vorschulprogramme" für immer jüngere Kinder gefordert werden könnten.

In dieser Phase des Gesprächs überrollt die Erzieherin die Mutter jedoch nicht mit ihren Argumenten, sondern stellt sich ganz auf das Fragen ein (hier etwas verkürzt wiedergegeben): *Wie zeigt Hanna denn, dass ihr die Teilnahme wichtig ist? – Sie spricht oft davon und fragt mich auch ganz direkt, warum sie nicht dabei sein darf. – Macht sie dabei einen traurigen Eindruck? – Ja, schon. Sie möchte halt mit ihrer Freundin Sara zusammen sein. – Was glauben Sie, warum es Hanna so wichtig ist, gerade hier dabei zu sein. Sara und Hanna spielen eigentlich den ganzen übrigen Tag zusammen. Wissen Sie, ob Hanna eine Vorstellung davon hat, was wir im Vorschulkindertreffen machen? Kann es sein, dass es ihr auch darum geht?*

Im weiteren Verlauf erkundigt sich die Erzieherin noch danach, wie wichtig eine Teilnahme von Hanna für die Mutter selbst sei, was sie sich davon für Hanna erhoffe, wie Hanna ansonsten mit Verzicht umgehe und wie sie von ihren Eltern dabei unterstützt werde. Das Gespräch landet schließlich auch bei den Zukunftshoffnungen, die sich Hannas Eltern für ihre Tochter machen.

In keiner Phase dringt auch nur der Anschein von Missbilligung vonseiten der Erzieherin durch. Alles, was die Mutter sagt, wird als legitimes Anliegen betrachtet. Nur deshalb kann die Mutter sich wirklich öffnen, aus der Hab-Acht-Stellung heraustreten, ihren eigenen Argwohn und die Angriffshaltung, mit der sie kam, fallen lassen. Hannas Mutter erlebt etwas Unerwartetes, nämlich Interesse für die Situation und Sichtweisen der eigenen Familie. Sie erlebt eine Erzieherin, die versucht, die guten Gründe, die hinter ihrem Anliegen stehen, wirklich zu verstehen. Sie tut sogar noch mehr: Sie betrachtet sie schon jetzt auch als Ratgeberin, als eine Person, die aus dem täglichen Zusammensein mit Hanna und der Gesamtsituation der Familie heraus vieles beitragen kann, damit Lösungen gefunden werden können, die zu Hanna passen.

Je mehr die Erzieherin ins Fragen kommt, umso größer wird ihr Interesse daran, was Hannas Mutter zu sagen hat. Das gelingt aber bloß deshalb, weil sie ihrer eigenen Kita-zentrierten Betrachtungsweise im übertragenen Sinn „frei gibt". Sie „suspendiert"[49] ihre eigenen Ziele, Absichten, Interpretationen und Schlussfolgerungen zumindest für diese Gesprächsphase. Suspendieren bedeutet so viel wie „in der Schwebe halten" oder metaphorisch: sie für eine Zeit in die Tasche zu stecken, sie dort zu lassen, sie nicht hervorzuholen und zu benutzen, sie gleichwohl aber noch als vorhanden wahrzunehmen. In der Praxis gelingt dies auf unkomplizierte Weise dadurch, dass die eigenen Vorstellungen unausgesprochen bleiben. Das erst lässt Eltern die Möglichkeit, Eigenes darzustellen und ermöglicht es der Erzieherin, dies zu hören und sich darauf zu beziehen, damit „eine gemeinsame Wahrheit" entstehen kann.

Man braucht sich bloß vorstellen, was passieren würde, würde die Erzieherin dies nicht tun. Wie ein Brett vor dem eigenen Kopf waren da die eigenen Interpretationen, Bewertungen, Schlussfolgerungen. Alles, was die Mutter sagen würde, müsste zunächst durch dieses Raster. Kaum etwas käme so an, wie es die Mutter beschreibt. Die Erzieherin würde vielleicht bereits bei der ersten Antwort der Mutter *(„Wie zeigt Hanna denn, dass ihr die Teilnahme wichtig ist?" – „Sie spricht oft davon und fragt mich auch ganz direkt, warum sie nicht dabei sein darf.")* innerlich unruhig und ins Bewerten kommen: *„Ob das wohl stimmt? Wahrscheinlich hat die Mutter Hanna danach gefragt. Die macht doch auch sonst aus jeder Mücke einen Elefanten…"* Auch wenn sie nicht genauso denkt, wie hier beschrieben, in jedem Fall würde sie intuitiv jede Äußerung der Mutter sofort mit den eigenen Sichtweisen vergleichen und statt zuzuhören und aus der Situation der Mutter heraus zu verstehen, immer wieder bloß die Differenzen zu den eigenen Auffassungen feststellen.

[49] Vgl. Hartkemeyer 1999

Wir werden häufig danach gefragt, wie es gelingen kann, auf „die richtigen" Fragen zu kommen. Darauf haben wir keine andere Antwort als diese: Wenn es gelingt, sich wirklich auf die andere Sichtweise und den anderen Erfahrungshorizont zu beziehen, dann kommen die Fragen von selbst, weil sie aus einem echten Interesse heraus entstehen. Wer kennt aus dem eigenen Alltag nicht Situationen, in denen während eines Gesprächs plötzlich dieses Interesse am Anderen auftaucht und sich Fragen einstellen? So ähnlich kann es auch mit Eltern gelingen. Fragen, die aus einem Interesse am Anderen und seiner Lebenssituation heraus entstehen, sind auch nicht inquisitorisch, aushorchend, überprüfend. Der beste Einstieg in ein interessiertes, verstehen wollendes Nachfragen ist die einfache Aufforderung: *„Erzählen Sie einfach einmal, wie Sie das erleben."*

Aus eigener Erfahrung heraus wissen wir, wie wichtig es in dieser Gesprächsphase ist, sich selbst zu beobachten und dem Bedürfnis etwas „gerade zu rücken" oder sich zu rechtfertigen, zu widerstehen. Für uns ist dies die entscheidende Phase des ganzen Gesprächs.

Auch dann, wenn die Erzieherin selbst zum Gespräch eingeladen hat, muss zu allererst Raum für die Interessen, Absichten und Sichtweisen der Mutter sein. In diesem Fall könnte die Erzieherin kurz, so konkret und präzise wie möglich schildern, was hinter der Einladung und dem Thema steht, dann aber gleich die Eltern um ihre Sicht der Dinge bitten und sofort ins Fragen umschalten. Eltern erleben diese Form des Gesprächseinstiegs als außerordentlich wertschätzend.

Wir warnen hingegen vor der sehr verbreiteten Einstiegsform, erst einmal „gut Wetter zu machen", indem zunächst Positives über das Kind gesagt wird. Erstens werden Eltern damit für dumm verkauft, sie spüren dies auch, und deshalb funktioniert es in der Regel nicht. Zweitens wird Desinteresse an den Eltern und ihrem potenziellen Gesprächsbeitrag signalisiert. Von Beginn an ist vielmehr spürbar, dass Eltern als bloße Objekte erzieherischer Bemühungen betrachtet werden.

Eigene Überlegungen verständlich machen

Wo aber bleibt dann das Eigene? Es kann ja nicht bis zum Ende des Gesprächs in der Schwebe gehalten werden. Wann also und wie zieht es die Erzieherin aus der „Tasche"? Einen „richtigen" Zeitpunkt dafür gibt es nicht. In diesem Punkt muss sich jede Erzieherin aus dem Gesprächsverlauf heraus auf ihr Gefühl verlassen. Manchmal, bei ungeduldigen Eltern oder solchen, die sich und ihre Familie schützen wollen und deshalb Fragen ungern beantworten, ist das mitunter schon ziemlich bald notwendig.

Wir möchten drei Eckpunkte benennen, an denen sich eine Erzieherin orientieren könnte:

1. Mein Gegenüber fragen, ob es an meiner Sicht der Dinge interessiert ist, mir also die Erlaubnis dafür einholen: *„Wenn Sie möchten, könnte ich Ihnen jetzt vielleicht ein wenig davon erzählen, was Hanna macht und was wir beobachtet haben, wenn Sara im Vorschulprojekt mitmacht."* Auch, wenn Eltern natürlich immer daran interessiert sind, die Geste macht es aus. Eltern könnten aber auch erwidern, dass sie genau das nicht interessiert, sondern vielmehr gleich die Frage: *„Weshalb lassen Sie Hanna denn nun nicht mitmachen?"*, oder etwas ganz anderes. Sie haben also weiterhin Einfluss auf den Gesprächsverlauf. Zudem erfahren sie jetzt, dass nun die Perspektive gewechselt wird und die Rede davon ist, was Erzieherinnen denken und wahrnehmen. Wichtig beim Wechsel der Perspektive ist es, dass nicht der Eindruck entsteht, jetzt käme das eigentlich Wichtige, das Vorherige wäre bloß Geplänkel.
2. Die eigene Sichtweise so präsentieren, dass sie jemandem verständlich werden, der den Kita-Alltag eben nicht von innen kennt. Das Ziel, eigene Anliegen „verständlich" vorzutragen, bedeutet indes nicht, den Anderen davon überzeugen zu wollen. Er soll es bloß verstehen können! Und darum muss sich derjenige bemühen, der etwas darstellt, nicht sein Gegenüber (auch, wenn das natürlich angenehm wäre).
   Verständlich wird etwas,
   - wenn es an den Erfahrungen des Anderen anknüpft: *„Sie müssen sich das so vorstellen …" – „Sie kennen bestimmt ähnliche Situationen …"*
   - wenn es immer wieder Raum zum Nachfragen öffnet: *„Unterbrechen Sie mich ruhig, wenn Sie eine Frage auf der Zunge haben." – „Können Sie sich das vorstellen?"*
   - wenn „die Wurzeln drangelassen" werden, d.h. ich nicht bloß Ergebnisse von Überlegungen oder Handlungen darstelle, sondern die ganze Entstehungsgeschichte. Das bedeutet, dass zum einen beschreibend berichtet wird (Was ist alles passiert?) und zum anderen, auch Umwege, Zweifel, Widersprüche dargelegt werden, z. B.: *„Im Erzieherinnenteam haben wir darüber gesprochen, wie wir damit umgehen können, wenn Kinder, die noch nicht in die Schule kommen, in der Vorschulgruppe teilnehmen wollen. Wir waren uns zunächst ziemlich uneinig. Die einen meinten … Erst nach und nach haben wir uns zu einer gemeinsamen Position durchgerungen."* Wenn ich die „Wurzeln", die an einem Ergebnis hängen, sichtbar mache, ermögliche ich meinem Gegenüber, besser verstehen zu können, warum ich so oder so denke und signalisiere ihm mein Interesse daran, dass er mitdenkt. Damit öffne ich das Gespräch und beziehe Eltern auch in dieser Phase ein.
3. Wenn möglich, die eigenen Überlegungen mit denen meines Gegenübers verbinden. Manchmal gelingt es, wenn die eigene Sichtweise in den Mittelpunkt gerückt ist, sie gleich auf die der Eltern zu beziehen. Dies ist natürlich nicht rechtfertigend zu verste-

hen, sondern eher im Sinne von berücksichtigend. Meist ergeben sich aus dem, was die Erzieherin bereits gehört hat, neue Aspekte, über die es sich lohnt, weiter nachzudenken. Zum Beispiel: *„Darüber, dass die Trennung von Hanna und Sara auch Folgen für das Spiel der beiden bei Ihnen zu Hause hat, wenn Sara Hanna besucht, haben wir noch gar nicht nachgedacht…"*

Unterschiede sichtbar machen

Erzieherinnen und Eltern bemühen sich in Gesprächen miteinander immer wieder sehr um Harmonie. Sie befürchten einen „schlechten" Verlauf und neigen deshalb dazu, Unterschiede möglichst zu umgehen, zu vermeiden oder zu glätten. Die Sprache ist dann so angelegt, dass jederzeit ein Rückzieher im Sinne von *„So habe ich das nicht gemeint"* erfolgen kann. Eltern darf dies nicht vorgeworfen werden. Sie sind in der Regel keine Kommunikationsexperten. Erzieherinnen aber sollten anders mit Unterschieden umgehen. Den eigenen Gesprächspartner wertzuschätzen bedeutet auch, Unterschiede in der Einschätzung der Sachlage sichtbar und damit erst verhandelbar zu machen. Wärme erwächst, das wissen wir, sowohl aus Nähe als auch aus Reibung![50] Und Harmonie ist ein Zustand, der erst entsteht, wenn Meinungsverschiedenheiten auf dem Tisch lagen und behandelt werden konnten. Harmonie ist Resultat durchstandener Konflikte, könnte man auch sagen.

Unterschiede und verschiedene Bewertungen einer Situation müssen also angesprochen werden. Hilfreich ist es, das in einer nichtkränkenden Form als Hypothese zu tun, vollkommen frei von Vorwürfen oder Ärger: *„Ich glaube, in diesem Punkt sehen wir die Sache unterschiedlich. Sehen Sie das auch so?"*

Meistens ergibt sich, nachdem ein Unterschied benannt wurde, ein fruchtbares Gespräch darüber. Oft werden Sichtweisen noch einmal präzisiert, häufig ist das Ergebnis, dass sich beide Seiten gar nicht soweit auseinanderbewegen.

Mit Unterschieden kann man in zweierlei Form umgehen: Man kann versuchen, eine Einigung oder Lösung herbeizuführen. Man kann Unterschiede, weil vielleicht die Zeit fehlt, jetzt nicht der richtige Zeitpunkt dafür ist oder einfach kein Lösungsansatz in Sicht ist, aber auch stehenlassen. Damit tun sich immer noch viele Erzieherinnen schwer. Sie neigen dazu, eine solche Situation als eigenes Versagen zu bewerten. Dabei hat sich dabei nur die Macht der Realität durchgesetzt. Was ist schon dabei, wenn Eltern und Erzieherinnen im Bewusstsein auseinandergehen, dass in einer Reihe von Punkten Einigkeit besteht, in manchen aber eben nicht und, dass – das ist entscheidend – beide Seiten weiterhin ein Recht auf ihre jeweils verschiedene Sicht behalten haben.

---

[50] Ein Bonmot von Jesper Juul

In unserem Gespräch über Hanna und Sara könnte dann vielleicht ein Gesprächsfaden auf folgende Weise enden: *„Was Ihren Vorschlag betrifft, die Aktivitäten der ‚Vorschulgruppe' auf alle Kinder auszuweiten, haben wir einfach unterschiedliche Einschätzungen. Ich schlage Ihnen vor, wir lassen sie beide zunächst einmal stehen"*, oder auch: *„Ich merke schon, meinem Vorschlag, Hanna und Sara ihre Konflikte auch bei Ihnen zu Hause ohne Einmischung selbst austragen zu lassen, können Sie nicht folgen. Ich respektiere das. Und da Sie es sind, die die Situation zu Hause lösen muss und nicht ich, lassen wir vielleicht meinen Gedanken einfach mal im Raum stehen…"*

Argumentation und Lösungssuche

Immer wieder berichten Erzieherinnen, dass es ihnen nicht gelungen sei, Eltern von diesem oder jenem zu überzeugen. Und immer wieder antworten wir dann, dass es darum nicht gehen darf. Sich verständlich machen, ja. Eltern die eine oder andere Empfehlung geben, ja. Sie von dem zu überzeugen müssen, was ich denke, nein! Das würde bedeuten, dass es bloß eines geschickt gewählten Vorgehens bedarf, um Eltern zu verändern. Aus allen Beratungssettings wissen wir, dass sich Menschen nur verändern, wenn sie selbst einen Grund dafür haben und dies wollen. Deshalb erinnern wir an dieser Stelle noch einmal an den Grundsatz 1: **Eltern sind die Experten für ihre Familie und auch Experten für ihr Kind. Ich kann keine Lösung ohne sie finden! Lösungen entstehen deshalb am besten erst im Gespräch.**

Aus unserer Sicht gibt es grundsätzlich zwei verschiedene Formen von Lösungen in Elterngesprächen: den Kompromiss, die Einigung auf einen gemeinsamen Nenner, oder etwas Neues, woran beide Seiten vorher noch nicht dachten.

Einen Kompromiss erzielt man, indem man ein Problem in kleinere „Einheiten" aufteilt und dann die Frage stellt: *„Worauf können wir uns verständigen? Worauf können wir uns einigen?"* Das Ergebnis ist dann häufig so, dass in einigen Unterpunkten Einigung erzielt wird, in anderen nicht. In unserem Beispiel kann es sein, dass die Erzieherin Hannas Einbeziehung in die „Vorschulgruppe" weiterhin nicht zustimmen will, aber bereit ist, Hanna zu ermöglichen, sich mit ähnlichen Angeboten zu beschäftigen, wie sie Sara erlebt. Von Hannas Mutter weiß sie, dass Hanna durch Sara vor allem die Schrift entdeckt hat. Deshalb soll sie mehr Gelegenheit bekommen, ihrem Bedürfnis, mit Schrift zu experimentieren, nachzugehen. Hanna und Sara bekommen einen eigenen Briefkasten. Darüber hinaus verspricht die Erzieherin, dass sie Hannas Gefühle des Zurückgesetzt-Werdens mit ihr und vielleicht auch mit Sara thematisiert.

Etwas ganz Neues, eine Lösung, die vielleicht vorher nicht in Sicht war, entsteht während eines Gespräches nur dann, wenn es gelingt, in ein gemeinsames Nachdenken zu kommen. In unserem Beispiel spürt die Erzieherin, dass sie das Anliegen der Mutter auf ein Problem aufmerksam gemacht hat, das sie zuvor beide nicht gesehen haben. In diesem Fall stellt sich die Frage, ob Bildungsgelegenheiten, wie der Umgang mit Schrift, altersmäßig überhaupt teilbar sind und weshalb sie bloß den „Vorschulkindern" zugänglich gemacht werden sollen. Damit ändert sich die ganze Sicht auf die Ziele der „Vorschulgruppe". Deshalb bedankt sie sich bei Hannas Mutter für die Anregung und schlägt vor, das mit allen Kindern zu besprechen. Sie will die „Vorschulkinder" im Morgenkreis ermutigen, den anderen davon zu erzählen, was sie in der „Vorschulgruppe" tun und möchte die anderen fragen, was sie davon auch einmal machen möchten. Vielleicht würde sich ja dadurch einiges im Alltag der Kinder ändern.

Tragfähige Lösungen werden grundsätzlich nicht im Entweder-oder gefunden. Gelingt es nicht, ein Thema in einzelne Aspekte aufzuteilen und dabei die Sichtweisen aller zu berücksichtigen, bleibt eine Lösung meistens entweder stecken oder ist Resultat von Machtverhältnissen. Lösungen brauchen ein Sowohl-als-auch. Deshalb sollte unbedingt bei der Lösungssuche gelten: **Jeder bekommt etwas!**

Selbst dann, wenn sich am Ende abzeichnet, dass die Unterschiede sehr groß sind und deshalb jede Seite in voller Verantwortung für ihren Bereich (Familie oder Kindertagesstätte) jeweils unterschiedliche Schlussfolgerungen zieht, die Erzieherin also nichts zu verändern braucht, muss sie darauf bedacht sein, dass die Eltern irgendetwas bekommen. Im Zweifelsfall, wenn einem wirklich nichts anderes mehr einfällt, bietet sich die ernst gemeinte Frage an: *„Kann ich vielleicht sonst irgendetwas für Sie tun?"* Erzieherinnen sollten nicht selbstzufrieden aus einem Gespräch herausgehen, sondern auch in Sorge, wie sie Eltern weiterhin unterstützen können.

Lösungen sind, und das ist ein zweiter Grundsatz, am tragfähigsten, wenn sie konkret und überprüfbar sind. Konkrete Vereinbarungen darüber, wer was tun wird bzw. beabsichtigt zu tun, sind angebracht. Allgemeine Absichtsbekundungen helfen oft nicht weiter.

Sinnvolle Strategien, um zu Lösungen zu kommen, sind:

- gemeinsam konkrete Szenarien durchspielen: *„Was würde geschehen, wenn …? Was könnten wir tun, um …?"*
- die gemeinsame Verantwortung für Lösungen betonen: *„Wie könnten wir das Problem lösen? Was meinen Sie?"*
- den kleinsten gemeinsamen Nenner suchen: *„Worauf können wir uns zumindest einigen?"*
- problemfreie Bereiche und Teile der Lösung suchen und sich schon einmal darüber verständigen. Das Gemeinsame betonen: *„In diesem Punkt sind wir uns doch einig? Dann lassen Sie uns jetzt einmal die anderen betrachten."*

- Teilziele entwickeln, die der Andere annehmen kann: *„Es sieht so aus, als könnten wir nicht für alles eine befriedigende Lösung finden. Ich denke aber, zumindest in Bezug auf …“*
- Lösung auf einer neuen Ebene suchen: Weder das Eine, noch das Andere, sondern etwas Neues! *„Gäbe es vielleicht einen ganz anderen Weg …?“*
- sich an (eventuell gemeinsame) frühere Lösungswege erinnern: *„Wir hatten einmal eine ähnliche Situation. Damals haben wir uns geholfen, indem …“*
- unter Umständen Unterschiedsbildung: *„Hier müssen wir festhalten, dass wir die Angelegenheit unterschiedlich bewerten/sehen/angehen. Wie können wir damit umgehen?“*
- nicht auf Teufel komm raus gewinnen wollen
- immer am Ende nach etwas suchen, was beim Gesprächs- oder Konfliktpartner Zufriedenheit hervorruft.

Der Abschluss

Am Ende des Gesprächs sollten drei Voraussetzungen erfüllt sein:

- Die Erzieherin hat den Gesprächsverlauf noch einmal kurz für beide zusammengefasst: Was war uns wichtig? Welche Ergebnisse haben wir erzielt?
- Über beides hat sie gegenseitiges Verständnis hergestellt und sich versichert, dass auch die Eltern das Gespräch in dieser Weise erlebt haben.
- Weitere Perspektiven werden entwickelt: Wie und wann überprüfen wir, ob unsere Vereinbarungen gegriffen haben? Wie verständigen wir uns in der Zwischenzeit? Sollen wir einen neuen Gesprächstermin ins Auge fassen?

Gespräche sind immer Zwischenstationen auf dem gemeinsamen Weg. Deshalb sind sie auch immer der Anfang eines neuen Prozesses. Ein schlechtes Gesprächsende ist für uns deshalb eines ohne weitere Kommunikationsperspektive. Selbst, wenn eine Mutter einmal weinend oder voller Zorn das Gespräch verlässt, ist dies kein Beinbruch. Es ist wohl ein unangenehmes Ende. Schlecht wird es erst dann, wenn dadurch die Kommunikation nicht bloß für eine gewisse Zeit unterbrochen, sondern ganz abgebrochen ist. Der nächste Tag bietet aber schon erneut Gelegenheit, die Kommunikation wieder aufzunehmen und nachzufragen, wie beide Seiten wieder ins Gespräch kommen und neue Perspektiven entwickeln können.

7.3 Entwicklungsgespräche

Eine besondere Form des Gesprächs mit Eltern ist das regelmäßig wiederkehrende Entwicklungsgespräch, das zur Entwicklungsbegleitung des Kindes geführt wird. Es unterscheidet sich insofern von anderen Gesprächen, als es für dieses Gespräch keinen aktuellen oder besonderen Anlass braucht. Es ist in der Regel seit langem vereinbart und wird mit allen Eltern mindestens einmal jährlich geführt. Manche sprechen in diesem Zusammenhang deshalb auch bewusst von einem „Gespräch ohne Anlass“.

„Normale“ Elterngespräche finden nur selten regelmäßig statt, sondern eher dann, wenn es etwas Besonderes oder Unerfreuliches zu klären gibt. Sie haben für beide Seiten nicht selten einen unangenehmen Beigeschmack. In solchen Gesprächen geht es fast immer um unterschiedliche Sichtweisen und Positionen. In einem Gespräch ohne besonderen Anlass können sich deshalb beide Seiten leichter als Experten begegnen und sich partnerschaftlich zueinander verhalten. Schon dies würde dafür sprechen, solche Gespräche zur Regel zu machen. In Kindertagesstätten, die diese regelmäßigen Entwicklungsgespräche praktizieren, existieren beispielsweise Listen, auf denen über das ganze Jahr hinweg Termine verteilt werden. Es sind Termine, zu denen sich die Erzieherinnen jeweils etwa eine Stunde (in Ausnahmefällen auch länger) Zeit nehmen. Ihnen ist sehr daran gelegen, möglichst **beiden** Elternteilen die Teilnahme zu ermöglichen, daher der lange Terminvorlauf. Bereits am Jahresanfang werden die Termine mit allen Eltern vereinbart.

Ein- oder zweimal im Jahr, das können sich alle Eltern gut vorstellen, das zeigt alle Erfahrung. Und bereits nach der ersten Gesprächserfahrung dieser Art weicht ihre anfängliche Befürchtung, „etwas sei vorgefallen“ und es gehe nun darum. Fast alle Eltern und Erzieherinnen äußern vielmehr große Zufriedenheit mit solchen vereinbarten Expertengesprächen. Wir glauben, dass vor allem hier eine wichtige Grundlage für Erziehungspartnerschaft gelegt wird. Die Erfahrungsberichte, die wir dazu erhalten, sprechen auch von der Entwicklung der Beziehung zwischen Erzieherinnen und Eltern, die durch diese Gespräche in besonderer Weise gefördert wird. Insofern erhält das Wort Entwicklungsgespräch noch einen weiteren Bedeutungsgehalt.

Ressourcenorientiert statt problemorientiert

Es lässt sich natürlich überhaupt nicht vermeiden, dass es in Entwicklungsgesprächen auch um die Sorgen geht, die sich Erzieherinnen und Eltern manchmal in Bezug auf das Kind machen. Ein Blick darauf und ein gemeinsames Nachdenken darüber soll also keinesfalls vermieden werden. Störungen haben zuweilen Vorrang, das wissen wir alle aus unseren alltäglichen Erfahrungen. Wir plädieren aber ausdrücklich dafür, diese Probleme oder Sorgen nicht in jedem Fall in den Mittelpunkt zu rücken. Den Kern des Gesprächs soll der positive Blick auf das Kind und seine Entwicklungsleistungen bilden. Ferner muss nach den Ressourcen in der Familie und in der Kita gefragt werden: Wie unterstützen beide Systeme das Kind bereits?

Wir erachten dieses Vorgehen deshalb als bedeutungsvoll, weil wir der Auffassung sind, dass sich sowohl Kinder wie auch ihre Familien selbst entwickeln. Ohne die Kenntnis ihrer Ressourcen, ihrer persönlichen Art und Weise sich zu entwickeln, können auch in schwierigen Fragen keine Lösungen gefunden werden, weil die Ansatzpunkte fehlen und weil ansonsten nur schwer Vertrauen in die (Selbst-)Entwicklung und (Selbst-)Bildung des Kindes entstehen kann. Auch die Familie muss um ihre Ressourcen wissen, wenn sie das Kind unterstützen will. Und schließlich kann es nur in besonderen Einzelfällen Lösungen außerhalb oder neben der Familie geben.

Wir weisen auch deshalb explizit darauf hin, nicht die schwierigen Seiten eines Kindes in den Mittelpunkt dieser Gespräche zu rücken, weil wir in der Praxis immer wieder erleben müssen, dass sich Erzieherinnen genau so auf Entwicklungsgespräche vorbereiten: Sie konfrontieren Eltern anhand von Beobachtungsinstrumenten mit den Defiziten ihrer Kinder. Für viele Erzieherinnen sind Entwicklungsgespräche „die" Gelegenheit, endlich einmal über die Probleme zu sprechen, auf die sie im Rahmen ihrer Arbeit gestoßen sind. Manche meinen auch, Eltern würden eine detaillierte Diagnose des Entwicklungsstandes ihres Kindes erwarten und wollen darauf „gut vorbereitet" sein.

Hinter all dem steckt natürlich die positive Absicht, dem Kind etwas Gutes zu tun. Aber ein solches Vorgehen erschreckt Eltern bloß, statt sie in ihrer eigenen Kompetenz zu stärken. Das aber ist auch Ziel eines Entwicklungsgesprächs. Es geht darum, die Ressourcen und Kompetenzen aller Beteiligten zu entdecken und daraus die konkreten Ansatzpunkte für Unterstützungsmaßnahmen zu entwickeln. Letzteres muss aber nicht unbedingt bereits im Rahmen eines Entwicklungsgesprächs stattfinden. Wichtiger sind die Schritte hin zum Verstehen. Entwicklungsgespräche sind ja bloß Teil einer Kommunikationskette. Wenn es gelingt, hier die gegenseitigen Ressourcen zu entdecken, fallen auch spätere lösungsorientierte und sogar konfliktreiche Gespräche wesentlich leichter.

Konkret bedeutet das: Entwicklungsbögen und andere diagnostische Beobachtungsinstrumente können der Erzieherin im Einzelfall in der Vorbereitung auf ein Entwicklungsgespräch durchaus nützlich sein. Sie vervollständigen unter Umständen das Bild, das sie sich aufgrund ihrer täglichen Beobachtungen im Alltag von einem Kind gemacht hat. Es kann also als Hintergrundinformation dienen, um zu wissen, wo im Einzelfall (nicht für alle Kinder) besondere Unterstützung sinnvoll ist. Wir möchten aber deutlich davon abraten, diese Instrumente zur Gesprächsgrundlage im Entwicklungsgespräch zu machen.

Wie kann ein Entwicklungsgespräch ablaufen?

Grundsätzlich ist natürlich der allgemeine Gesprächsablauf anwendbar, den wir in Kapitel 7.2 schon vorgestellt haben. Da das Entwicklungsgespräch aber „klimatisch" und inhaltlich einen besonderen Charakter hat, halten wir es für sinnvoll, ihm einen entsprechenden Zuschnitt zu geben. In seiner allgemeinen Form könnte der Ablauf eines Entwicklungsgesprächs so aussehen:

Ablauf eines Entwicklungsgesprächs

Vorbereitung

- Was könnte die Eltern interessieren?
- Was möchte ich gerne mitteilen? Worüber möchte ich berichten?
- Was möchte ich über die Familie in Erfahrung bringen?
- Um welches Problem könnte es sonst noch gehen? Wie könnte ich damit umgehen?
- mich um den Rahmen kümmern (Setting)

1. Phase: Beginn

Ein Gespräch kann eigentlich erst dann richtig beginnen, wenn die Eltern willkommen geheißen sind und in Ruhe ankommen konnten.
Danach:

- Ziele des Entwicklungsgesprächs noch einmal vorstellen
- darüberhinausgehende Anliegen der Eltern erfragen
- Zeitrahmen gemeinsam festlegen

2. Phase: Erfahrungen und Sichtweisen der Eltern erkunden

- interessiert und erkundend nachfragen
- Eltern als Experten und in der Ratgeberrolle ansprechen
- mit eigenen Sichtweisen noch sehr zurückhaltend umgehen

3. Phase: Eigene Beobachtungen, Ideen, Hypothesen und Fragen einbringen

- vor allem berichtend, darstellend, erzählend
- mit vielen Beispielen arbeiten
- Interpretationen als Hypothesen darstellen: „Wir vermuten…"/„Wir fragen uns, ob…"
- stets die Sichtweise der Eltern dazu einholen: „Was meinen Sie dazu?"/ „Haben Sie Ähnliches erlebt?"

4. Phase: Gemeinsames Nachdenken über Unterstützungsmöglichkeiten

- Was können Kita und Familie dazu beitragen, das Kind in seinen Anstrengungen zu unterstützen?
- Wie kann oder soll die Kita die Familie unterstützen?
- Wie kann oder soll die Familie die Kita unterstützen?

5. Abschluss

- das Gespräch zusammenfassen
- gemeinsames Verständnis über das Ergebnis herstellen
- eventuell weitere Absprachen treffen

Danach:

- eventuell weitere Anliegen der Eltern bearbeiten.

Wir haben in Kapitel 7.2 betont, dass es wichtig ist, in einem Gespräch zunächst die Eltern zu Wort kommen zu lassen. Dieser Grundsatz drückt sich auch hier wieder aus (2. Phase). Gleichwohl wissen wir, dass es Eltern gibt, die sich aus verschiedensten Gründen scheuen, von sich zu berichten, vielleicht gerade deswegen, weil sie auf die Auskünfte der Erzieherinnen warten. Daneben gibt es unzählige besondere Konstellationen, die es schwierig machen, den idealtypischen Ablauf einzuhalten: Verständigungsschwierigkeiten wegen mangelnder Deutschkenntnisse, Verständigungsschwierigkeiten, weil die Sprache von Erzieherinnen und Eltern weit auseinander liegt, Eltern, die mehr über sich selbst berichten als über ihr Kind, Eltern, die belehrend auftreten, Eltern, mit denen die Erzieherin in einem Konflikt steht und dabei selbst verstrickt ist usw. In diesen Fällen muss mit Schritten flexibel umgegangen werden.

Was kann Inhalt eines Entwicklungsgesprächs sein?

Es wird deutlich, dass dem Austausch von Informationen über die Entwicklung des Kindes und damit dem gemeinsamen Betrachten von Geschichten, die etwas über sein Lernen erzählen (Lerngeschichten), ein besonderer Raum gegeben werden sollte. Dies ist ja nur folgerichtig, weil hier Experten zusammensitzen, die aus ihren jeweiligen Erfahrungsbereichen viel Wissen zum Kind, seinen Handlungen und Entwicklungsschritten beitragen können.

- Gegenseitig werden Beobachtungen des Kindes im Familien- und Gruppenalltag ausgetauscht: Was beschäftigt das Kind? Welche Interessen verfolgt es? Welche Fragen stellt es? Wie fühlt es sich? Was tut es gerne, was nicht? Worüber spricht es? Wie hat es sich inzwischen entwickelt? Ist uns etwas Besonderes aufgefallen? Hier kommen besonders die Beobachtungen und Lerngeschichten zum Tragen, sofern sie von den Erzieherinnen dokumentiert wurden (siehe unten).
- Gibt es aus Sicht der Eltern oder Erzieherinnen etwas, worauf sie in Zukunft gemeinsam stärker achten sollten, um das Kind zu unterstützen?
- Wie geht es Eltern und Erzieherinnen selbst? Machen sie sich vielleicht wegen irgendetwas insgeheim Vorwürfe oder sind sie zufrieden mit dem, was sie für das Kind tun? Gibt es offene Fragen, zu denen eine Seite ins Gespräch kommen möchte?
- Wenn es eine Seite wünscht, kann die andere auch in Einzelfragen beraten. Zum Beispiel könnten die Erzieherinnen den Rat der Eltern bezüglich des Erkundungsdrangs ihrer Tochter einholen: Was können wir ihr zutrauen? Wie können wir sie darin unterstützen? Außerdem würden sie gerne wissen, wie sich ihre Tochter am besten trösten lässt. Aber auch Eltern suchen oft den Rat der Erzieherinnen, z. B. für den Spielzeugkauf oder in Fragen des Alltags.
- Wenn möglich, können beide Seiten am Schluss auch noch Verabredungen treffen, was sie eventuell verändern wollen.

Lerngeschichten und Portfolios: Eltern teilhaben lassen an den Lernprozessen ihrer Kinder

Im Zuge der aktuellen Bildungsdiskussion ist das Thema Beobachtung von Kindern und die Dokumentation ihrer Lern- und Bildungsprozesse verstärkt ins Blickfeld von Erzieherinnen gerückt. Die beste Form, Eltern an der Entwicklung und den Lernerfolgen ihrer Kinder zu beteiligen, sind so genannte Lerngeschichten und Portfolios. Die Methode stammt aus Neuseeland und wird seit ein paar Jahren auch in Deutschland praktiziert.[51] Im Kern geht es darum, mithilfe von ungerichteten Beobachtungen regelmäßig kleine und größere Lernsequenzen von Kindern zu dokumentieren. Unter der Leitung des Deutschen Jugendinstitutes (DJI) wurde zwischen 2005 und 2007 das Projekt „Bildungs- und Lerngeschichten“[52] durchgeführt. In diesem Projekt wurde vor allem mit Briefen an die Kinder gearbeitet. Nach mehreren ungerichteten Beobachtungen schreibt die Erzieherin einen Brief an das entsprechende Kind. Sie drückt darin aus, was sie wahrgenommen, was sie erstaunt und worüber sie sich eventuell gefreut hat. Dieser Brief wird dann Lerngeschichte genannt. Lerngeschichten werden den Kindern vorgelesen und gezeigt. Sie werden von ihnen ergänzt und auch ggf. richtiggestellt.

51 Vgl. Leu u. a. 2007 und Henneberg/Klein 2007
52 Vgl. Leu u. a. 2007

Lerngeschichten haben viele Gesichter:

- Briefe an das einzelne Kind
- Briefe an mehrere Kinder
- Notizen von Erzieherinnen und von Kindern ergänzt
- Foto-Lerngeschichten mit und ohne Text
- Gesprächsprotokolle
- Interview mit dem Kind
- Lerngeschichte mit dem Fokus auf bestimmte Bildungsaktivitäten und Themen
- ungerichtete Beobachtungen, die selbst Lerngeschichten sind
- Briefe von Eltern an ihre Kinder
- „Lernspots", das sind einzelne Fotos, hinter denen sich aber umfangreiche Lerngeschichten verbergen
- „Was-ich-schon-kann-Hefte", das sind Hefte, die einzelnen Kindern gehören. Die Kinder füllen sie mit Bildern oder auch Texten, mit deren Hilfe sie beschreiben, was sie schon können.

„Lerngeschichten sind Geschichten, die vom Lernen eines Kindes während seiner Zeit in der Kindertagesstätte erzählen. Wenn sie als Brief an das jeweilige Kind geschrieben werden, wählen die meisten Fachkräfte als Anrede die Du-Form. Die Texte, die dabei entstehen, sind sehr persönlich geschrieben und wie eine Art Brief an das Kind formuliert ... Im Rahmen des Verfahrens beruhen Lerngeschichten immer auf dokumentierten und analysierten Beobachtungen. Darüber hinaus fließen Erkenntnisse ein, die im kollegialen Austausch gewonnen wurden und die sich aus dem Dialog mit dem Kind ergeben haben."[53]

Als Beispiel eine Lerngeschichte für Leonie:

Liebe Leonie,
in letzter Zeit habe ich dir öfter bei deinem Spiel zugeschaut. Dabei habe ich gesehen, dass du bei allen Dingen, die du machst, sehr lange Zeit dran bleibst. Neulich hast du ziemlich ausdauernd mit deiner Freundin Marie Lederbänder zusammengeknotet. Zuerst konntest du keinen Knoten, aber du hast es immer wieder probiert und dich sehr angestrengt, bis es geklappt hat.
Auch am Maltisch hast du lange mit Marie und Emily Buchstaben geschrieben und mich immer wieder gefragt, wie die einzelnen Buchstaben heißen. Du hattest dann die Idee, Schule zu spielen. Das Buchstaben-Schreiben war dabei die Hausaufgabe. Immer, wenn du einen Buchstaben noch nicht kanntest, hast du in der Anlauttabelle

[53] Ebd., S. 74

nachgesehen. Meistens habt ihr dann zusammen herausgefunden, welche Buchstaben die richtigen sind. Es ist mir aufgefallen, dass ihr gar keine Hilfe von uns Erwachsenen dabei gebraucht habt. Und ich glaube, dass du Buchstaben sehr gerne hast.

Die Dinge, die du machst, machst du am liebsten mit anderen Kindern zusammen. Im Rollenspiel hast du gute Ideen, und dir fallen immer neue Sachen ein. Darüber sprichst du auch mit den anderen und kannst auch begeistert sein über deren Ideen. Gibt es mal Streit, hast du immer wieder gute Vorschläge und setzt dich dafür ein, dass das Spiel weitergeht. Manchmal bist du auch gerne noch klein und lässt dir von den großen Kindern helfen. Vor allem Chris darf dein Beschützer und Freund sein. Ich habe auch gesehen, dass du klar sagen kannst, was du willst und dich im Spiel auch gegen deine Schwester Emily behaupten kannst. Genauso gut kannst du sie auch trösten, wenn sie traurig ist.

Deine Claudia

Diese Lerngeschichte wird Leonie vorgelesen. Sie darf sie ergänzen, verändern oder ablehnen. Lerngeschichten dienen dazu, sich mit Kindern selbst über ihr Lernen zu verständigen. Es ist klar, dass Erzieherinnen, die sich regelmäßig über solche Lerngeschichten mit Kindern austauschen, Eltern viel darüber zu erzählen haben. Im Entwicklungsgespräch können sich Erzieherinnen und Eltern gemeinsam dokumentierte und nicht dokumentierte Lerngeschichten betrachten bzw. sich gegenseitig erzählen und sich darüber austauschen. Das geschieht aber nur dann, wenn das Kind vorher damit einverstanden war: „Darf ich das deiner Mama und deinem Papa erzählen?“ Auf diese Weise wird auch das Kind in das Entwicklungsgespräch einbezogen. Manchmal schreiben auch Eltern, von der Methode angesteckt, Lerngeschichten ihrer Kinder auf. Manche schreiben auch in ähnlicher Form Briefe an das eigene Kind.

Manche Beobachtungsverfahren sind problematisch

Eine Anmerkung zu den Beobachtungsverfahren: Während viele Beobachtungsverfahren in Form von Entwicklungsrastern oder Checklisten eine Momentaufnahme der Fähigkeiten (und vor allem der „Defizite“) des Kindes sind, diese an einem wissenschaftlich konstruierten „Modellkind“ gemessen werden und deshalb dem konkreten Kind vor uns als sich individuell entwickelnde Persönlichkeit nicht gerecht werden, sprechen wir uns für ungerichtete Formen des Beobachtens aus, die möglichst offen die Entwicklungsprozesse des Kindes wahrnehmen. Gerade wenn man nichts Bestimmtes wissen will, sondern sich auf das einlässt, was das Kind einem zeigt und direkt oder indirekt mitteilt, ist man offen für Überraschungen in der Wahrnehmung. Die Erzieherin schreibt einfach fünf bis zehn Minuten ohne Unterbrechung auf, was sie sieht. Die reflektiert sie anschließend und kann es auch zur Erörterung ins Team einbringen. Erörtert wird mittels so genannter Lerndispositionen, das sind die Weisen, in denen sich das Kind mit seinem Lerngegenstand und seiner Umwelt auseinandersetzt. Das Ganze ergibt eine spannende Episode aus dem Alltag des Kindes. Kinder hören im Allgemeinen sehr aufmerksam zu, wenn ihnen solche Beobachtungen vorgelesen werden. *„Ungerichtetes Beobachten sucht nicht nach Übereinstimmungen des individuellen Kindes mit einem ‚Modellkind', sondern nach Besonderheiten individueller Kinder"*, sagt der Bildungsforscher Gerd E. Schäfer.[54]

Viele Einrichtungen sind dazu übergegangen, Lerngeschichten in Entwicklungsordnern, Portfolios[55] oder „Lebensbüchern" zu sammeln, idealerweise unter der „Regie" des Kindes. So entsteht ein Kompendium der Entwicklung des Kindes in seiner Kita-Zeit. Mit solchen Unterlagen erhalten Entwicklungsgespräche eine sehr breite inhaltliche Grundlage. Eltern bekommen viel umfangreicher und anschaulicher mit, was ihre Kinder interessiert und bewegt. Sie entwickeln mehr Verständnis für die Lernwege ihrer Kinder und können stärker als deren Bildungspartner agieren.[56]

In Portfolios werden nicht bloß Materialien aneinandergeheftet. Auch hier ist der Dialog mit Kindern (und ihren Eltern) wichtig. Gemeinsam werden nämlich regelmäßig Lerngeschichten, Kinderprodukte und Anderes gesichtet und gemeinsam legen Kinder und Erzieherinnen fest, was aufbewahrt werden soll, was also für das Größerwerden des einzelnen Kindes besonders wichtig war.

Die großen Vorteile der Arbeit mit Lerngeschichten und Portfolios bestehen darin, dass sie

- nicht bewerten und keine Defizite festhalten, sondern beschreibend wiedergeben, womit sich ein Kind beschäftigt, was es interessiert, wobei es besonders engagiert war, welche Fragen es sich gestellt hat, wie es dabei Schwierigkeiten gemeistert hat,
- individuell auf das einzelne Kind ausgerichtet sind und seine ganz persönlichen Lernwege festhalten, ohne es mit anderen Kindern oder einem Modellkind zu vergleichen,
- im unmittelbaren Dialog entstehen, Kinder und Eltern also unmittelbar an der Dokumentation der (eigenen) Lerngeschichte beteiligt sind.

54 Schäfer 2004, S. 6–15
55 Vgl. dazu: Krok/Lindewald 2007 und Klein 2008
56 Sehr anschaulich beschrieben, z. B. in Ries-Schemainda 2006, S. 30–32

7.4 Tür-und-Angel-Gespräche

In den Kindergarten werden die meisten Kinder täglich gebracht, am häufigsten von ihren Müttern, seltener von Vätern und noch seltener von anderen Familienmitgliedern. Jeden Tag gibt es Berührungspunkte, kurze Kontakte, kleine Gespräche. Bedenken wir, dass dies über Jahre hinweg kontinuierlich passiert, verstehen wir, wie wichtig diese kleinen Begegnungen sind. Da geht es nicht nur um den reinen Informationsaustausch: Wie hat das Kind geschlafen? Was hat es gegessen? Was hat es heute gemacht? In den kurzen Tür-und-Angel-Begegnungen ist noch weit mehr im Spiel:

- Eltern bekommen scheinbar nur einen kleinen Ausschnitt des Kindergartenalltags mit; für sie ist das in der Regel aber mehr. Viele solcher kurzen Einblicke in den Kindergartenalltag fügen sich bald zu einem Gesamtbild zusammen, ob dies stimmig ist und den Alltag wirklich beschreibt oder nicht.
- Eltern erleben die Erzieherinnen – häufig bloß aus dem Augenwinkel –, wie sie mit Kindern umgehen, erhalten einen Eindruck von der Persönlichkeit „ihrer" Erzieherin – und bilden sich schließlich ein Urteil. Ob es der Erzieherin gefällt oder nicht, Eltern sind fast ohne Ausnahme an der Frage interessiert, ob sie eine „gute" Erzieherin für ihr Kind gefunden haben.
- Eltern erleben auch, wie die Erzieherin mit ihnen selbst umgeht, ob sie echtes Interesse an ihnen als Person, an ihnen in ihrer Elternrolle und an ihrer Familie haben oder nicht. In Tür-und-Angel-Begegnungen werden auch die Beziehungen zwischen den Erwachsenen gestaltet. Zu oft geschieht dies noch mehr oder weniger unbewusst und zufällig.
- Eltern erleben schließlich die ganze Einrichtung, die Wirkung der Räume, die „Stimmung" im Haus, erleben Willkommensein und Freundlichkeit oder eben das Gegenteil: Sie erleben Hektik und Unsicherheit oder Gelassenheit und professionelle Ruhe, direkte Ansprache oder einen Wust von Zetteln, der sie von diesem oder jenem „in Kenntnis setzt", aber eigentlich den Kontakt vermeidet.
- Und schließlich „lesen" auch Erzieherinnen alles Mögliche aus diesen kurzen Episoden zwischen Tür und Angel heraus: ihre eigene Bewertung durch die Eltern. Da kommt es auf die Worte an, auf den Blick, die Geste, den Tonfall. Aber sie ziehen auch häufig ebenso schnell wie umgekehrt die Eltern Rückschlüsse darüber, ob sie es mit „guten" oder „schlechten" Eltern zu tun haben. Ob Eltern pünktlich sind ist wichtig, ob sie an alles denken, was ihnen aufgetragen wurde, ob sie sich von ihrem Kind gut trennen können oder ob sie gut sind im Grenzen setzen, wenn sich das Kind nicht anziehen will usw.

Die regelmäßigen kleinen Begegnungen beim Bringen und Abholen der Kinder sind also vielleicht entscheidend dafür, ob es insgesamt gelingt, gut miteinander zu kommunizieren oder nicht. Im Qualitätsmanagement würde man an dieser Stelle von „Kundenpfaden" sprechen. Damit sind Prozesse der Begegnung zwischen Dienstleistern und Kunden gemeint. Qualitätsmanager achten besonders auf die ausdrückliche Gestaltung dieser Momente, wenn es um Kundenzufriedenheit geht. Deshalb sollten sie nicht, wie leider sehr häufig in der Kita-Praxis, nur irgendwie „von selbst" laufen. Wir kennen dennoch nicht sehr viele Teams, die Tür-und-Angel-Situationen wirklich bewusst durchdenken und gestalten. Was wäre also zu tun?

Ansprechbar sein

Wir laden Erzieherinnen zu einem gedanklichen Rollentausch ein:

> *Stellen Sie sich einmal vor, Sie kommen mit Ihrem Kind in Ihre Kindertagesstätte und gleich hinter dem Eingang empfängt sie eine freundliche Erzieherin. Vielleicht gab es zu Hause wieder Stress mit dem Anziehen, vielleicht wollte Ihr Kind zwei verschiedene Socken anziehen oder keine Jacke und Sie haben es gerade mal so geschafft. Die Erzieherin, der Sie begegnen, wartet sozusagen auf Sie und Ihr Kind. Sie empfängt sie freundlich, wünscht Ihnen und besonders auch Ihrem Kind einen guten Morgen, erkundigt sich danach, ob es etwas zu erzählen gibt, erzählt selbst unaufgefordert, was Ihr Kind vielleicht heute alles erwartet, und verabschiedet Sie mit der Frage, was Sie eventuell noch für Sie und Ihr Kind tun kann. Ihr Kind, auf diese Weise begrüßt und empfangen, gibt Ihnen noch einen Kuss und vielleicht will es auch noch einmal auf den Arm genommen werden. Dann aber löst es sich von Ihnen und „verschwindet" in den Weiten Ihrer Kindertagesstätte. Kein lästiges Ausziehen und Anziehen der Hausschuhe, und wenn Sie etwas loswerden wollen, müssen nicht Sie sich an die Erzieherin wenden, sondern umgekehrt, Sie werden gefragt. Ihr Kind erledigt alles andere von selbst oder eine andere Erzieherin hilft ihm dabei. Sie werden nicht begutachtet, wie gut Sie Ihr Kind dazu bringen, die Hausschuhe anzuziehen. Sie müssen auch nicht von sich aus danach suchen, ob vielleicht irgendein Zettel mit einer „wichtigen" Information auf Sie wartet. Und Sie werden auch nicht mehr oder weniger versteckt dazu aufgefordert, Ihr Kind in Ihre Gruppe oder zum Frühstücksplatz zu bringen, wo Sie auf eine „beschäftigte" Erzieherin treffen. Falls zufällig einmal keine Erzieherin gleich am Eingang auf Sie wartet, treffen Sie mit Sicherheit eine irgendwo im Haus, die Ihnen auf dieselbe Art und Weise entgegenkommt.*

Das alles widerfährt Eltern tatsächlich, wenn sie ihr Kind in den katholischen Kindergarten in Wulfertshausen bei Augsburg bringen. Dort gehen Erzieherinnen auf Eltern zu. Dort verstehen sie es als ihre Aufgabe, Eltern und Kinder zu begrüßen und nicht zu warten, bis man auf sie zukommt. Das funktioniert aber nur, wenn Erzieherinnen dies erstens wollen und wenn zweitens die Bring- und Abholzeiten nicht als Zeiten betrachtet werden, in denen das Personal so weit wie möglich ausgedünnt ist. Das Gegenteil kennen wir aus einer anderen Einrichtung: Dort werden – bei einer Öffnungszeit bis 17 Uhr – gegen 16 Uhr die Stühle hochgestellt, die Kinder ins Außengelände komplimentiert und der Gruppenraum abgeschlossen. *„Damit das Abholen zügig vor sich geht und wir pünktlich gehen können"*, lautet die Erklärung der zuständigen Erzieherin.

Bring- und Abholzeiten sind Zeiten des Kontaktes und der Kommunikation. Erzieherinnen müssen deshalb nicht nur anwesend sein. Das aber ist bereits ein wichtiger Punkt. Viele Dienstpläne berücksichtigen nicht die hohe Bedeutung der Tür-und-Angel-Situationen. Außerdem müssen Erzieherinnen auf Eltern zugehen, nicht umgekehrt, sie und ihre Kinder in Empfang nehmen oder verabschieden, sie informieren und um Information bitten und das alles unaufgefordert und von sich aus.

Eltern willkommen heißen

Kleinigkeiten sind es manchmal, die dazu führen, dass Vertrauen entstehen kann, und Kleinigkeiten können es auch sein, dass Vertrauen nicht entsteht. In einer Einrichtung im hessischen Nidda haben wir folgenden Aushang an Eltern entdeckt: *„Bleiben Sie eine Weile bei uns. Beobachten Sie uns und die Kinder bei einer guten Tasse Kaffee oder Tee."* Die Aufforderung hängt über einem runden Tisch im Flur. Neben dem Tisch steht ein Teewagen, von dem aus man sich mit Kaffee, Tee oder Wasser bedienen kann.

Auf unsere Frage hin, wie häufig Eltern dieses Angebot annehmen, erhalten wir die überraschende Information: *„Immer wieder mal, aber eher selten, vielleicht drei- oder viermal die Woche. Manchmal sitzen auch zwei oder sogar drei Mütter gleichzeitig am Tisch. Das kommt aber eher selten vor."* Und auf unsere Nachfragen erklären die Erzieherinnen, dass das nicht so wichtig sei. Sie hätten gar keinen Ehrgeiz darin entwickelt, möglichst viele Eltern zum Verweilen zu bewegen. Worum es ihnen vor allem ginge, ist ein Zeichen, ein Signal des Willkommenseins zu setzen. Natürlich würden sie sich darüber freuen, wenn Eltern das Angebot annähmen, denn es sei immer spannend, von welchen Eindrücken sie (vielleicht) nachher berichteten.

Es muss nicht immer ein Tisch sein, auch nicht immer ein Kaffeeangebot. Aber einmal darüber nachzudenken, wie willkommen geheißen sich Eltern in der eigenen Einrichtung fühlen und wie man ein Signal in diese Richtung geben kann, lohnt sich allemal.

Informationen wirklich austauschen

Häufigster Inhalt der kurzen Kontakte zwischen Tür und Angel ist der Austausch gegenseitiger Information. Wir raten dazu, das prinzipiell soweit wie möglich **mündlich** zu tun. Wir raten von Zetteln, die an Pinnwänden, Gruppentüren und Garderoben hängen, ab. Besonders vor einer Instrumentalisierung der Kinder möchten wir warnen, nämlich Kindern Zettel mitzugeben oder (im Hort) sie sie sogar selbst schreiben zu lassen, um Eltern auf diese Weise anzuhalten, sich damit zu beschäftigen.

Die Zeit, die für solche Maßnahmen aufgewendet wird, könnte wirklich besser genutzt werden. Statt sich immer wieder darüber zu ärgern, dass Eltern die liebevoll angefertigten schriftlichen Informationen nicht lesen, überlesen, wieder vergessen, verlegen oder gar nicht verstehen, wäre es besser, Eltern direkt anzusprechen. Im Kindergarten ist das in der Regel überhaupt kein Problem, da sich Eltern und Erzieherinnen sowieso regelmäßig begegnen. Im Hort oder bei manchen Familien, in denen ältere Geschwister die Kinder bringen oder diese allein kommen und gehen, raten wir zum Telefon, wenn es um wirklich wichtige Informationen geht. Der Zeitaufwand lohnt sich allemal. Nur der direkte Kontakt kann Missverständnisse vermeiden oder klären. Nur im unmittelbaren Kontakt kann nachgefragt werden. Persönliches Bemühen macht Interesse am Anderen am deutlichsten. Wie würden Erzieherinnen reagieren, wenn Eltern ihnen Zettel an die Gruppentür heften würden?

Wichtig scheint es uns auch, dass Erzieherinnen sich vornehmen, Eltern regelmäßig „zwischen Tür und Angel" von sich aus über das zu informieren, was sie wahrgenommen haben, was ihnen aufgefallen ist, und auch, worüber sie sich eventuell Sorgen machen. Kurze, überschaubare Informationen regelmäßig und persönlich übermittelt, ergeben einen Informationsfluss, der Überraschungen auf beiden Seiten erst gar nicht zulässt. Auch kleine Geschichten über das Lernen des Kindes sind hilfreich, um Eltern etwas über die Entwicklung ihres Kindes mitzuteilen. Die Frage, ob es vielleicht etwas von zu Hause zu erzählen gibt, kann Eltern helfen, auch von ihren Erlebnissen und eventuellen Sorgen zu berichten. Schließlich können Eltern in Abständen auch immer mal wieder nach ihrer Zufriedenheit befragt werden: *„Ich wollte Sie mal wieder fragen, wie zufrieden Sie mit unserer Arbeit sind."* Das muss ja nicht jeden Tag mit allen Eltern geschehen. Dafür reicht die Zeit sicher nicht. Erzieherinnen sollten sich aber vornehmen, im Laufe einer Woche die Eltern jedes Kindes einmal persönlich angesprochen zu haben.

Wenn es eng wird – sich der eigenen Gefühle bewusst sein

Nicht immer aber ist Zeit für all das vorhanden: Eine Kollegin ist krank, eine andere auf Fortbildung, und schon wird es eng. Dann ist es schwer, sich gelassen und ruhig auf die Eltern einzulassen, die ihre Kinder bringen oder abholen. Für diesen Fall sollten Teams mit den Eltern gemeinsam Regelungen und Signale überlegen. Wie können Eltern davon auf eine Art und Weise erfahren, dass sie sich darauf einstellen können und sich an diesen

Tagen soweit wie möglich hilfreich verhalten. Dazu sind sie gerne bereit, sofern sie sich darauf verlassen können, dass das kein Dauerzustand ist. Da kann mit grünen und roten Schildern genauso gearbeitet werden (grün = wir haben heute Zeit für Sie; rot = heute können wir uns nur schwer auf Sie einlassen) wie mit anderen Symbolen. Am besten ist es, die Eltern selbst um Rat zu fragen, wie Erzieherinnen an Tagen mit Engpässen reagieren sollten und in welcher Weise sich Eltern unterstützend verhalten könnten.

Weil Tür-und-Angel-Begegnungen notgedrungen kurz sind, werden zuweilen aus kleinen „Mücken" ziemlich schnell große „Elefanten". Ein „schräger Blick", ein „falsches Wort" und schon sitzt man in der Falle. Weil Gefühle stark und die Beziehung zwischen Eltern und Erzieherinnen immer auch konkurrent sind, passiert es schnell, das Gegenüber die eigenen Gefühle auch spüren zu lassen. Selbst, wenn sie sich formal durchaus korrekt verhält, ist nicht selten unterschwellig zu spüren, was die Erzieherin fühlt und drückt sich dann in der ganzen Haltung den Eltern gegenüber aus. Manchmal, wir haben das schon öfter erlebt, weigern sich Erzieherinnen sogar, „mit solchen Eltern weiter zu reden" und lassen sie jedes Mal, wenn sie ihr Kind bringen oder holen, spüren, was sie von ihnen halten. Natürlich wehren sich Eltern umgekehrt auf ihre Weise.

Vor solchen Gefühlen ist man nicht gefeit. Es gilt sie zu beachten und wahrzunehmen. Sind Gefühle im Spiel, wir haben es mehrfach betont, geht es nicht darum, sie zu verdammen, wegzudrücken oder gar dagegen anzukämpfen. Aber sie müssen als die eigenen wahrgenommen und unter Umständen in einer Supervision der Betrachtung zugänglich gemacht werden. Sich selbst und seine Verhaltensweise zu beobachten, ist in jedem Fall sinnvoll, will man nicht Gefahr laufen, Eltern unbewusst versteckte Ablehnung zu signalisieren.

7.5 Vorteilsansprache

Selten ist es bloß Desinteresse oder gar Ignoranz, wenn Eltern den Einladungen zu Kita-Veranstaltungen nicht mit der erhofften Begeisterung folgen. Manchmal liegt es schlicht an der Art und Weise, wie die Einladung formuliert wird. Über die Sprache wird ja mehr als Sachinformation transportiert; auch eine „Beziehungsbotschaft" steckt darin. Wie würden Sie beispielsweise diese Einladung zu einem Elternabend aufnehmen:

Einladung!

Am 16.9. findet von 20.00–21.30 Uhr unser Informationsabend für die Eltern der neu aufgenommenen Kinder statt. Als Tagesordnung ist vorgesehen:

- Begrüßung
- Mitteilungen des Teams an die neuen Eltern
- Fragen der Eltern
- Verschiedenes

Um zahlreiches Erscheinen wird gebeten.
Ihr Kita-Team

Ist das nicht ein roter Teppich, der Ihnen hier ausgerollt wird? Wären Sie als Mutter oder Vater eines neu in den Kindergarten aufgenommenen Kindes nicht ganz wild darauf, diesen Elternabend besuchen zu dürfen? Im Ernst: Wir halten diese Einladung eher für ziemlich abschreckend.

Häufig sind Erzieherinnen unzufrieden über den geringen Besuch der Elternabende, die sie doch mit viel Einsatz von Zeit und „Gehirnschmalz" geplant und einberufen haben. Wieder ist nur ein Bruchteil der Eltern erschienen, die sie erwartet haben. Dabei müsste es doch in deren ureigenem Interesse liegen, zu Veranstaltungen zu erscheinen, die sie unmittelbar angehen! Wie nur kann man Eltern motivieren, Einladungen in den Kindergarten zu folgen?

„Was Sie schon immer über Sex wissen wollten, aber nie zu fragen wagten" heißt ein älterer Film von Woody Allen, der in sehr amüsanter, nach heutigem Geschmack schon fast alberner, jedenfalls nicht belehrender Weise mit dem Bedürfnis des Publikums nach Enttabuisierung sexueller Themen spielt. Wir sind sicher: Dieser Film war nicht nur seines spielerisch-ironischen Inhalts wegen erfolgreich, sondern schon allein wegen seines Titels, der mit unnachahmlicher Treffsicherheit ein Bedürfnis des potenziellen Kinobesuchers aus dessen Sicht auf den Punkt brachte.

Diese Kunst nennt man Vorteilsansprache. Der Leser einer Einladung (und der erwähnte Filmtitel ist auch eine Einladung) muss in seiner Sicht der Dinge angesprochen werden. Er muss, wie eine gern zitierte Redewendung gerade im sozialpädagogischen Bereich immer wieder appelliert, „da abgeholt werden, wo er steht." Was könnte also der Vorteil für Eltern sein, wenn sie zu einem Eltern-Kind-Nachmittag eingeladen werden? Sie könnten

- die Arbeitsweise der Erzieherinnen und die Abläufe in der Gruppe kennen lernen,
- mit ihrem Kind gemeinsam etwas tun,
- praktische Tipps zum Basteln, Spielen, Kochen... erhalten,
- mit anderen Eltern in Kontakt kommen.

Entsprechend müsste die Einladung aussehen:

> Liebe Eltern,
> vielleicht möchten Sie unsere Arbeit in der Gruppe genauer kennen lernen, mit Ihrem Kind gemeinsam basteln oder spielen und dabei noch Tipps für zuhause mitnehmen, oder einfach mit anderen Eltern ein Schwätzchen halten? Dann sind Sie zu unserem Eltern-Kind-Nachmittag am
> **5. Oktober um 14.30 Uhr in der Bärengruppe**
> herzlich willkommen.
> Ihre Bären-Erzieherinnen

Vorteilsansprache ist keine Manipulation

Die Botschaft, die dem Eingeladenen vermittelt, worin sein Vorteil besteht, wenn er an der Veranstaltung teilnimmt, was er also selbst davon haben könnte, ist hier anders als in der Werbung gemeint. Während diese oft an unbewusste Bedürfnisse appelliert oder überhaupt erst Bedürfnisse weckt, die Zielgruppe also als Objekt kommerzieller Interessen sieht, dient die Vorteilsansprache der Begegnung und dem Austausch von Interessen der Beteiligten in einem für beide Seiten persönlich sinnvollen und entwicklungsförderlichen Sinn. Sie zielt also auf einen Dialog von mündigen Menschen.

Was könnten Eltern davon haben, mit Erzieherinnen ein Gespräch über ihr Kind zu führen? Üblicherweise steigt der elterliche Puls sofort steil an, wenn das eigene Kind Thema im Gespräch mit (professionellen!) Pädagogen wird. Da steht die ganze eigene Erziehungspraxis auf dem Prüfstand. Auch ohne negativen Anlass sind solche individuellen Entwicklungsgespräche für Eltern aufregend. Die Frage, wie es ihrem Kind „in der Fremde" geht und was sie selbst zu seiner Entwicklung beitragen, ist emotional stark aufgeladen. Das kann man zusätzlich schüren, wenn es z.B. heißt: *„Wir sollten wieder einmal über die Entwicklung Ihres Kindes sprechen..."* Mit der Motivationsbrille der Eltern betrachtet, könnte man aber auch sagen: *„Sie fragen sich sicher, wie es Ihrem Kind im letzten halben Jahr bei uns ergangen ist, wie es in seiner neuen Gruppe zurechtkommt, welche Freunde es gefunden und welche Entwicklungsschritte es gemacht hat. Darüber können wir Auskunft geben. Gerne möchten wir aber auch Ihre Sichtweise zur Entwicklung Ihres Kindes kennen lernen..."*

Absicht und Ziel transparent machen

Einer Einladung, die nur das Thema der Einladenden verkündet, ohne dass der Gewinn für den Eingeladenen ersichtlich wird, ist schwer zu folgen. Man muss herausfinden, was sich der Einladende gedacht haben könnte, ob es einen Grund gibt, dessen Interessen zu teilen, man muss seine eigenen Interessen auf „Passung" überprüfen, seinen eigenen

Gewinn bei der Sache einschätzen, ggf. seinen Unmut über die wenig überzeugende Einladung hinunterschlucken und sich entscheiden, ob man dieser vielleicht nur folgen will, weil man dem Einladenden einen Gefallen tun möchte.

Natürlich ist es legitim, das eigene Interesse an der Einladung zu verdeutlichen. Niemand wird glauben, dass Erzieherinnen ganz uneigennützig handeln. Es ist sogar im Interesse einer produktiven Zusammenarbeit wichtig, die eigene Zielsetzung transparent zu machen. Häufig wird diese aber nur „zwischen den Zeilen" vermittelt, in dem Glauben, der Leser verstünde schon, worum es den Veranstaltern geht. Selbst, wenn dies der Fall sein sollte, so wird ihm aber doch indirekt vermittelt, dass er aus irgendwelchen Gründen nicht transparent informiert werden kann. Das Misstrauen gegenüber verschleierndcr Sprache ist bei der heutigen Flut an Werbung und verbreitet manipulierender politischer Rede ziemlich groß.

Da ist es besser, offen mit den eigenen Interessen und Zielen umzugehen und eine Verbindung zu denen der Zielgruppe herzustellen. Beteiligung und Mitwirkung der Adressaten werden es den Erzieherinnen danken. Und dass niemals alle kommen, die sie gerne auf ihren Veranstaltungen gesehen hätten, ist erstens normal und zweitens keine Kritik an ihrer Person.

Atmosphäre des Anlasses widerspiegeln

Eine Kita hat vor, ihr Außengelände neu zu gestalten. Die Erzieherinnen ahnten schon, dass so etwas ins Geld geht, aber der Kostenvoranschlag des Landschaftsgärtners haut sie schier um. Soll es etwas werden mit den neuen Pflanzen, dem Matschplatz, dem Hügel und der Versteckecke, kommen sie um Eigenleistung nicht herum. Da geraten schnell die Eltern als willkommene Mitarbeiter ins Visier. Was liegt näher als samstägliche Grab- und Pflanzaktionen mit Elternbeteiligung? Sollten die Erzieherinnen den Eltern dann einfach Handlangeraufgaben zuweisen, werden sie an Quantität und Qualität dieser Mitwirkung keine große Freude haben. Was aber kann in diesem Falle der Vorteil für Eltern sein, sich am Wochenende körperlich für ihren Kindergarten ins Zeug zu legen?

> Wir bieten Arbeit!
> Wenn Sie wie wir den trostlosen Anblick unseres Außengeländes nicht mehr ertragen können,
> wenn Sie Ihren Kindern neue, spannende Bewegungs- und Naturerfahrungen ermöglichen wollen,
> wenn Sie mit uns zusammen unserer Einrichtung ein Lifting und damit ein frischeres Image im Stadtteil verpassen wollen,
> wenn Sie schon immer mal an frischer Luft körperlich tätig werden wollten
> und sich auf eine leckere Stärkung aus der Gulaschkanone freuen,
> dann haben wir ein lohnendes Betätigungsfeld für Sie...

Sollte aus dieser Einladung ein ironischer Unterton herauszuhören sein, ist der durchaus beabsichtigt. Denn dass die Eltern tatsächlich als „Handlanger" gebraucht werden, ist offensichtlich, aber sie werden auch als Mitgestalter einer anregungsreichen Umgebung für ihre Kinder ernst genommen. Und die Erzieherinnen selbst kündigen ja auch ihre Mitarbeit an. Ähnliches gilt für alle Mitwirkungsaufrufe wie Spendenaktionen usw.

Ein paar Formulierungstipps:

- Die Adressaten direkt ansprechen: *„Damit Sie sich bei uns zurechtfinden …"*
- Adressaten nicht passiv ansprechen, sondern aktiv sein lassen, statt: *„Das haben wir Ihnen zu bieten …", „Das können Sie von uns erwarten …"*
- Jede Formulierung aus der Sicht der Adressaten: *„Die Ideen Ihres Kindes bestimmen unseren Alltag."*
- Statt: *„Wir über uns …",* würde es in der Vorteilsansprache heißen: *„Damit Sie sich bei uns zurechtfinden."*
- Statt: *„Kommen Sie bitte am … um … zu …",* würde es in der Vorteilsansprache heißen: *„Wenn Sie am … um … an … teilnehmen wollen, sind Sie herzlich willkommen."*
- Statt: *„Wir sollten mal wieder über die Entwicklung Ihres Kindes sprechen …",* würde es in der Vorteilsansprache heißen: *„Sie fragen sich sicher, wie es Ihrem Kind bei uns geht. Darüber können wir Ihnen Auskunft geben. Gerne möchten wir auch Ihre Sichtweise zur Entwicklung Ihres Kindes kennen lernen …"*
- Statt: *„Das haben wir zu bieten …",* würde es in der Vorteilsansprache heißen: *„Das können Sie von uns erwarten …"*
- Keine Appelle und Erwartungen, auch nicht versteckt: *„Wir würden uns sehr freuen, wenn sie alle kommen würden …"* Besser: *„Wir freuen uns auf Sie."* Oder: *„Sie sind herzlich willkommen."* Immer signalisieren, dass die Entscheidung allein bei den Adressaten liegt: *„Wenn Sie Lust haben …", „Vielleicht haben Sie Interesse …"*

7.6 Familien mit Migrationshintergrund

Viele Kindertageseinrichtungen werden von einer großen Zahl von Kindern und Familien mit Migrationshintergrund besucht, je nach Region und Stadtteil sogar weit überwiegend bis ausschließlich. Oft gibt es eine vorherrschende Nationalität in der Elternschaft, die dann das Klima in der Einrichtung wesentlich bestimmt, häufig findet sich aber auch ein Spektrum unterschiedlichster Herkunftsländer. Daraus ergeben sich Fragen zum Umgang mit unterschiedlichen kulturellen und religiösen Hintergründen. Die Kitas sind auch regelmäßig mit Fragen der Sprachförderung befasst.
Um keinen Verdacht von Stigmatisierung aufkommen zu lassen: Uns ist selbstverständlich bewusst, dass nicht alle Kinder und Eltern mit Migrationshintergrund Schwierigkeiten mit der deutschen Sprache haben und ebenso wissen wir, dass nicht alle deutschen solche **nicht** haben. Gleichwohl wird uns in unseren Seminaren und Teamberatungen immer wieder die Frage gestellt, wie sich mit Eltern zusammenarbeiten lässt, wenn es schon an der sprachlichen Verständigung hapert. Überlagert ist dies nicht selten noch mit unterschiedlichen, zumindest unklaren kulturellen und religiösen Wertvorstellungen, die bei eingeschränkten sprachlichen Verständigungsmöglichkeiten auch nur unzureichend kommuniziert werden können.

Eine uns sehr wichtige Erkenntnis sei angemerkt: Es gibt nicht **die** Kultur, **die** Religion, **die** Sprache, aus der eine Familie stammt, sondern viele verschiedene Kulturen, Religionen und Sprachen (im Übrigen auch bei deutschen Familien!), so dass man den Familien nur gerecht wird, wenn man sie individuell betrachtet. Tatsächlich gibt es ja ein riesiges Spektrum an kulturellen Kennzeichen, Traditionen, Werten und Bräuchen, und diese sind auch innerhalb einer von außen so genannten Kultur sehr unterschiedlich gewichtet und ausgeprägt.

Damit wollen wir die mitunter großen kulturellen Unterschiede keineswegs verleugnen, können aber vermeiden, dass Familien ungerechtfertigt in vorurteilsbehaftete „Schubladen" gesteckt werden. Es passiert aber schnell, dass Fachkräfte unsicher sind und deshalb mehr verstehen wollen über Werte, Gewohnheiten, Familientraditionen, Erziehungsvorstellungen anderer Kulturen. Sie neigen dann aber auch leicht zu unzulässigen Verallgemeinerungen: „die Türken", „die Russen" usw. Statt die betroffenen Familien selbst danach zu fragen, wenden sie sich lieber an Fachkräfte, in der Hoffnung es würde eine „kulturell eindeutige" Erklärung für dies oder das geben.

In der interkulturellen Arbeit sind alle Beteiligten Lernende. Das heißt, dass sie immer nur über begrenztes Wissen voneinander verfügen und die Zusammenarbeit immer ein Annäherungsprozess ist. Beide Seiten müssen herausfinden, was jeweils an Normen und Werten, Möglichkeiten und Grenzen gilt. Unterschiedliche kulturelle Standards – was man für richtig und falsch, akzeptabel und „unmöglich" hält – sind verinnerlicht und nicht ohne Weiteres bewusst. Der Umgang etwa mit Zeit und Pünktlichkeit, Hierarchien, der Geschlechter, Bildungsvorstellungen usw. ist beiden Seiten auf jeweils ihre Art selbstverständlich und bestimmt in hohem Maße die Nähe und Distanz der Begegnung. Diese Punkte bergen Anlässe für Irritation und Konfliktstoff in Hinsicht auf:[57]

- die Verlässlichkeit beim Bringen und Abholen der Kinder,
- die Einschätzung der Aufsichtspflicht,
- die Vorstellungen von Erziehungsaufgaben und Erziehungsstilen (z. B. Selbstständigkeits- oder Geschlechtsrollenerziehung) von Familie und Kita,
- Erwartungen von Eltern an die Kita, ihren Kindern in kurzer Zeit Deutsch „beizubringen",
- die Einhaltung religiöser Vorschriften (Essen, Schamgrenzen, Feste).

Hier ist Interesse an und Respekt vor solchen Standards eine wichtige Grundregel. Eine Grundhaltung der Achtung und Akzeptanz des Andersseins ist für uns selbstverständliche Voraussetzung für die Zusammenarbeit mit Eltern mit Migrationshintergrund.

Lernen über Erleben

Mit solchen selbst gestalteten Familienplakaten stellen sich neue Familien in der Kita vor

Wie nun mit Familien mit Migrationshintergrund konkret arbeiten? Die Kita muss sich als offen für alle Familien des Einzugsbereichs sehen, als Ort der Begegnung. Sie muss offensive Kontaktaufnahme betreiben, sich von sich aus aktiv um Verständigung bemühen. Dabei muss auf die Wahrung von Nähe und Distanz, genauer auf die gleiche Nähe und Distanz zu unterschiedlichen Eltern geachtet werden. Eine größere Distanz zu Familien mit Migrationshintergrund als zu deutschen – z. B. aus der Unsicherheit, etwas aus Unkenntnis von deren Gepflogenheiten falsch zu machen – wird leicht als Zurückweisung oder gar Bestätigung von unterstellter Ausländerfeindlichkeit verstanden. Hilfreich sind natürlich Teammitglieder nichtdeutscher

57 Vgl. Gaitanides 2007, S. 26 ff.

Herkunft und/oder Mitarbeiterinnen mit geeigneten Fremdsprachenkenntnissen, und hilfreich sind auch Kenntnisse des ganzen Teams über die Kulturen und Religionen, die in ihren Einrichtungen repräsentiert sind.

Eltern mit Migrationshintergrund haben oft hohe Erwartungen dahingehend, dass ihre Kinder in deutschen Bildungseinrichtungen gut mitkommen und hohe Abschlüsse erreichen. Der Kindergarten selbst wird von vielen als Schule angesehen und Erzieherinnen als Lehrerinnen. Erzieherinnen müssen daher diese Eltern über unser Bildungswesen und die Arbeitsweise der Institutionen informieren und sie – sofern sie es nicht schon sind – von der Wichtigkeit des guten Erwerbs ihrer Kinder sowohl ihrer Muttersprache wie der deutschen Sprache überzeugen.

Es bleibt ein Faktum, dass der Mangel an gemeinsamen Sprachkenntnissen eine Barriere in der Zusammenarbeit darstellt. Gleichwohl gibt es Möglichkeiten, diese ein Stückweit zu überwinden bzw. auf nichtsprachliche Wege auszuweichen. In der Praxis wurden viele kreative Formen gefunden, mit Eltern zusammenzuarbeiten, auch wenn es sprachlich schwierig ist. Am wichtigsten erscheint es uns, überhaupt in einen positiven Kontakt zu Eltern zu kommen und ein Vertrauensverhältnis zu ihnen aufzubauen. Auch, wenn die sprachliche Verständigung eingeschränkt ist, lassen sich ja Freundlichkeit, Zugewandtheit und Interesse signalisieren. Manches lässt sich mit Gestik und Mimik oder anhand von Bildern zeigen. Man spricht ja zu Recht vom Reden „mit Händen und Füßen". Jedenfalls sollte zunächst immer die Regel gelten: Mündlich vor schriftlich.

Wenn das nicht ausreicht, kann man Elterngespräche mithilfe von zweisprachigen Fachkräften, zweisprachigen Familienangehörigen oder im Notfall auch von Dolmetschern führen sowie Elternbriefe und Aushänge übersetzen lassen. Darüber hinaus können Eltern aber auch auf Programme wie „HIPPY", „Opstapje" oder „Rucksack"[58] hingewiesen werden, bei denen es sich um aufsuchende Formen der Sprachförderung von Eltern und Kind handelt. Eltern können motiviert werden, selbst (besser) Deutsch zu lernen. Dazu können sie über entsprechende Kurse (Volkshochschule) informiert oder solche auch in der Kita organisiert werden („Mama lernt Deutsch").

An dieser Stelle sei aber die folgende kritische Bemerkung erlaubt: Die interkulturelle Arbeit hat sich in den letzten Jahren fast auf die Hervorhebung des Sprach- bzw. Deutscherwerbs reduziert. Das behindert sehr den positiven Blick auf die Familien mit Migrationshintergrund und erschwert eine ressourcenorientierte Haltung. Was diese Familien bringen, nämlich eine zusätzliche Sprache, zählt nicht. Die Chance, dass Kinder von Anfang an zweisprachig aufwachsen könnten, erhält selten die positive Bedeutung,

58 Vgl. Textor: www.kindergartenpaedagogik.de/1438.html und Gaitanides 2007, S. 207 ff.

die sie verdient. Der Defizitblick ist vielmehr vorherrschend. So sollen z. B. bundesweit alle Kinder mit vier Jahren mit dem Ziel einer *„Angleichung der Sprachniveaus von Kindern mit und ohne Migrationshintergrund“*[59] getestet werden. Gerade beim Spracherwerb ist das Wissen und die individuelle Betrachtung der jeweiligen Familie sehr wichtig: Wie sind die Sprachgewohnheiten zu Hause? Wer spricht mit wem in welcher Sprache? Welche ist die starke Sprache? In welcher Sprache bestehen Kontakte nach außen? Was ist der Familie wichtig? Was gelingt gut und was eher schwierig beim Spracherwerb der Kinder? Pauschale Vorschläge („sprechen Sie mit Ihrem Kind möglichst auch zu Hause Deutsch“) machen dabei keinen Sinn. Sie irritieren mehr als sie unterstützen.

Auch „kleine“ Anlässe und „tastende Versuche“ können zur Kontaktaufnahme und Information von Eltern beitragen:[60]

- Veranstaltungen in der Gruppe, wie etwa Basteln, Singen, Spielen oder Exkursionen und Waldtage für Eltern und Kinder;
- bei Reimen und Fingerspielen Eltern einbeziehen;
- Elterntreffen, in denen mit den Eltern genau dasselbe getan wird, was am selben Tag/in derselben Woche die Kinder getan haben; das ergibt Verbalisierungsmöglichkeiten und Gesprächsanlässe zwischen den Eltern und ihren Kindern mit besonderem Bedeutungsgehalt;
- Eltern persönlich zu Hause zum Aufnahmegespräch oder Kennenlern-Nachmittag einladen;
- Einsatz von Fotos, Piktogrammen, Video, z. B. um den Tages- und Wochenablauf der Einrichtung zu illustrieren;
- Hospitationen von Eltern in der Gruppe;
- Besuche von Erzieherinnen in der Familie;
- zwei- und mehrsprachige Bilderbücher einsetzen;[61]
- Eltern sprechen Bilderbücher auf Kassette;
- Eltern stellen Spiele, Lieder und (Kinder-)Literatur ihrer Kindheit/Heimat vor;
- Eltern werden zu einem Elternabend oder Gesprächskreis nur für Migranten und Migrantinnen eingeladen.

---

59 Presseerklärung der Bundesregierung mit dem Titel: „Bundesregierung will Integrationserfolge wissenschaftlich messen“, 4. Juni 2008. Wörtlich genommen könnte das Zitat auch als Aufforderung interpretiert werden, auch deutschen Kindern die Chance zur Zweisprachigkeit zu öffnen.

60 Wir stützen uns im Wesentlichen auf die sehr praktischen Erfahrungen und Ideen von Kappel 2006, Dähn 2005, Kuyumcu 2006 sowie die von Textor a.a.O. berichteten.

61 Eine umfangreiche Auflistung zwei- und mehrsprachiger Bilderbücher findet sich in: TPS Heft 8/2005, S. 49–53 sowie eine Besprechung aktueller Bücher in TPS Heft 8/2008, S. 42–43.

links:
pädagogische Begriffe in allen Sprachen, die in der Kita vertreten sind

rechts:
Ausstellung mehrsprachiger Bilderbücher

„Wie lernt Ihr Kind Deutsch?"

Eltern mit Migrationshintergrund haben ein besonderes Interesse daran, dass ihre Kinder die deutsche Sprache lernen. Sie wissen um den Zusammenhang, dass ihren Kindern ohne die Beherrschung der deutschen Sprache viele Bildungsmöglichkeiten in Deutschland verschlossen bleiben. Sie fragen deshalb oft schon bei der Aufnahme:

- Wird mein Kind die deutsche Sprache schnell lernen?
- Soll ich meinem Kind verbieten, in der Muttersprache zu sprechen?
- Wird mein Kind später Schwierigkeiten in der Schule haben?

An zwei Beispielen möchten wir verdeutlichen, wie die Zusammenarbeit in diesem für Eltern mit Migrationshintergrund besonders wichtigen Aspekt gelingen kann. Beide Beispiele stammen aus Kiel. Fünf Kieler Kindertagesstätten haben sich 2002 zusammengeschlossen und einen zweisprachigen Elternabend direkt zum Thema „Wie lernt Ihr Kind Deutsch?" angeboten[62]. Allein die Resonanz – zu diesem Elternabend kamen außergewöhnlich viele Eltern und zum großen Teil zudem zu zweit – wirft ein Licht auf die Relevanz dieses Themas. Der Elternabend war in zwei Teile gegliedert:

Im ersten Teil stellten die Kindertagesstätten vor, in welcher Weise sie dazu beitragen, dass die Kinder die deutsche Sprache lernen können. Sie stellten Angebote vor und spielten Situationen aus dem Alltag nach, in denen für Kinder wichtige Worte benutzt werden.

„Zur Darstellung hatten sich alle Mitarbeiterinnen verschiedene Formen überlegt:

- *Plakate wurden gemalt.*
- *Angebote wie Spiele und Lieder wurden aufgelistet.*
- *Konkrete Situationen von Kindern wurden fotografiert.*
- *Mit den Eltern wurde ein Rollenspiel gespielt, damit sie sich in die Situation ihrer Kinder hineinversetzen konnten."* [63]

[62] Vgl. Scheffler/Böhm 2002
[63] Ebd., S. 157

Noch interessanter finden wir das, was die Erzieherinnen sich für den zweiten Teil des Elternabends überlegt haben. Hier sollte sich das Gespräch um die Frage drehen, was Eltern zu Hause tun können, um ihre Kinder beim Deutsch-Lernen zu unterstützen. Hierzu hatten sich die Erzieherinnen im Vorfeld Gedanken gemacht und den Eltern die nachfolgenden Ideen – zweisprachig Türkisch-Deutsch – vorgetragen. Die Eltern konnten in Kleingruppen darüber nachdenken und ihre Gedanken mithilfe der anwesenden Dolmetscherin im Plenum formulieren. Als Resultat entstand ein Elternbrief, der auf Deutsch und Türkisch bei dem Jugendamt der Stadt Kiel angefordert werden kann. Die Thesen daraus lauten:

- *„Eltern sind geduldig, lassen ihren Kindern Zeit...*
- *Eltern hören ihren Kindern zu, beantworten ihre Fragen und ermuntern sie zum Widersprechen...*
- *Gute Kenntnisse in der ersten Sprache sind wichtig, Eltern verbieten nicht die eigene Sprache...*
- *Eltern schaffen Möglichkeiten, in denen Kinder die deutsche Sprache anwenden... (z. B. in der Schwimmhalle, Bücherei, Sportverein, Spielplatz usw.)...*
- *Eltern sind Vorbilder ihrer Kinder (und lernen selbst Deutsch, LK/HV)...*
- *Zu Hause gibt es deutschsprachige Bilderbücher, Geschichten, Kassetten. Das Fernsehen alleine reicht nicht aus..."*[64]

Im zweiten Beispiel werden weitere Möglichkeiten geschildert, das Sprachenproblem gemeinsam mit „Migranteneltern" anzugehen. In einem Modellprojekt wurde in Kiel zwischen 2002 und 2004 erprobt, wie Kindern türkischer Familien Zugang zur deutschen Schrift- und verbalen Sprache ermöglicht werden kann.[65] Dabei wurde vor allem auf zwei Dinge geachtet:

- Kinder sollten auch im Gebrauch ihrer Erstsprache gestärkt werden.
- Das gesamte Projekt zielt auch darauf, dass die Kompetenzen der Eltern in das Projekt einfließen können.

Gespräche und Befragungen über die Lesegewohnheiten in den betroffenen türkischen Familien förderten – zumindest für deutsche Erzieherinnen – zum Teil Überraschendes zutage: In manchen Familien existiert zwar eine sehr facettenreiche Erzähl-, aber keine Schreib- oder Vorlesetradition. Außerdem fehlt es *„vielfach an Erfahrungen und an Materialien, etwa an zweisprachigen Bilderbüchern, Märchen und Hörgeschichten."*[66] Bereits in diesen Gesprächen wurde deutlich, dass Eltern mit Migrationshintergrund über für deutsche Erzieherinnen sehr wichtige Informationen verfügen. Sie sind also in diesem Sinne als Experten zu betrachten.

64 Scheffler/Böhm 2002, S. 157 f.
65 Vgl. Kuyumcu/Kuyumcu 2004
66 Ebd., S. 24

Des Weiteren besitzen sie Kompetenzen und Ressourcen, die gut für eine gemeinsame Unterstützung der Kinder genutzt werden können. In der Realität des Kindergartenalltags werden diese Unterstützungsmöglichkeiten kaum genutzt. *„‚Weil ich nicht so gut Deutsch kann, halten die Erzieherinnen mich für dumm', sagte eine Mutter in einem Gespräch. Wenn Migranteneltern aber zu wenig zugetraut wird, kann das dazu führen, dass sie ihr Interesse am Geschehen im Kindergarten verlieren."*[67] Deshalb entwickelten die Erzieherinnen im Rahmen dieses Projekts eine ganze Palette von Ideen, mit deren Hilfe die Eltern aktiv beteiligt werden können:

- Eltern konnten sich je nach Vorliebe in „Mitmachpläne" eintragen. Sie regelten, wann Eltern an sprachfördernden Angeboten (Fingerspiele etc.) teilnehmen konnten, um sie für den Einsatz zu Hause erlernen zu können.
- Die Erzieherinnen trugen zweisprachige Bilderbücher zusammen und stellten sie den Familien zu Verfügung.
- In der Adventszeit bekamen die Kinder statt der üblichen Adventsgeschenke *„jeden Tag ein Märchen in seiner Erstsprache geschenkt. Diese Märchen wurden dann in der Morgenrunde von den Eltern vorgelesen."*[68]
- Um die in vielen türkischen Familien vorhandenen reichhaltigen Erzähl-Traditionen für die Kinder nutzbar zu machen, wurden die Eltern gebeten, Geschichten auf Tonkassetten zu erzählen. Daraus wurden richtige Hörbücher. Jede Geschichte wurde von einer Dolmetscherin auch ins Deutsche übertragen. Diese Hörbücher waren bei den Kindern natürlich besonders beliebt, weil sie ihre eigenen Eltern als Erzähler hörten. Sogar eine Lesepaten-Fortbildung für Eltern wurde organisiert.
- Es wurden spezielle Elternabende – immer zweisprachig – mit Fachleuten zum Spracherwerb organisiert.
- Eine kleine mehrsprachige Elternbibliothek wurde – zum Teil in der Verantwortung der Eltern selbst und in Kooperation mit der Stadtbibliothek – aufgebaut. Eltern übernahmen schon bald selbst die Ausleihe.

Sicher gibt es viele weitere gute Ansätze, die zeigen, dass sprachliche und kulturelle Barrieren überwunden werden können, wenn es Erzieherinnen wirklich wollen.

---

[67] Ebd.
[68] Ebd., S. 26

8. Konflikte und schwierige Situationen

8.1 Konflikte gehören dazu!

Wir sind überzeugt davon, dass sich mit den bisher beschriebenen Grundhaltungen und den angeführten Arbeitsweisen und Instrumenten die Zusammenarbeit mit Eltern in aller Regel konstruktiv und sicher oftmals bereichernd für beide Seiten gestalten lässt. Eine gute Zusammenarbeit ist damit der Normalfall. Auch wenn sie nicht in jedem Fall besonders befriedigend oder von persönlicher Sympathie getragen sein muss, so gehen wir doch davon aus, dass die Zusammenarbeit eine „erwachsene" Verständigung unter den Beteiligten möglich macht.

Trotz eines wertschätzenden Umgangs mit Eltern, trotz systemischer Sichtweise auf die ganze Familie, trotz immer wieder erfolgter Gesprächsangebote und weiterer Unterstützung und bei allem Verständnis für die Beweggründe von Eltern: Konflikte sind nicht ganz zu vermeiden! Wir haben es trotz allem mit einer schwierigen, weil konkurrenten, Beziehung zu tun. Eltern geht es um ihre Familie und ihre Kinder, Erzieherinnen um professionelle Anerkennung. Außerdem sind vielfältige Gefühle, Übertragungen und Projektionen im Spiel, wenn Eltern und Erzieherinnen aufeinandertreffen. Und immer wieder hören wir davon, dass Eltern heute häufig fordernder auftreten als noch vor wenigen Jahren.

Die Gründe dafür mögen vielfältig sein. Da ist zum einen die zunehmende Pluralisierung, Individualisierung, Liberalisierung und Privatisierung unserer Gesellschaft. Mehr denn je kommt es heute darauf an, sich selbst um seine Angelegenheiten zu kümmern. Die individuellen Spielräume – natürlich abhängig von den wirtschaftlichen – vergrößern sich, gleichzeitig erhöht sich damit aber auch die Notwendigkeit, selbst die Verantwortung dafür zu übernehmen. Gleichzeitig vergrößern sich Unsicherheiten und Versorgungslücken. Das ist besonders deutlich spürbar in den neuen Bundesländern. Wo noch vor der Wende jedes Kind ein Anrecht auf einen Betreuungsplatz hatte, Kindergeld, Ausbildung, Arbeitsplätze, Versicherung und Rente gesichert waren, nimmt seither das Gefühl, alleine gelassen zu werden, drastisch zu. Ähnliche Prozesse sind im Westteil Deutschlands beobachtbar: mehr individuelle Verantwortung auf der einen Seite, mehr finanzielle Belastungen und Nöte auf der anderen.

Zweitens wird die fortschreitende Kommerzialisierung der gesellschaftlichen Verhältnisse und auch verstärktes Kundenverständnis von Eltern dazu beigetragen haben, dass diese ihre Bedürfnisse und Erwartungen heute fordernder artikulieren als noch vor einigen Jahren. Die tägliche Erfahrung, fast alles aus einem übergroßen Angebot auf dem Markt auswählen zu können und wie bei den Telefongebühren oder Versicherungen auch zu müssen, übertragen sie auch auf die Betreuung ihrer Kinder. Auch wenn sie keine Kunden im eigentlichen Sinne sind (weil sie nur zu einem Bruchteil für die Kosten der Kindertagesbetreuung aufkommen), zeigen sie immer deutlicher kundenähnliches Verhalten. Niemand kann ihnen das in einer Zeit, in der fast nichts mehr davor sicher ist, als Werbefläche benutzt zu werden, vorwerfen. Sie verhalten sich einfach zeitgemäß.

Und drittens mag der „PISA-Schock" und die damit einhergehende große Verunsicherung von Eltern bezüglich der Zukunftschancen ihrer Kinder zu erhöhten elterlichen Ansprüchen beigetragen haben. Umgeben von Ratgebern aller Art und ununterbrochen neuen Vergleichsstudien ausgesetzt, fragen sich immer mehr Eltern, ob sie auch genug für die Bildung ihrer Kinder tun. Das beginnt bereits im Schwangerschaftskurs, wo werdende Eltern mit ersten Angeboten über frühkindliche Fördermaßnahmen von Schwimm- über frühe Sprachkurse bis hin zu Programmen wie PPP[69] konfrontiert werden. Auf dem Hintergrund gleichzeitig zunehmender großer Zukunftsängste vieler Familien erscheint es uns nicht verwunderlich, dass Eltern zum Teil vehement bessere Bildungschancen für ihre Kinder auch in der Kita einfordern. Dabei müssen sie sich im Dschungel teilweise sehr widersprüchlicher Bildungsangebote zurechtfinden. Dass Eltern nicht immer dieselben Vorstellungen wie Erzieherinnen darüber haben, was der Kindergarten beitragen soll, liegt auf der Hand.

Interessen managen

Es geht also nicht darum, Eltern ihr forderndes Verhalten vorzuwerfen. Immerhin: Die Zunahme des Konfliktpotenzials zwischen Erzieherinnen und Eltern liegt nicht unbedingt in erster Linie an Ersteren. Das sollte entlasten. Gleichwohl macht es den täglichen Umgang miteinander nicht einfacher und muss jedenfalls gestaltet werden. Von daher müssen Erzieherinnen heute mehr den je auch Konfliktmanagement betreiben. Im Konfliktfall hat die Erzieherin eine schwierige Aufgabe: Sie muss gleich eine ganze Palette unter Umständen sehr verschiedener Interessen managen. Da sind ihre einerseits eigenen Interessen, vor allem das an beruflicher Anerkennung durch die Eltern und der Wunsch nach einer vertrauensvollen Zusammenarbeit. Dann stehen aus ihrer Sicht möglicherweise die Interessen des Kindes denen der Eltern entgegen. Was z.B. soll sie tun, wenn es zum Konflikt darüber kommt, ob ein Kind, das offensichtlich nicht gesund ist, gebracht werden darf oder nicht? Drittens muss sie die Interessen ihres Trägers bzw. ihrer Leitung berücksichtigen, denen viel an wenig Konfliktpotenzial mit Eltern liegt.

Diese Aufgabe ist auch deshalb nicht leicht zu bewältigen, weil Erzieherinnen mit Eltern oft fast schutzlos konfrontiert sind. Schutzlos bedeutet, dass die Räume, in denen sie tätig sind, fast jederzeit öffentlich zugänglich sind. Sie müssen Eltern spontan im Alltag

69 Positive Parenting Programme, ein Elternbildungskonzept

begegnen, mit ihnen kooperieren, können ihnen nicht ausweichen. Erzieherinnen können Eltern nicht etwa wie Ärzte an die Anmeldung oder Rezeption schicken, um Termine zu vereinbaren. Ihnen nimmt keine Vorzimmerdame den ersten Kontakt ab. Sie sind so gut wie jederzeit für Eltern greifbar.

Hinzu kommt, dass die Gefahr, sich persönlich zu verstricken, relativ hoch ist. Es lässt eine Erzieherin kaum „kalt“, wenn sie über das professionelle auch viel persönliches Engagement für das jeweilige Kind aufbringt, um danach vielleicht wegen eines verhältnismäßig kleinen Vorfalls harsche Ablehnung durch seine Eltern zu erfahren. Das „Kapital“ der Erzieherin ist ihre Person. Sie bringt neben überlegten Impulsen und Angeboten, neben der Verrichtung von Versorgungs- und Betreuungstätigkeiten eben auch diese in die Beziehung zu Eltern ein. Dennoch und gerade deshalb: Erzieherinnen kommen nicht umhin, sich Konflikten **professionell** zu stellen.

Wiederum: Rollenklarheit gewinnen

Über Rollendurcheinander und Rollenklarheit haben wir in Kapitel 3.4 schon einiges ausgeführt. Auch und gerade im Konfliktfall gilt, sich als Erzieherin klar zu werden, dass man wieder auf zwei Stühlen gleichzeitig sitzt: dem **privaten, persönlichen und dem professionellen**. Auf dem ersten Stuhl sitzt sie als betroffene und unter Umständen auch angegriffene Person. In dieser Rolle darf sie sich ärgern. Sie darf ihre Gefühle nicht nur wahrnehmen, sie darf ihnen auch nachgehen und innerlich ihr Gegenüber auch beschimpfen, wenn sie sich damit vielleicht Luft verschaffen kann. Gefühle sind immer richtig und sie als Person insgesamt auch! Bestimmte Eltern nicht leiden zu können und sie lieber von hinten zu sehen, ist ihr gutes Recht. Erzieherinnen brauchen sich nicht für ihre schlechten Gefühle Eltern gegenüber zu entschuldigen. In ihrem Beruf begegnen sie wahrlich nicht nur angenehmen Menschen.

Aber sie müssen wissen, dass es sich dabei um **ihre** Gefühle handelt und dass nicht die Eltern daran schuld sind. Eltern können zwar durchaus solche Gefühle bei ihnen durch irgendein Verhalten auslösen, aber deshalb sind sie noch lange **nicht schuld** daran. Wären sie schuld daran, ließe sich nicht erklären, weshalb eine Kollegin im Zusammentreffen mit denselben Eltern vielleicht ganz entspannt sein kann.

Das muss man folgendermaßen verstehen: Eine Mutter oder ein Vater bringen die Erzieherin in Rage, weil sie zum wiederholten Male die Vermutung äußern, ihr eigenes Kind würde im Gruppenalltag benachteiligt. Sie kontrollieren genau, wer woran teilnimmt und immer wieder formulieren sie ihre Sorgen aufs Neue. Schon lange ärgert sich die Erzieherin über diese Vorhaltungen. Schließlich reißt ihr der Geduldsfaden. Sie, die immer besondere Anstrengungen unternommen hat, dass Gerechtigkeit in der Gruppe herrscht; sie, für die es ganz besonders wichtig ist, dass jedes Kind bekommt, was es braucht; sie, die als Kind selbst leidvoll erlebt hat, wie ihre beste Freundin von der Klassenlehrerin immer wieder „übersehen“ wurde, ohne selbst etwas dagegen tun zu können; sie, die auch aus sozialem Engagement heraus ihre Berufswahl getroffen hat, gerade sie schmerzt dieser Vorwurf besonders! Vielleicht ist es auch einfach nur die Art und Weise, in der die Mutter auf die vermutete Benachteiligung ihres Kindes hinweist, die in der Erzieherin bereits schmerzliche Erinnerungen an Ohnmachts- oder Versagensgefühle aus der Kindheit aktivieren, weil sie so sehr der Art und Weise ähnelt, in der sie damals immer von der eigenen Mutter zurechtgewiesen wurde.

Von der echten Sorge der Mutter spürt die Erzieherin wenig. Zu sehr ist sie mit ihren eigenen Gefühlen beschäftigt. Zu sehr fühlt sie sich gekränkt. Der Perspektivenwechsel gelingt ihr kaum noch. Der Vorwurf der Mutter wird als Angriff erlebt. **Dafür** kann aber die Mutter nichts! Sie hat einfach Pech, dass sie auf eine Erzieherin trifft, bei der ihr Verhalten eine „symmetrische Eskalation“ auslöst, eine Situation, in der die Beteiligten sich verstricken und aus der sie schwer wieder aussteigen können.

Träfe die Mutter auf eine Kollegin, die eine ganz andere Biografie mitbringt, verliefe alles anders. Sie könnte sich viel besser in die Gefühlswelt der Mutter hineinversetzen. Deren immer wiederkehrende Nachfragen nervten sie vielleicht auch ein wenig. Sie spürte aber auch die Nöte der Mutter. Ihr, die als älteste von drei Geschwistern immer auch damit beschäftigt war, die jüngeren zu verteidigen, gelingt es sogar richtig gut, die Mutter zu verstehen und ihr das auch zu zeigen. Ihre Verhaltensweisen unterscheiden sich grundlegend von denen ihrer Kollegin. Sie geht beruhigend auf die Mutter ein, hört ihr lange zu und spiegelt ihr immer wieder, dass sie ihre Sorgen versteht. Wütend wird sie nicht.

Das ist der Mechanismus, von dem hier die Rede ist: Dieselbe Verhaltensweise aktiviert bei Menschen ganz unterschiedliche Gefühle. Welche das sind, hängt von der **eigenen** Biografie ab, nicht von der Verhaltensweise meines Gegenübers! Insofern sind Eltern nicht schuld an den schlechten Gefühlen einer Erzieherin. Dies anzuerkennen hilft dahingehend weiter, als man dann seine Entrüstung nicht mehr ausschließlich auf die Eltern richtet und dadurch wieder den Blick freier für die andere Perspektive bekommt. Auf dem persönlichen Stuhl geht es also um die eigenen Gefühle. Unter Umständen müssen sie in einer Supervision zum Thema gemacht oder in Gesprächen mit Kolleginnen offen angesprochen werden.

Erst, wenn ich mir dieses Unterschieds bewusst werde, gelingt es, auch den zweiten Stuhl zu besetzen. Auf diesem nämlich ist die Erzieherin in einer gänzlich anderen Rolle. Hier muss sie versuchen, die guten Gründe der Mutter zu verstehen. Hier muss sie sich darum bemühen, mit der Mutter gemeinsam eine für Kindertagesstätte **und** Familie tragfähige Lösung zu finden. Hier muss sie zuhören, Interessen und Absichten der Mutter erkunden und die eigenen eine Zeitlang suspendieren. Das ist ihre professionelle Rolle. Wir glauben, dass es wenig hilfreich ist, von Erzieherinnen zu verlangen, im Konfliktfall die professionelle Rolle einzunehmen, ohne ihr gleichzeitig die Möglichkeit zu geben, mithilfe von regelmäßiger Supervision ihre eigenen Beziehungs- und Gefühlsanteile daran zu reflektieren. Deshalb helfen auch reine Kommunikationstrainings nicht immer weiter. Sie versagen in dem Moment, wo der Wechsel von einem auf den anderen Stuhl deshalb nicht gelingt, weil der, auf dem die Erzieherin als Person sitzt, erst gar keine Geltung findet.

Aber wir sind weiterhin der Überzeugung, dass Erzieherinnen trotz aller Supervision immer wieder in Situationen kommen werden, in denen sie sich eben doch von ihren eigenen Gefühlen leiten lassen und der Wechsel auf den professionellen Stuhl nicht so recht gelingen mag. Das passiert jeder! Das lässt sich nicht verhindern; auch das gilt es anzuerkennen. Teams, die offen über die eigenen Anteile in Konfliktsituationen sprechen können, finden für solche Situationen sicher Lösungen: Kolleginnen oder auch die Leiterin können einspringen. Ganz offen, aber vorwurfsfrei als Ich-Botschaft, kann die betroffene Erzieherin den Eltern dann mitteilen, dass es ihr im Augenblick schwer fällt, sich einzulassen, dass sie sich ärgert und dass deshalb Kolleginnen einspringen, damit das Anliegen der Eltern die Würdigung erfahren kann, die ihm gebührt.

Den Konflikt annehmen

Harmonie und Zusammenarbeit sind hohe Güter. Für beides gilt aber unter Umständen, dass sie erst aus überstandenen Konflikten erwachsen, wobei ein Konflikt in unserem Verständnis nicht mit unbedingt heftigen Auseinandersetzungen und Streit einhergehen muss. Unterschiedliche Beurteilungen eines Sachverhalts, Meinungsverschiedenheiten, Widersprüchlichkeiten, Missverständnisse oder atmosphärische Disharmonien müssen nicht dazu führen, dass die Kommunikation abbricht oder nur noch schwer aufrecht zu erhalten ist. Sie können und müssen bearbeitet werden, damit Zusammenarbeit entstehen kann. Als erstes gilt es, sie überhaupt anzunehmen.

Konflikte haben nach wie vor einen negativen Beiklang. Gefühlsmäßig befinden sie sich nahe an der Katastrophe. Eine Krise oder ein Konflikt kann aber außerordentlich produktiv sein, wenn ihm der Unterton des Dramas genommen wird. Konflikte sind etwas Alltägliches. Sie sind nicht nur unvermeidbar, sie sind notwendig, damit sich Beziehungen klären. Konflikte tragen dazu bei, dass Grenzen, Vorlieben, Interessen, Werte oder Meinungen sichtbar werden. Durchstandene Konflikte machen Beziehungen erst tragfähig.

Wir wissen, dass das leichter dahin geschrieben als getan ist, wenn man ihnen nicht entkommen kann. Aber es bleibt einfach wahr: Nur wer Konflikte annehmen kann, kann sie auch bearbeiten. Was heißt annehmen? Annehmen bedeutet nicht, so zu tun, als wäre ein Konflikt nichts Ärgerliches, Nervendes, Kraft Raubendes oder auch an die eigenen Grenzen Führendes. Annehmen bedeutet vielmehr, den Tatsachen ins Auge zu schauen, wie sie sind. Von der buddhistischen Lehre wissen wir, dass es im Konfliktfall notwendig ist, genau zu analysieren, was ich selbst zu seiner Überwindung tun kann. Danach existieren zwei mögliche Bewertungen des Konfliktes – zwei, nicht mehr: Entweder ich kann aus welchen Gründen auch immer im Augenblick nichts ändern oder ich kann etwas zur Entschärfung tun. In beiden Fällen, meint der Dalai Lama, brauche ich mich aber nicht über den Konflikt zu ärgern! Der Bezug auf die Gegenwart als Wirklichkeit ist vielleicht die richtige Übersetzung der buddhistischen Sichtweise, wenn es darum geht, einen Konflikt anzunehmen.

Einen Konflikt anzunehmen, bedeutet also, sich ihm zu stellen, ihm nicht auszuweichen, ihn als Realität zu akzeptieren. Leider stoßen wir im Kindertagesstättenbereich auf ein sehr tief verwurzeltes Harmonie-Bedürfnis. Konflikte lösen bei nicht wenigen Erzieherinnen Leidensdruck aus. Am liebsten wäre ihnen, sie hätten keine. Nicht hilfreiche Strategien, wie das Übergehen, das Aussitzen oder viel zu langes Abwarten, sind weit verbreitet, gepaart mit der Angst vor Versagen. Außerdem treffen wir häufig auf eine „Ein-oder-alles-Haltung". Unterschiede und das Recht darauf anzuerkennen, unter Umständen auch **sichtbar** stehen zu lassen und dennoch in anderen Zusammenhängen zu kooperieren, fällt schwer. Überhaupt gelingt es kaum zu akzeptieren, dass in der Zusammenarbeit mit Eltern Konflikte im weitesten Sinn ganz einfach dazugehören.

Konfliktbearbeitung

Wenn man sich für die Konfliktbearbeitung entschieden hat, sind im Vorfeld die folgenden Schritte sinnvoll:

- **Beziehung klären:**
  - Bestehen Abhängigkeiten?
  - Wer hat welche Macht?
  - Meinen eigenen Gefühlshaushalt ausloten
- **Mir meiner Ziele und Interessen klar werden:**
  - Was sind meine ganz unverzichtbaren Interessen?
  - Was sind für mich Interessen mit geringerer Bedeutung?
  - Was will ich auf jeden Fall vermeiden?
- **Mir eventuell vorhandener unbewusster Ziele und Interessen klar werden:**
  - Was sagen meine Gefühle?
- **Mir der Ziele und Interessen des Konfliktpartners klar werden:**
  - Wo vermute ich Interessens-Überschneidungen?
  - Wo vermute ich Gegensätze bzw. Unterschiede?
  - Eventuelle eigene Versäumnisse klären

Wie kann es gelingen, einen Konflikt anzunehmen?
Ein paar hilfreiche Strategien:

- **Sich an bereits überstandene Konflikte erinnern**

Jede Erzieherin hat in ihrem Leben schon Konflikte durchgestanden. Jede war also in diesem Sinne schon einmal erfolgreich. Da kann es helfen, sich daran zu erinnern, wie das in anderen Situationen funktioniert hat. Vor allem sich an die Gefühle *danach* zu erinnern, ist sinnvoll, an das Gefühl, etwas bereinigt und geklärt zu haben, an das Gefühl der eigenen Sicherheit und Kraft usw.

- **Sich das Schlimmste ausmalen, was passieren könnte („worst case")**

und dabei die Entdeckung zu machen, dass „das Schlimmste" gar nicht so schlimm ist. Damit würde der Konflikt eventuell den Hauch der Katastrophe verlieren.

- **Umdeuten**

Wenn man so will, ist jeder Konflikt eine *willkommene Gelegenheit*, einmal etwas auszuprobieren, was ich mir vielleicht vorgenommen habe. Umdeuten, d.h. die *positive* Seite daran zu entdecken, herauszufinden, was ich dabei lernen könnte, was ich eventuell endlich vom Tisch hätte, ginge ich es an usw.

- **Den Konflikt als Informationsgewinn betrachten**

Im Konflikt wird vieles erst sichtbar, was ansonsten verborgen bleibt. Widerstand ist eine Gelegenheit, die mir ermöglicht, den Konfliktpartner einmal mit anderen Augen zu betrachten. Eltern, die sich offensichtlich über eine Angelegenheit erzürnen, veröffentlichen damit ja auch etwas über sich. Sie zeigen uns, was für sie besonders hohe Bedeutung hat. Wenn es gelingt, dies wahrzunehmen, kann ich darauf eingehen.

- **Am Konfliktpartner etwas Positives entdecken**

Es müsste eigentlich fast immer gelingen, an der anderen Konfliktpartei auch etwas zu entdecken, was mir vielleicht sympathisch erscheint, was mich an ihr interessieren würde, was mir gefällt, wo ich übereinstimmen könnte. Auch diese Strategie reduziert den Konflikt auf das Eigentliche und nimmt ihm die Übersteigerung. Sie lässt den Konfliktpartner als jemanden erscheinen, mit dem ich in einem oder mehreren Punkten nicht übereinstimme. Sie verhindert, dass der Andere zum (persönlichen) Gegner wird.

In der eigentlichen Konfliktbearbeitung ist es hilfreich:

- **Sich selbst in einen guten Zustand zu bringen**
  Sich an etwas erinnern, was mir besondere Freude macht: der Feierabend, eine Verabredung, das gute Essen am Abend, der nächste Urlaub, ein gutes Buch etc.
- **Auch ein Thema zu finden, das nicht so konfliktbeladen ist**
  und einander erlaubt, sich erst einmal zuzuhören: *„Lassen Sie uns vielleicht erst einmal die Punkte abklären, in denen unsere Sichtweisen nicht so weit auseinandergehen."* Das funktioniert nur, wenn die Eskalation nicht schon zu weit vorangeschritten ist. Dann gilt: Störungen haben Vorrang!
- **Die Welt des Anderen wahrzunehmen (Perspektivenwechsel)**
  Das kann gelingen, wenn ich mich eine Zeitlang dazu zwinge, nur mit Interesse nachzufragen, mich auf keinen Fall zu rechtfertigen oder in meinem Sinne zu argumentieren. Wenn es gelingt, echtes Interesse an der Sichtweise meines Gegenübers aufzubringen, ist bereits die halbe Miete gezahlt. Ich versuche also, die aus der Sicht meines Gegenübers guten Gründe für sein Denken und Handeln zu verstehen, mich ihm nonverbal und emotional zu nähern und am Anderen etwas Sympathisches zu entdecken.
- **Zu versuchen, den Konfliktpartner in einen guten Zustand zu verhelfen**
  Das ist schwerer als vielleicht zu vermuten wäre. Wie bringe ich jemanden in einen guten Zustand, der verärgert ist und mir mit Konfliktbereitschaft begegnet? Das kann gelingen, indem ich die Sichtweise meines Konfliktpartners bestätige. Also nicht: *„Ich kann ja verstehen, aber…"*, sondern: *„Ja, von Ihrer Warte aus haben sie vollkommen Recht."* Oder: *„Ja, in diesem Punkt muss ich Ihnen zweifellos zustimmen…"* Ich gebe dem Konfliktpartner also zu verstehen, dass sein Ärger (aus seiner Position heraus) durchaus berechtigt ist. Manchmal beschwichtigen auch einfach nur ein paar nette Worte oder echte Freundlichkeit, die ich der Person entgegenbringe, ohne ihre Sichtweise zu übernehmen.
- **Gemeinsame Ziele zu entdecken und zu benennen**
  Vielleicht von ganz wenigen Ausnahmen abgesehen, unterscheiden sich die Sichtweisen so sehr, dass es nicht auch gemeinsame Ziele gäbe. Die Kunst besteht darin, sie herauszuhören. Eine Mutter, die sich über fehlende Bildungsangebote beschwert, verbindet mit mir zumindest das gemeinsame Ziel, dass Kinder nicht von Bildungsgelegenheiten ausgeschlossen werden dürfen und dass eben das Aufgabe des Kindergartens ist. Die gemeinsamen Ziele und Sichtweisen zu betonen, ist die Kunst, das Trennende nicht die Kommunikation beherrschen zu lassen: *„Ich möchte noch einmal betonen, dass wir uns in der Hauptsache wirklich einig sind. Das ist ja schon etwas Positives. Uneinig sind wir uns bloß darin…"*

Lösungsstrategien

Konflikte können verschiedene Eskalationsstufen erreichen. Auf niedrigen Stufen der Eskalation lässt sich ein Konflikt so lösen, dass jeder etwas von der Lösung hat („win-win"). Auf einem mittleren Eskalationsniveau gewinnt nur eine Partei und die andere verliert („win-lose"). Auf den hohen Eskalationsstufen verlieren beide Parteien („lose-lose"). Daher sind die erfolgreichen Strategien der Konfliktbearbeitung diejenigen, bei denen es gelingt, eine niedrige Eskalationsstufe zu halten oder wieder zu erlangen. Immer sollte man anstreben: Jeder bekommt etwas (win-win)!

Dabei ist es wichtig, den Konfliktpartner immer als an einer Lösung interessierten Menschen zu betrachten. Er ist aktiver Teil eines gemeinsamen Lösungsprozesses. Gemeinsam heißt hier auch: Ich muss selbst in Vorlage treten, muss einen Anteil an der gemeinsamen Lösung suchen und benennen. Mein Konfliktpartner ist auch Ratgeber für mich. „Was könnten wir tun?", bedeutet also nicht: „Jetzt sagen Sie erst einmal..." Deutlich muss werden, dass jeder dazu tatsächlich beitragen und dass es jenseits dieses gemeinsamen Einverständnisses keine Lösung geben kann.

Um Win-win-Lösungen zu erreichen, kann man folgende Möglichkeiten ausprobieren:

- Was wäre wenn? gemeinsam Szenarien durchspielen
- gemeinsame Verantwortung für Lösungen suchen: *„Wie könnten wir das Problem lösen? Was meinen Sie?"*
- Suche nach dem kleinsten gemeinsamen Nenner
- Lösung auf einer neuen Ebene suchen: weder das eine, noch das andere, sondern etwas Neues
- problemfreie Bereiche bzw. Teile der Lösung suchen und sich schon einmal darüber verständigen: *„Das haben wir schon geschafft! Hier sind wir uns einig!"*
- sich an (eventuell gemeinsame) frühere Lösungswege erinnern
- Teilziele entwickeln, die der Andere annehmen kann
- unter Umständen Unterschiedsbildung vollziehen: *„Hier müssen wir festhalten, dass wir die Angelegenheit unterschiedlich bewerten/sehen/angehen. Wie können wir damit umgehen?"*
- nicht gewinnen wollen
- immer am Ende nach etwas suchen, was beim Konfliktpartner Zufriedenheit hervorruft

Schon deshalb, weil eine Lösung einfach nicht garantiert werden kann, sprechen wir lieber von Konfliktbearbeitung als von Konfliktlösung. Allein die Bearbeitung eines Konflikts ist ein Wert und der Beziehung der Konfliktpartner potenziell förderlich. Wie das Kaninchen auf die Schlange bloß auf eine Lösung zu starren, legt mich fest und engt mich ein. Meine soziale Fantasie kann sich nicht entfalten. Ich hänge im Entweder-Oder. Außerdem legt man sich die „Latte" dann von vornherein sehr hoch und produziert Unzufriedenheit, wenn sie nicht übersprungen werden kann. Konfliktbearbeitung dagegen findet ja auf jeden Fall statt und ist eine wertvolle Beziehungsarbeit.

Wenn sich keine Lösung finden lässt

Zu Konflikten gehört es auch, wenn es zumindest momentan zu keiner Lösung kommt. Damit müssen wir zu leben lernen. Auch dann darf die Tür, von Ausnahmen einmal abgesehen, nicht zugeschlagen werden. Im Gegenteil: anerkennend müssen die Bemühungen der Konfliktpartei um eine Lösung honoriert werden. Die vielleicht wenigen Gemeinsamkeiten sollten noch einmal betont, die bislang unüberwindlichen Unterschiede auch benannt werden. Wir sprechen hier von Unterschiedsbildung, also die Unterschiede sichtbar zu machen, sie als solche zu würdigen, sie aber auch stehen lassen zu können, da sich im Augenblick keine Lösung abzeichnet.

In Konflikten, die hohe Eskalationsstufen erreichen, geht es natürlich auch immer um Macht und, ist die Eskalation schon weit fortgeschritten, auch darum, die andere Seite zu schädigen. Diese seltenen Konfliktsituationen möchten wir hier nicht eingehend behandeln. Sie müssen sowieso meistens individuell bearbeitet werden und bedürften in der Regel der unmittelbaren Hilfe von außen, also durch Beratung und Supervision, in einzelnen Fällen auch eines Machteingriffs z. B. seitens des Trägers. Wir gehen davon aus, dass es zwischen Erzieherinnen und Eltern dann selten zu eskalierten Konflikten kommt, wenn die Zusammenarbeit systemisch begründet ist und das Beschwerdemanagement[70] greift.

8.2 Darf man Grenzen setzen?

Um es gleich vorweg zu sagen: Selbstverständlich sollen Erzieherinnen Grenzen setzen dürfen. Eine interessierte und zugewandte Haltung gegenüber Eltern, Perspektivenwechsel, systemische Sichtweise, all das hilft bei der Gestaltung einer konstruktiven Zusammenarbeit. Aber wie wir gesehen haben, ist das Leben nicht frei von Konflikten, und persönliche An- und Übergriffe gibt es immer wieder. Auch wenn Erzieherinnen eine professionelle Einstellung gegenüber den schwierigen Situationen in der Zusammenarbeit mit Eltern einnehmen – vor „Überfällen" und Angriffen sind sie nicht automatisch gefeit und vor Aggressionen und Kränkungen darf man sich schützen.

70 Vgl. Kap. 8.4

Typische Situationen von „Grenzverletzungen“ durch Eltern sind z. B. Überschreiten von Zuständigkeiten, in den Kita-Ablauf eingreifendes oder störendes Verhalten, zu hohe Erwartungen, immer wieder aufs Neue auf etwas pochen, die Erzieherin als Anlaufstelle für alle möglichen Fragen des Lebens und schließlich persönliche Angriffe.

Sich dagegen zu wehren, stellt die Achtung des Anderen und das Streben nach wechselseitiger Anerkennung nicht infrage – im Gegenteil. Eltern kennen Erzieherinnen erst dann „richtig“, wenn sie auch deren Grenzen kennen. Grenzen sind eine Form der Wertschätzung und Resonanz: Du bist mir etwas wert, ich schaue nicht bloß zu oder über dich hinweg.

Mehr noch: Den Schutz eigener Grenzen betrachten wir als Beziehungsangebot, er sagt meinem Gegenüber etwas über mich. Wenn ich nicht dafür sorge, weiß mein Gegenüber nicht, wo meine Grenzen liegen, und kann sie auch nicht wahren. Erst durch meine „Hilfe“ gelingt es ihm, sich mir gegenüber adäquat zu verhalten. In diesem Sinne sind Grenzsetzungen auch beziehungsförderlich. Wir wissen aus vielen Praxissituationen, dass Eltern es als Entlastung erleben, wenn sie an einem konkreten Punkt eine Grenze aufgezeigt bekommen, denn dies schafft Klarheit, während sie ansonsten allenfalls ahnen können, wo die Grenzen der Erzieherinnen liegen.

Aus vielen Fortbildungen zum Thema wissen wir auch, dass das Recht, seine eigenen Grenzen auch gegenüber Eltern zu wahren, in so mancher Kindertageseinrichtung ein Tabuthema ist. Immer wieder müssen wir üben, die Grenzen unserem Gegenüber wirklich sichtbar zu machen. Immer wieder aber erleben wir, dass dies nicht geschieht. Manchmal werden Grenzen sogar mit dem Angebot verbunden, sie zu übertreten. Wie anders soll man es deuten, wenn Erzieherinnen einerseits Eltern gegenüber formulieren: *„Sie können sich* **immer** *an uns wenden“*, andererseits aber einschränken, dass das eben jetzt gerade **nicht** der Fall ist, weil 20 Kinder warten, die Kollegin krank ist und dies oder jenes unbedingt erledigt werden muss.

„Beliebt“ ist es auch, zwar zu verdeutlichen, dass man sich jetzt nicht mit den Fragen der Eltern beschäftigen kann oder will, dies aber mit langen Erklärungen, Entschuldigungen und Versprechen verbindet, die zudem manchmal gar nicht einzuhalten sind. Was soll man als Mutter oder Vater denken, wenn die Erzieherin einerseits formuliert, sie habe im Moment keine Zeit, andererseits aber sich die Zeit für lange Erklärungen nehmen kann? Einmal abgesehen davon, dass man das natürlich auch als Gesprächsangebot interpretieren kann, wird nicht wirklich deutlich, dass es sich tatsächlich um eine Grenze handelt, die nicht überschritten werden darf.

Grenzziehungen müssen deutlich werden

Manchmal haben wir den Eindruck, Erzieherinnen schrecken eben davor zurück, dass ihre Grenzziehung auch als solche erkannt wird. Das ist aber notwendig, damit sie eingehalten werden kann. Eltern kennen sich nicht aus in den Abläufen und Routinen einer Kindertagesstätte. Ihnen darf nicht vorgeworfen werden, wenn sie auf die immer wieder ausgesprochenen Einladungen „jederzeit etwas ansprechen zu dürfen" eben so reagieren. Freundlich, aber bestimmt und eindeutig müssen Grenzen sein, sonst werden sie einfach nicht verstanden.

Selbst körperlich zeigt sich manchmal die Angst davor, Eltern die eigenen Grenzen wirklich deutlich zu machen: Erzieherinnen bleiben z. B. sitzen, wenn Eltern vor ihnen stehen und ihr Anliegen vorbringen. Wer empfindet sich wohl in dieser Konstellation größer und mächtiger? Oder Erzieherinnen weichen vor Eltern sogar, wenn auch nur wenige Zentimeter, zurück, statt einen kleinen Schritt nach vorn zu tun und damit auch körperlich zu verstehen zu geben, wo sie im Moment die Grenzen ziehen. Selbst diejenigen, die weder das Eine noch das Andere tun, wissen oft nicht so recht, wie man körperlich und mit der eigenen Stimme eine Grenze zieht.

Grenzen zu setzen, kann aufseiten der Erzieherin „schlechte" Gefühle auslösen, z. B.

- Angst vor Konflikten: *„Das schmiert die mir sicher bei späterer Gelegenheit aufs Brot." – „Und wenn die sich an die Leitung wendet?"*
- Versagen: *„Das hätte ich auch ohne Grenzsetzung hinkriegen müssen." – „War ich jetzt nicht mehr wertschätzend genug?"*
- Angst vor persönlicher Zurückweisung: *„Wie wird die mich morgen ansprechen?"*
- Angst vor Beziehungsabbruch: *„Die ist bestimmt danach beleidigt."*
- Gewinnen wollen: *„Jetzt erst recht!"*

Wieder gilt hier: Meine Gefühle sind richtig. Aber es sind **meine** Gefühle. Dass ich mit „schlechten Gefühlen" reagiere, hat seine Ursachen in **meinen** Erlebnissen und Erfahrungen, die ich auf die aktuelle Situation und manchmal auch auf die Eltern selbst übertrage. Das zu trennen, ist sehr wichtig, weil sich die Auseinandersetzung ansonsten auf die persönliche Ebene verlagert. Daraus entstehen leicht Machtkämpfe.

Grenzen existieren auf ganz verschiedenen Ebenen. Wieder gilt: Sie müssen angenommen und respektiert werden, sonst überfordern sich alle. Begrenzungen des Handlungsspielraums existieren mindestens

- **auf der institutionellen Ebene:** Manches ist einfach konzeptionell oder per Anweisung durch den Träger festgelegt. Anderes lassen die räumlichen oder personellen Möglichkeiten nicht zu. An diesen Grenzen lässt sich einfach nur schwer rütteln. Sie müssen verteidigt werden;

- **auf der fachlichen Ebene:** Erzieherinnen wissen und können nicht alles! Sich das einzugestehen und offen damit umzugehen, fällt ihnen aber schwer. Sie wollen so gern alles können. Auch diese Begrenzungen gilt es zu respektieren und offen zu kommunizieren. Vielleicht ist es sinnvoll, dies regelrecht zu üben: *„Ich kann Ihnen dafür im Augenblick keine Lösung anbieten. Ich spreche Sie in ein paar Tagen wieder an."* Oder: *„Tut mir leid, in diesem Punkt muss ich mich erst einmal kundig machen…"*;
- **auf der individuellen, personengebundenen Ebene:** Wir haben ja schon die Übertragungs- und Projektionsmechanismen beschrieben, die jede Erzieherin in der einen oder anderen Weise mitbringt. Es sind aber auch ganz banale Grenzen, die eine Rolle spielen: sich nicht wohl fühlen, lärmempfindlich oder aus anderen Gründen angespannt sein usw. Es ist allemal besser, auch das offen zu kommunizieren als so zu tun, als wäre man jederzeit in gleicher Weise ansprechbar. So werden Grenzen nicht sichtbar – und können natürlich auch nicht eingehalten werden.

Was bedeutet es, „wertschätzend Grenzen zu setzen"?

Grenzen dürfen nicht demütigen, beschämen oder abwerten. Das Wichtigste ist ehrlich gemeinte Freundlichkeit. Das passt durchaus zur Grenzziehung. Wenn ich weiß, dass es meine Grenze ist, die ich verteidige, und wenn ich weiß, dass es nicht die Eltern sind, die daran schuld sind, dass sie verteidigt werden muss, dann kann ich freundlich sein, weil ich mich nicht über die Eltern ärgern muss. Es gibt natürlich Ausnahmen, in denen es tatsächlich gilt, hartnäckig und machtvoll aufzutreten, damit mein Gegenüber endlich meine Grenze respektiert. Da gelingt Freundlichkeit nur noch schwer, ist aber dennoch angebracht.

Freundlich und wertschätzend bleibe ich auch, wenn ich die Sache oder Handlung zurückweise, nicht aber die Person: *„Du darfst alles fühlen oder denken, deine Gefühle und du selbst sind okay. Du darfst nur nicht alles sagen oder tun."* Dieser feine Unterschied wird in Gesten, Mimik, Tonfall und natürlich in den Worten deutlich, die ich wähle. Statt: *„Ich habe es Ihnen doch schon einige Male erklärt…."*, begleitet von durchscheinender Unzufriedenheit, erkläre ich es lieber noch einmal, klar, unmissverständlich, mit wenigen Worten, aber freundlich.

Die Grenzen der Eltern dürfen nicht übertreten werden! Das ist eigentlich klar, es geschieht aber dennoch: Eltern werden kurz abgefertigt, werden stehen gelassen oder einfach ignoriert. So verständlich dies ist, muss auch die Würde der Eltern gewahrt bleiben. Das schließt auch ein, dass Eltern kein schlechtes Gewissen gemacht werden darf. Auch Schuldzuweisungen haben keinen Platz. Eltern haben keine Schuld! Bis auf wenige Ausnahmen übertreten sie die Grenzen der Erzieherinnen nicht mit Berechnung und vorsätzlich. Es passiert, weil sie im Moment nicht daran denken oder die Grenze nicht deutlich genug kennen. Subtil kommt es nicht selten dazu, dass Erzieherinnen Eltern beschämen.

„Der soll spüren, dass er etwas falsch gemacht hat." Auch das widerspricht der Würde der Eltern. Es geht nicht darum, sie zu erziehen, sondern die eigenen Grenzen zu verdeutlichen. Das sind zwei verschiedene Dinge.

Wer seine Grenzen verteidigt, muss wissen, was er im Augenblick konkret erreichen will und **genau** das formulieren. Also: *„Ich kann jetzt die Hausschuhe Ihres Kindes nicht suchen helfen, weil ich von den anderen Kindern gebraucht werde. Könnten Sie es bitte heute einmal alleine machen? Ich frage vielleicht Max, ob er helfen möchte."* Ich kann natürlich auch mitteilen: *„Okay, ich helfe heute dabei, die Hausschuhe zu suchen, möchte mich aber in den nächsten Tagen einmal grundsätzlich mit Ihnen darüber unterhalten, weil das Problem schon häufiger aufgetaucht ist. Wäre es Ihnen am Donnerstag recht, wenn Sie Ihre Lea abholen?"* Wie auch immer: Es geht darum, so klar wie möglich zu formulieren, was ich möchte.

Um Grenzen ruhig und angemessen wahren zu können, ist es notwendig, im Vorhinein den Widerstand dagegen einzuplanen. Widerstand gegen Grenzziehungen ist nämlich **angemessen**. Niemand möchte gerne Grenzen gesetzt bekommen. Widerstand ist sozusagen aus der Sicht der Anderen **erlaubt**. Man würde wahrscheinlich ähnlich handeln, wenn man in der Rolle der Eltern wäre. Deshalb gilt es, Abwehr und Beschwerden, Ärger und unüberlegte Reaktionen zu respektieren. Sie dürfen nicht wie in einem Machtkampf „mit der gleichen Waffe" vergolten werden.

Schließlich kommt es darauf an, die Tür für erneute Dialoge immer offen zu halten, also eine unangenehme Situation, die durch die Grenzziehung eventuell entstanden sein mag, erst einmal stehen und ruhen zu lassen. Andererseits aber selbst den Kontakt wieder zu suchen und Klärungen zu ermöglichen. Das gelingt nicht immer; auch das muss gegebenenfalls ausgehalten werden. Erzieherinnen und Eltern müssen keine Freundschaften eingehen. Eltern müssen aber erleben, dass das Dialogangebot nicht erlischt, weil es vielleicht einmal zu einer Auseinandersetzung gekommen ist. Ist tatsächlich ein Konflikt das Resultat einer Grenzziehung, muss er ausgetragen und bearbeitet werden. Wichtig ist dann, das Ende des Konfliktes mit einer kleinen Geste zu kennzeichnen: *„Ich freue mich wirklich, dass wir das haben klären können…"*

Insgesamt gilt: Wenn Eltern Grenzen nicht einhalten, ist das immer *auch* Ausdruck nicht befriedigter Bedürfnisse und Interessen. Diesbezüglich sollten Erzieherinnen immer dialogfähig bleiben. Das bedeutet: **Jetzt** setze ich die Grenze, **nachher** versuche ich, die versteckten Interessen und Bedürfnisse (die „guten Gründe") zu erkunden.

„Überfälle" zurückweisen – eigene Grenzen wahren

Bei aller Freundlichkeit, aller Wertschätzung und aller Klarheit kommt es dennoch immer wieder auch zu Situationen, in denen eine Auseinandersetzung eskaliert oder in denen Eltern einfach weiterhin hartnäckig die Grenzen der Erzieherin übertreten. Hier beginnt dann der Machtkampf. Auch solchen Überfallsituationen müssen Erzieherinnen begegnen können. Hier wird erfahrbar, dass Grenzen Macht voraussetzen. Nur der kann die eigene Grenze wahren, der auch dazu in der Lage ist, also die Macht dazu besitzt. Wenn ich Grenzen setze, muss ich Macht *einsetzen*. Man riskiert dabei natürlich Ablehnung, Wut, Zorn und Empörung. Grenzen zu setzen fällt besonders in diesen Situationen nicht leicht. Dem Wunsch sich durchzusetzen steht der Wunsch nach Harmonie gegenüber. Voraussetzungen für den Schutz der eigenen Grenzen sind innere Ruhe und Gelassenheit, Durchhaltevermögen und die realistische Einschätzung des eigenen Handlungsspielraums sowie die Bereitschaft zur Konsequenz bzw. Anwendung von Durchsetzungsmacht.

Ein paar Regeln für den Schutz der eigenen Grenzen:

Günstiges Gesprächsverhalten

- bestimmt und auffordernd auftreten
- knapp, klar und deutlich sein
- Ich-Botschaften senden
- positiv formulieren, was man erreichen will
- freundlich zur Person sein

Zurückweisende Aufforderungen

- sollten bei gleicher Grenzverletzung regelmäßig erfolgen
- sollten sich unmittelbar auf die Angelegenheit beziehen
- sollten so formuliert sein, dass sie eingehalten werden können
- sollten erkennen lassen, dass die Zurückweisung selbst begrenzt ist
- Konsequenzen dürfen keine Strafen sein (*„Wenn sie ihr Kind nicht pünktlich bringen kann, steht die Mutter nächstens einfach vor der zugeschlossenen Tür!“*). Strafen erniedrigen und erzeugen Schuldgefühle.

Mit der Zurückweisung ist die Sache erledigt! Bleiben dennoch eigene Gefühle übrig, müssen sie im Team als Ich-Botschaft angesprochen und bearbeitet werden.

Die folgenden Strategien sollen helfen, aus der emotionalen Verstricktheit auszusteigen, in die Erzieherinnen eventuell geraten, weil sie kritisiert werden oder sich (überraschenden) Vorwürfen gegenüber sehen. Das Ziel besteht darin, auch in extremen Situationen handlungsfähig zu bleiben, Kritik gut annehmen und im Anschluss wieder ein produktives Gespräch führen zu können. Jede Strategie ist bloß auf den ersten, den schwierigsten Moment ausgerichtet, den Augenblick, in dem ich mich „überfallen" fühle, der mich überrascht, „auf dem falschen Fuß erwischt" oder erst einmal sprachlos macht. Richtig angewandt helfen sie, diesen Moment zu meistern und wieder souverän zu werden. Welche Strategien davon passen, muss jeder ausprobieren und selbst herausfinden. Jede schwierige Situation ist dazu eine gute Gelegenheit!

Den schwierigen ersten Moment meistern

Strategien, die nur in meinem Inneren ablaufen: Das sind Strategien, von denen mein Gegenüber nichts merkt. Sie finden im eigenen Kopf statt, können aber bewusst eingesetzt werden.

- **Umdeuten:**
  Ich versuche, das Positive an der Situation zu erkennen. Ich deute die negativ erlebte Situation um. In einem schwierigen Gespräch könnte ich z. B. denken: „Gut, dass die Mutter mir die Gelegenheit gibt, dies oder jenes ausprobieren zu können." Oder: „Gut, dass wir das Gespräch jetzt endlich führen. Dann liegt es heute Nachmittag hinter mir."
- **Innere Distanz:**
  Ich versuche, das Geschehen innerlich aus der Distanz zu betrachten: „Im Grunde gibt es Wichtigeres für mich als dieses Gespräch hier. Viel kann also nicht passieren."
- **Worst-case:**
  Ich stelle mir innerlich das Schlimmste vor, das passieren könnte und spüre, dass das bei Licht betrachtet ein lösbares Problem darstellt: „Schlimmstenfalls könnte das Gespräch scheitern, eventuell wendet sich die Mutter an meine Leiterin oder die Abteilungsleiterin. Dann kommt es zu einem weiteren Gespräch. Das war es aber dann auch schon. Mehr passiert nicht."
- **Waldlichtung:**
  Innerlich stelle ich mir das Gegenüber auf einer Waldlichtung (oder etwas Ähnlichem) vor. Ich fliege darüber, betrachte mein Gegenüber von oben und sehe, wie klein er aus dieser Perspektive ist.
- **Sich selbst in einen guten Zustand bringen:**
  Ich denke an irgendetwas, was mir gut tut: eine gute Flasche Wein, die zu Hause auf mich wartet, ein Treffen mit einer Freundin, das Sofa zu Hause, der baldige Feierabend, der nächste Urlaub …

- **Mitfühlen:**
  Ich versuche, mich in die Lage des Gegenübers hineinzuversetzen. Was würde ich an ihrer Stelle jetzt fühlen? Würde ich mich eventuell auch ärgern? Käme ich mir vielleicht auch abgewiesen vor? Was würde ich tun, wenn es um mein Kind ginge?
- **Nicht gewinnen wollen:**
  Viele Konflikte eskalieren, weil beide Seiten unbedingt gewinnen wollen. Ich könnte mich fragen: „Was verliere ich eigentlich wirklich, wenn ich mich hier nicht durchsetzen könnte? Ich muss also nicht unbedingt gewinnen! Es darf auch schief gehen!"

Strategien, die man in der Interaktion direkt anwenden kann:

- **Ein unbelastetes Thema finden:**
  Hier geht es nicht darum, abzulenken. Ziel ist es, emotional etwas Nähe aufzubauen: *„Ich möchte Ihnen erst einmal etwas berichten, was Sie sicherlich freuen wird." – „Bei dem schönen Wetter schlage ich Ihnen vor, wir setzen uns gemütlich in den Garten."*
- **Gemeinsamkeiten finden:**
  Irgendetwas Sympathisches am Anderen, irgendeine Gemeinsamkeit zwischen ihm und mir gibt es fast immer. Darauf kann ich mich bewusst beziehen: *„Das würde mir ganz genauso gehen." – „In diesem Punkt sind wir wirklich derselben Meinung."*
- **Den Anderen in einen guten Zustand bringen:**
  Ich könnte versuchen, meinem Gegenüber zu helfen, seine Angriffshaltung zu mildern, indem ich hervorhebe, worin er (eventuell) Recht hat, dass ich seine Gefühle verstehen kann oder indem ich zu verstehen gebe, dass die Kritik willkommen ist: *„Gut, dass Sie mir das sagen. Das ermöglicht es uns, darüber ins Gespräch zu kommen." – „Sie haben Recht, hier liegt eventuell wirklich eine Unterlassung von uns vor." – „Ich kann Ihren Ärger wirklich gut verstehen. Lassen Sie uns sehen, was wir tun können."*
- **Die guten Gründe des Gegenübers erforschen:**
  Jeder Mensch handelt aus seiner Sicht folgerichtig und sinnvoll. Ich darf das anders sehen, kann mich aber für die guten Gründe interessieren, die der Andere für seine Kritik hat. Das führt dazu, dass ich Verständnis entwickeln und aus meiner Konfrontationshaltung heraustreten kann: *„Können Sie mir ein wenig ausführlicher schildern, was Sie bedrückt?" – „Was würde es für Sie und Ihre Familie bedeuten, wenn sich nichts ändern würde?" – „Haben Sie lange gezögert, bis Sie uns Ihre Unzufriedenheit mitteilen konnten?"*
- **Die richtige Ebene finden:**
  Jede Kritik enthält mindestens vier Botschaften: die Sachbotschaft (*„Das gefällt mir nicht."*), die Beziehungsbotschaft (*„Ich bin enttäuscht, das hätte ich nicht von Ihnen/*

Ihrer Einrichtung erwartet."), die Selbstoffenbarung *(„Ich muss etwas für mein Kind tun, sonst kommen eine Menge Schwierigkeiten auf mich zu.")* und der Appell *(„Bitte ändern Sie etwas!")*. Auch wenn ich nicht alle Ebenen ansprechen muss, ich muss sie zumindest hören, damit ich steuernd damit umgehen kann. Manchmal ist es sinnvoll, gleich etwas anzubieten (Appellebene): *„Okay, ich verspreche Ihnen, dass wir das Problem angehen werden!"* Ein anderes Mal ist es eher notwendig, danach zu fragen, was z. B. das Problem für die Mutter bedeutet (Selbstoffenbarung): *„…und das bedeutet für Sie, dass….?"* Wieder ein anderes Mal muss die Beziehung angesprochen werden: *„Ihre Enttäuschung über uns kann ich gut verstehen. Bisher hatten wir ja auch noch keine Gelegenheit, einmal in Ruhe darüber zu sprechen."* Unter Umständen ist es sinnvoll, nacheinander mehrere Ebenen anzusprechen.

- **Präzises Nachfragen:**
  Unter Umständen ist es notwendig, präzise nachzufragen, worum es meinem Gegenüber wirklich geht: *„Können Sie bitte genau beschreiben…?"* – *„Habe ich Sie richtig verstanden, es geht Ihnen darum…?"* – *„Welcher Aspekt ist Ihnen am wichtigsten?"* – *„Was möchten Sie, das wir für Sie tun?"*
- **Sich komplementär verhalten:**
  Schwierig wird es, wenn ich mich im Konfliktfall symmetrisch verhalte, z. B. mit „Retourkutschen" reagiere. Komplementär bedeutet dagegen, sich gegenseitig ergänzen. Ich tue also das, was der Andere nicht tut. Wenn mich mein Gegenüber beschimpft, könnte ich ihm die Hand hinreichen und sagen: *„Lassen Sie uns bei einer Tasse Kaffee darüber sprechen."*

8.3 Konflikt- und Problemgespräche

Konflikte und Probleme gehören zum Leben und sind kein Widerspruch zur Erziehungspartnerschaft. Sie zu thematisieren ist notwendig, wenn sich die Sichtweisen und Absichten von Eltern und Erzieherinnen unterscheiden, aber eine Verständigung im Interesse einer konstruktiven Zusammenarbeit und Entwicklungsbegleitung des Kindes unverzichtbar ist. Wird viel Wert auf den Aufbau einer guten Zusammenarbeit durch eine gelungene Aufnahme und gute Eingewöhnung mit Eltern, regelmäßige Entwicklungsgespräche (mit den Lerngeschichten der Kinder als Grundlage) und Tür-und-Angel-Kontakt gelegt, wirkt dies präventiv; Konfliktgespräche sind dann eher die Ausnahme. Ganz verschwinden werden sie indes nie.

Erzieherinnen müssen mehrperspektivisch (und damit systemisch) denken und handeln. Sie müssen lernen, immer nach den Absichten von Eltern zu forschen, die einen Sachverhalt anders beurteilen als sie selbst. Die „guten Gründe" anderer Menschen liegen für einen selbst nicht unbedingt auf der Hand. Sie können erst erkannt werden, wenn man sich tatsächlich die Mühe macht, die Angelegenheit auch aus der Perspektive der Mutter, des Vaters oder (noch besser) der ganzen Familie zu sehen. Erst dann offenbart sich, aus welcher Situation heraus Eltern handeln oder eine Situation beurteilen. Das kann man üben: Man setzt sich einfach auf einen anderen Stuhl, besetzt ihn gedanklich mit dem jeweiligen Elternteil und überlegt nun die Angelegenheit aus dessen Blickwinkel.

Erzieherinnen müssen, bei allem Verständnis, aber auch lernen, Unterschiede klar zu formulieren, ohne Schuldgefühle. Sie machen den Erfolg eines Problemgesprächs oft davon abhängig, ob am Ende eine einvernehmliche Einigung oder ein Eingehen der Eltern auf den eigenen Vorschlag steht. Bei einem Konflikt wäre ein gutes Ende aber auch, wenn die Unterschiede klar geworden sind und sich beide Seiten darüber verständigt haben, wie sie mit den Unterschieden umgehen, statt sie zu negieren oder zu beschönigen. „Unterschiedsbildung", deutlich zu machen, welche Unterschiede es gibt, ist ebenso wichtig wie Ambiguitätstoleranz, die Fähigkeit, mit (Wert-)Unterschieden zu leben, sie zu tolerieren und mein Gegenüber dennoch wertschätzen zu können. Das große Harmoniebedürfnis hindert viele daran.

Auch für das schwierige und das Konfliktgespräch gilt grundsätzlich, was wir in Kapitel 7.2 zum Gesprächsablauf ausgeführt haben, d.h. auch und gerade hier sollte man mit den Grundhaltungen ins Gespräch gehen, dass die Eltern Experten für ihre Familie und ihr Kind sind und ich keine Lösung ohne sie finden kann. Das Gespräch darf aus meiner Sicht auch schief gehen. Die Eltern müssen sich nicht um den Gesprächsverlauf kümmern, ich alleine bin für eine konstruktive Gestaltung des Gesprächs verantwortlich.

Vorbereitung

In der Vorbereitung auf ein Problemgespräch bemühe ich mich in einem Perspektivenwechsel, die Situation auch aus dem Blickwinkel der Familie zu betrachten. Erst danach versuche ich die eigenen Ziele und Wünsche genau zu formulieren. Dann frage ich mich: „Was möchte ich mitteilen? Was möchte ich in Erfahrung bringen?" Unter Umständen lote ich den eigenen Verhandlungskorridor in Bezug auf das Thema aus. Dabei ist es gut, kreativ zu sein und nicht bloß im Entweder-oder verhaftet zu bleiben. Unter Umständen ist es auch notwendig, mir über meinen eigenen Gefühlshaushalt klar zu werden und das Gespräch mit Kolleginnen darüber zu suchen.

Die Gesprächseröffnung

Ein Gespräch kann erst dann richtig beginnen, wenn die Eltern willkommen geheißen sind und in Ruhe ankommen konnten, das genaue Thema geklärt ist und ggf. eine Reihenfolge von Themen vereinbart wurde (Wer hat welche Vorstellung davon? Wer hat welche Erwartung daran? Sich der Gemeinsamkeit des Themas vergewissern, bzw. das eigene ergänzen.), weitere Themen gesammelt sind und schließlich ein zeitlicher Rahmen und eine Reihenfolge der Themen vereinbart wurde. Der Beginn kann mithilfe des Joinings erleichtert werden. Der Begriff stammt aus der systemischen Familientherapie. Er bedeutet so viel wie ankoppeln, sich auf die gleiche Ebene begeben, sich zum Öffnen bereit machen. Das Joining gelingt nur, wenn eine wohlwollende Atmosphäre geschaffen wird, für die die professionelle Seite, also die Erzieherin, die Verantwortung übernimmt.

Techniken des Joinings sind u. a.:

- Komplimente machen: *„Ich freue mich, dass Sie es geschafft haben…"*
- die gleiche Sprache benutzen: keine Fachausdrücke, die Eltern nicht kennen; unter Umständen auch im Dialekt sprechen
- interessierte und echte Fragen zur Befindlichkeit stellen: *„Mussten Sie sehr hetzen, um jetzt hier sein zu können?"*
- sich für das interessieren, was den Gesprächspartner gerade bewegt: *„Brauchen Sie noch etwas Zeit, um hier anzukommen?" – „Haben Sie Ihr Kind während unseres Gespräches gut unterbringen können?"*

Der Einstieg in das Thema

Der Einstieg sollte auf positiven Formulierungen beruhen; das Problem, um das es geht, auch wenn es ärgerlich ist, sollte positiv formuliert werden.

Ein Beispiel: Ein Kind wird wiederholt zu spät abgeholt. Es kommt zum Gespräch mit den Eltern. Statt: *„Ich möchte einmal wissen, warum Sie Ihr Kind immer zu spät abholen!"*, positiv formulieren: *„Wir haben uns Gedanken gemacht, woran es liegen könnte, dass Sie Ihr Kind schon öfter erst nach der Dienstzeit abholten…"* oder: *„Sicher haben Sie einen guten Grund, dass Sie Ihr Kind schon öfter erst nach der Dienstzeit abholen konnten…"*

Das Problem positiv zu formulieren bedeutet aber nicht, es nach hinten zu verschieben und zunächst einmal nur Erfreuliches zu berichten. Beide Seiten spüren oder wissen, dass ein Problem in der Luft liegt. Und wenn dem so ist, muss es auch direkt angegangen werden. Störungen haben eben Vorrang! Da hilft es nicht, zunächst einmal davon zu berichten, wie gut sich das Kind entwickelt hat usw. Beide Seiten können sich nämlich kaum wirklich auf diesen Aspekt einlassen, solange nicht klar ist, wie mit der Störung bzw. dem Problem umgegangen werden soll. Von dem Trick, in der Hoffnung, die Wogen etwas glätten zu können, zunächst etwas Positives zu berichten, halten wir deshalb wenig. Besser ist es, den Streitpunkt so rasch wie möglich zu benennen, aber dabei die folgenden Regeln einzuhalten:

- niemals einen Vorwurf machen, weder versteckt noch direkt
- keine negativen Formulierungen wählen, z. B. „zu spät"
- keine unzulässigen Verallgemeinerungen: *„Immer machen Sie…"*; selbst eine Frage-, statt eine Angriffshaltung einnehmen, statt: *„Ich möchte mal wissen…"*, besser: *„Wir haben uns Gedanken gemacht, woran es liegen könnte…"*

Der Kern des Gesprächs: Absichten und Interessen erkunden

Mehr noch als in einem „normalen" Gespräch mit Eltern kommt es in einem Konfliktgespräch darauf an, grundsätzlich zuerst die Eltern zu Wort kommen zu lassen. Die Erzieherin sollte sich lange mit eigenen Kommentaren zurückhalten, sich nicht verteidigen oder pädagogisch argumentieren, sondern interessiert zuhören und immer weiter nachfragen. Sie muss zunächst die Haltung einer Lernerin einnehmen und, ganz unabhängig vom eigenen Standpunkt, die Sichtweise der Eltern wirklich verstehen wollen. Sie muss die Eltern als Experten für ihre Lebenssituation betrachten und sie in der Ratgeber-Rolle ansprechen. Sie muss sich fragen: „Welche guten Gründe könnten die Eltern für ihr Handeln haben?" Dabei hilft das so genannte zirkuläre Fragen: *„Was würde passieren, wenn?" – „Was würde diese oder jene Entscheidung für Sie und Ihre Familie bedeuten?" – „Kann Ihr Mann das mittragen?"*

Diese Phase des Gespräches sollte einen großen Raum einnehmen. Das gilt auch dann, wenn es um ein Thema geht, das der Erzieherin auf den Nägeln brennt. Hier stellt die Erzieherin am Beginn ihr Thema kurz dar, lässt dann aber die Eltern ausführlich berichten, wie sie die Angelegenheit erlebt haben und bewerten.

Erst danach sollte die Erzieherin ausführen, wie ihre eigene Sichtweise bezüglich des Sachverhaltes aussieht und entstanden ist. Das sollte unbedingt so geschehen, dass es nicht als Wahrheit hingestellt wird. Je offener es formuliert ist *(„Es könnte sein… Wir fragen uns ab… Wir glauben…".)*, desto besser kann sich das Gegenüber darauf einlassen. Gegebenenfalls ist eine Unterschiedsbildung wichtig: *„In diesem Punkt unterscheiden sich unsere Sichtweisen…"*

Sind bei der Lösungssuche die Unterschiede zu groß, sollte gelten:

- Respekt vor der Entscheidung der Eltern bezeugen und das ggf. auch aussprechen.
- Die Frage klären, wie beide Seiten am besten mit den zutage getretenen Unterschieden umgehen und leben können. Nicht weiter versuchen, sie klein zu reden. Gegebenenfalls werden Vereinbarungen getroffen.

Zum Abschluss sollte die Erzieherin das Gesprächsergebnis zusammenfassen, ein gemeinsames Verständnis über das Ergebnis herstellen und weitere Perspektiven entwickeln.

Was wäre ein „schlechtes" Gesprächsende?

Uns fällt nur eine Situation ein, die wir als „schlechtes" Gesprächsende bezeichnen würden: Es gibt am Ende keine weitere Perspektive. Das kann sich z. B. darin ausdrücken, dass die Mutter plötzlich weinend hinausrennt oder das Gespräch auf andere Weise abbricht. Diese Situation muss die Erzieherin aushalten. Sie kann einige Zeit abwarten und dann nachsehen, ob die Mutter wieder gesprächsbereit ist. Wenn nicht, muss sie einen Vorschlag machen, wie es weitergehen kann: *„Ich schlage vor, wir lassen das jetzt erst einmal so stehen. Sie können ja in Ruhe noch einmal zu Hause darüber nachdenken und sich mit Ihrem Mann beraten. Ich komme dann morgen oder übermorgen noch einmal auf Sie zu."* Auch, wenn die Mutter nicht reagiert, sollte die Erzieherin sie am nächsten Tag ansprechen: *„Sie waren gestern anscheinend mit unserem Gesprächsverlauf sehr unzufrieden. Ich habe mir darüber Gedanken gemacht und möchte Sie fragen, ob Sie sich vorstellen können, unser Gespräch zu einem anderen Zeitpunkt/in einem anderen Rahmen fortzusetzen."*

In solchen Situationen eine zumindest vorübergehend tragfähige Vereinbarung zu finden, erfordert von der Erzieherin viel Fantasie und großes Einfühlungsvermögen. Eine neue Vereinbarung kann z. B. sein:

- eine zeitlich begrenzte (versuchsweise) oder dauerhafte Verhaltensänderung bzw. Unterlassung;
- ein weiterführendes (neues) Gespräch;
- ein neues Gespräch auf anderer Ebene: *„Wir scheinen an einem Punkt angekommen zu sein, der unsere Möglichkeiten erschöpft. Könnten Sie sich ein neues Gespräch mit unserer Leiterin vorstellen?"*

Jedes Gesprächsende, das eine Perspektive für beide Seiten aufweist, egal wie diese konkret aussieht, ist aus unserer Sicht positiv zu bewerten. Erzieherinnen müssen sich also, solange die Dialogtür nicht geschlossen ist, keinen Vorwurf machen, wenn ein Gespräch in einen Engpass mündet.

Günstige Gesprächsformen in Konfliktgesprächen

Im Folgenden möchten wir anhand ausgewählter Alltagssituationen geeignetes Gesprächsverhalten von Erzieherinnen in schwierigen Gesprächen vorschlagen. Uns ist bewusst, dass die empfohlenen Verhaltensweisen idealtypisch sind, d.h. je nach konkreter Situation und konkreten Eltern sinngemäß variiert werden müssen.

Beispiel 1: Eltern haben andere inhaltliche Erwartungen als Erzieherinnen: *„Könnt ihr nicht mehr tun, damit die Kinder besser auf die Schule vorbereitet sind?“*

Zunächst sich selbst klar werden: „Fühle ich mich jetzt persönlich getroffen, weil ich heraushöre, etwas falsch gemacht oder unterlassen zu haben? Höre ich, dass die Eltern mich persönlich angreifen wollen?“ In diesen Fällen ist es schwer, sich über die inhaltlichen Standpunkte zu unterhalten. Also: die beiden Ebenen „Inhalt, Thema, Sichtweise“ und „persönliches Versagen, Kritik an der Person“ trennen. Wie kann man sich verhalten?

- Zunächst: Mit Interesse erfragen, welche Vorstellungen die Eltern wirklich haben: *„Was möchten Sie für Ihr Kind? Wären Sie bereit, mir Ihre Vorstellungen zu beschreiben?“ – „Ich lade Sie ein, mir einmal Ihre Vorstellungen darzustellen, damit wir miteinander ins Gespräch darüber kommen können.“*
- Dann inhaltlich: *„Wenn Sie Ihr Kind jetzt fragen würden, was ihm im Kindergarten gefällt, was würde es dann sagen?“ – „Woran würden Sie merken, dass Ihr Kind gut auf die Schule vorbereitet ist?“*
- Wenn es unterschiedliche Sichtweisen gibt: *„Ich sehe, dass wir im Moment zwei unterschiedliche Sichtweisen haben. Beschreibe ich Ihre Sichtweise richtig, wenn ich sage…“ – „Wenn ich versuche, den Sachverhalt einmal aus Ihrer Perspektive zu betrachten, dann habe ich gehört, dass… Habe ich Sie richtig verstanden?“ – „Wären Sie bereit, den Sachverhalt einmal aus meiner Perspektive zu betrachten?“ – „Wären Sie einverstanden, wenn wir zunächst einmal Folgendes probieren würden: … und uns zu einem späteren Zeitpunkt weiter darüber unterhalten würden?“*
- Wenn keine Einigung möglich scheint: *„Lassen Sie uns bitte unser Gespräch an dieser Stelle unterbrechen und zu einem anderen Zeitpunkt fortsetzen. Mir scheint, dass wir zwei unterschiedliche Sichtweisen haben. Ich denke, es ist schon ein wichtiger Schritt in Richtung Verständnis, dass wir uns dessen klar geworden sind und uns unsere Sichtweisen mitteilen konnten.“*
  Eventuell: *„Ich möchte zunächst einmal in Ruhe über Ihre Sichtweise nachdenken (oder sie mit den Kolleginnen besprechen).“*
  Aber auch: *„Es erscheint mir wichtig, Folgendes festzustellen: Ihr Kind gehört zu Ihnen. Sie sind für Ihr Kind verantwortlich und treffen alle Entscheidungen für Ihr Kind. Wir sind hingegen für unsere pädagogische Arbeit verantwortlich und müssen auch letztlich die dafür notwendigen Entscheidungen treffen. Wir sind an Ihrer Sichtweise interessiert und beziehen sie ernsthaft in unsere Überlegungen ein. Wenn Sie möchten, werde ich Ihnen gerne zu einem anderen Zeitpunkt dazu eine Rückmeldung geben. Unsere Verantwortung aber können Sie uns nicht abnehmen.“*

Beispiel 2: Erzieherinnen fühlen sich persönlich angegriffen: *„Warum haben Sie schon wieder nicht auf die Hausschuhe meiner Tochter geachtet?"*

Wieder: die inhaltliche und persönliche Ebene trennen: „Was ärgert mich daran? Kann es eine Lösung für das Hausschuhproblem geben?"

- Wenn ich das Gefühl habe, Eltern wollen mich persönlich treffen und nicht über den inhaltlichen Aspekt sprechen, diesen vielleicht als Anlass benutzen, um mir einen anders motivierten Ärger mitzuteilen: *„Stimmt mein Eindruck, dass Sie im Moment mich auch persönlich treffen möchten?" – „Ich ärgere mich über die Art, wie Sie mit mir sprechen. Deshalb fällt es mir im Moment schwer, über die sachliche Seite des Problems nachzudenken. Ich mache Ihnen deshalb den Vorschlag, unser Gespräch am … fortzusetzen. Dann kann ich sicherlich besser zuhören." – „Wenn mein Eindruck stimmt, dass Sie mich auch persönlich treffen möchten, wäre es vielleicht für Sie einfacher, das Problem mit meiner Kollegin zu besprechen." – „Ich mache Ihnen einen Vorschlag. Wir verabreden uns für den…, um dann in Ruhe über Ihre Erwartungen ins Gespräch zu kommen. Bis dahin bitte ich Sie, das Thema ruhen zu lassen. Ich werde bis dahin nach Lösungsmöglichkeiten suchen und besonders auf die Hausschuhe Ihrer Tochter achten."* (Unterlassungsaufgabe)
- Wenn ich das Gefühl habe, mich schützen zu müssen: Mit deutlichen Ich-Botschaften kann ich meine Grenzen aufzeigen: *„Ich kann mir das nicht gefallen lassen. Ich fühle mich von Ihnen angegriffen. Ich möchte mich davor schützen."* (Siehe auch Kapitel 8.2)

Beispiel 3: Erzieherinnen halten Eltern für „schlechte Pädagogen": *„Jetzt schickt die schon wieder ihr krankes Kind zu uns."*

Hier ist es wichtig, herauszufinden, warum mich das eigentlich ärgert. „Was hindert mich daran, sachlich danach zu forschen, welchen Beweggrund Eltern haben, so zu handeln? Vielleicht glauben sie wirklich, das Kind sei wieder so weit gesund? Vielleicht haben sie in der Firma zu großen Druck? Vielleicht können sie die Tragweite ihres Handelns, die Folgen für das Kind in der Kita, für die Gruppe, für die Erzieherin tatsächlich nicht überblicken? Vielleicht brauchen sie schlicht Ansprache, Hilfe oder Unterstützung in dieser schwierigen Situation?" Wichtig ist (z. B. im Team), zunächst nicht über die Eltern zu sprechen, sondern über sich selbst! Wichtig ist, zu formulieren, was mich ärgert, z. B. *„Ich fühle mich ausgenutzt."*

- Im Gespräch mit Eltern dann keine Vorwurfshaltung einnehmen, sondern Eltern als Experten behandeln; gleichzeitig Ich-Botschaften senden: *„Ich hatte heute den*

Eindruck, Ihrer Tochter geht es noch nicht besser. Sie hat geweint... Ich denke, wir sollten einmal gemeinsam überlegen, was sich machen lässt...“

Bei der Beschreibung dessen, wie es dem Kind geht, darauf achten, dies konkret und ohne Wertung zu tun, nur zu beschreiben was war. Ungünstig wäre, bei Eltern ein schlechtes Gewissen zu erzeugen, etwa mit Formulierungen wie: *„Es ging Ihrer Tochter heute ganz schlecht...“* Keine Mutter (oder Vater) will schuld daran sein, dass es ihrem Kind schlecht geht. Deshalb wehrt sie sich möglicherweise gegen den versteckten Vorwurf, indem sie bagatellisiert *(„So schlimm ist es ja auch nicht.“)* oder den Vorwurf zurückweist *(„Heute morgen ging es ihr aber gut!“)*. In beiden Fällen geraten das Kind und die gemeinsame Lösungssuche aus dem Blick. Stattdessen kommt es zum „Machtkampf“ darum, wer Recht hat. Nichtwertende Beschreibungen lassen hingegen den Interpretationsspielraum für beide Seiten offen und es kann zur gemeinsamen Lösungssuche kommen.

- Sollte es zu keiner gemeinsamen Lösung kommen: *„Ich versuche wirklich, Ihre Haltung zu verstehen, muss Ihnen aber sagen, dass es uns nicht möglich ist, Ihrem Kind im Moment das zu geben, was es aus unserer Sicht benötigt. Lassen Sie uns bitte folgendermaßen vorgehen: Diesmal nehmen Sie Ihr Kind wieder mit nach Hause und betreuen es selbst. Wenn es wieder gesund ist, können wir am ... gemeinsam nach Lösungsmöglichkeiten für die Zukunft suchen.“*
- Die gemeinsame Lösungssuche sollte vor allem die Vorgehensweise klären: *„Wie werden wir uns verhalten, wenn das Kind wieder einmal krank ist? Welche Informationen brauchen Sie und welche benötigen wir, um zu einem Vorgehen zu gelangen, das im Interesse beider Seiten liegt?“*

8.4 Beschwerdemanagement

Noch relativ ungewohnt und eher selten anzutreffen ist professionelles Beschwerdemanagement in Kindertagesstätten. Dabei handelt es sich um ein vergleichsweise einfaches Verfahren, das hilft, den Umgang mit Beschwerden für Eltern und Erzieherinnen zufriedenstellender zu gestalten. Entstanden ist das Beschwerdemanagement im Qualitätsmanagement, zunächst in der Wirtschaft. Dort wurde entdeckt, dass sich Kunden zwar über vieles ärgern, zu wenige ihrer Beschwerden aber die Betriebe erreichen. Betriebe, die wirtschaftlich denken, müssen sich über jede Beschwerde freuen. Nur wenn sie wissen, was ihre Kunden unzufrieden macht, können sie Abhilfe und damit Kundenzufriedenheit schaffen. In aufwändigen Befragungen werden Kunden deshalb immer wieder um ihre Rückmeldung gebeten. Beschwerden sind wichtige Indikatoren dafür, wie das eigene

Produkt ankommt. Informationen über Verkaufserfolge reichen nicht aus. Erst im Gebrauch entscheidet sich, ob Kunden wirklich zufrieden sind oder nicht und das manchmal erst nach langer Zeit. Dann aber melden sich Kunden nicht mehr.

Das hängt auch damit zusammen, dass es nicht so einfach ist, sich zu beschweren. Jeder von uns hat damit bereits eigene Erfahrungen gemacht. Wer gibt beispielsweise im Lokal wirkliche Auskunft darüber, wie gut es ihm geschmeckt hat? Wer kennt nicht das Gefühl, für kleinlich gehalten zu werden, wenn er sich über etwas beschwert? Wer traut sich schon, sich mit seinem Arzt „anzulegen", wenn er den Eindruck hat, nicht ausführlich informiert oder schlecht beraten worden zu sein. Sich zu beschweren fällt schwer, weil wir mit Rechtfertigungen, Feindseligkeiten oder negativen Folgen für uns selbst rechnen.

Sich zu beschweren fällt umso schwerer, je näher ich an der Person bin. Eine schriftliche Beschwerde auf einem Fragebogen oder im Internet macht vielleicht Mühe, fällt aber leicht. Meine Unzufriedenheit jemandem direkt zu sagen, ist schon schwerer. Sieht man sich auch noch regelmäßig, wird lange überlegt, ob man es wagen soll oder nicht. Die Folgen werden abgewogen und schließlich entscheidet man sich doch dagegen. Bestenfalls lässt man nebenbei durchblicken, worüber man sich eigentlich beschweren möchte. Wer schon einmal erlebt hat, wie z.B. auf einem Schulelternabend oder beim Arzt eine Beschwerde in einer Art und Weise abgewiesen wird, dass sich der Beschwerende schlecht fühlt, weiß, wovon die Rede ist.

Aus Kindertagesstätten wissen wir, dass die weitaus überwiegende Zahl möglicher Beschwerden die Erzieherinnen nie erreichen. Immer wieder beschweren sie sich z.B. in unseren Fortbildungen (und nicht direkt bei Eltern) darüber, dass Eltern *„hinter unserem Rücken und untereinander über uns herziehen."* Eltern werden dafür moralisch verurteilt. Dass Erzieherinnen selbst dazu beitragen, dass sich Eltern mit ihrer Unzufriedenheit nicht an sie persönlich wenden, ist ihnen dabei meist unklar.

In einer Untersuchung[71] heißt es, dass ca. 96 % der Nutzer von Dienstleistungen sich eben **nicht** beschweren. Das liegt wesentlich daran, dass ihnen das Beschweren mit allerlei Mitteln schwer gemacht wird. Hier eine kleine Liste von Beschwerde-Hindernissen:

- Zurechtweisung: *„Wie kommen Sie dazu ...?"*
- Rechtfertigung, Verleugnung und Zurückweisung: *„Das stimmt doch gar nicht!"*
- nicht annehmen/weiterverweisen: *„Da sind Sie bei mir an der falschen Adresse! Da müssen Sie mit meiner Kollegin sprechen!"*
- an sich abprallen lassen: *„Ja, mein Gott, so schlimm ist das doch auch nicht!"*
- nicht ansprechbar sein: *„Ich habe im Moment keine Zeit."*
- so tun als ob/doppelte Botschaft: missmutig dreinschauend: *„Das ist ja interessant..."*

[71] Wenzel 1999, S. 3, zitiert nach Pesch/Sommerfeld 2002, S. 19

- den Spieß umdrehen: *„In unserer Konzeption steht aber...“*, oder: *„Haben Sie nicht unseren Aushang gelesen?“*
- Verhaltensmaßregeln, die am besten in schriftlicher Form Eltern schon bald darauf hinweisen, was sie alles einzuhalten haben.

Die Aufstellung könnte sicherlich weitergeführt werden. Vor Ort lassen sich gewiss weitere Hindernisse entdecken, die es Eltern schwer machen, sich zu beschweren. Ludger Pesch schildert in dem sehr lesenswerten Buch „Beschwerdemanagement – Wie Kindergärten TOP werden“[72], wie sehr dieses Phänomen den Kindergartenalltag prägt. Er musste erleben, dass das verleugnende Prinzip *„Bei uns gibt es keine Probleme!“* sogar bereits von Eltern selbst übernommen und vertreten wird. Als Kindergarten-Vater fragte er die Elternsprecher auf einem Elternabend danach, *„mit welchen Problemen und Fragen sie sich (im vergangenen Jahr) auseinandergesetzt hätten“* und bekam *„nach einer irritierenden Pause“* eben diese Antwort und das, obwohl *„wenige Wochen später... eine Affäre den Kindergarten (erschütterte), deren Anlass schon seit langem im Untergrund, hinter vorgehaltener Hand, bekannt gewesen war.“*

Das kann passieren, wenn nicht rechtzeitig genug verhandelbar wird, was die Gemüter erhitzt. Verhandelbar wird eine Meinungsverschiedenheit aber nur dann, wenn sie offen angesprochen ist. Aus eigener, zum Teil recht leidvoller Erfahrung wissen wir, dass es sich also lohnt, darauf hinzuwirken, was das Beschwerdemanagement im Kern will, nämlich, so viele Beschwerden wie möglich zu bekommen. Beschwerdemanagement im Kindergarten zielt wie in der Wirtschaft auch darauf ab, es den „Nutzern“, in unserem Fall den Eltern, **so leicht wie möglich** zu machen, ihre Anliegen, Probleme, Schwierigkeiten oder Fragen bei ihrer Erzieherin oder Leiterin loszuwerden.

Wir wissen, dass solche Sätze zunächst irritieren, aber es ist einfach so: Was ich kenne, kann ich bearbeiten! Wenn mir jemand seinen Unmut direkt erläutert, kann ich mit ihm reden. Solange es unmittelbaren Kontakt gibt, können Lösungen gefunden werden. Bricht der Kontakt ab oder werden Informationen nicht an die Stelle geleitet, wo sie hingehören, entwickeln Schwierigkeiten und Probleme eine Eigendynamik, die nur schwer zu fassen ist!

Beschwerdefreundlichkeit

Das erste Ziel des Beschwerdemanagements besteht also darin, Beschwerden zu stimulieren und so viele wie möglich zu bekommen. Damit dieses Ziel erreicht wird, muss eine Kindertagesstätte insgesamt ein beschwerdefreundliches Profil aufweisen. Deshalb besteht der erste Schritt darin, sich im Team über das Ziel „Beschwerdefreundlichkeit“ zu einigen. Das beginnt mit der eigenen Haltung gegenüber den Beschwerden. Wir haben

[72] Pesch/Sommerfeld 2002, S. 20

oben darauf hingewiesen, dass es keineswegs selbstverständlich ist, Äußerungen von Unzufriedenheit positiv gegenüberzustehen und sich darüber zu freuen, dass sie überhaupt formuliert wird. Es ist kein einfacher Weg dahin, Eltern ein selbstverständliches Recht auf die Beschwerde zuzugestehen. Um kein Missverständnis aufkommen zu lassen: Nicht über den **Inhalt** der Beschwerde sollen sich Erzieherinnen freuen. Immerhin weisen Beschwerden auf Unzulänglichkeiten, Probleme oder Missverständnisse hin. Froh sein sollen sie darüber, dass es gelungen ist, die Eltern zu ermutigen, ihre Unzufriedenheit zu äußern.

Ein Team sollte die eigene Praxis daraufhin untersuchen, wie bisher mit Beschwerden umgegangen wurde und welche Hürden eventuell von Eltern überwunden werden müssen, um ihr Anliegen loszuwerden. Dabei könnte das Team folgende Fragen untersuchen:

- Welche Barrieren müssen Eltern überwinden, um sich bei uns zu beschweren? Mit welchem zeitlichen Aufwand ist das verbunden? Was müssen sie konkret tun und wie können wir diese Wege erleichtern?
- Finden Eltern leicht Ansprechpartner für ihre Anliegen oder müssen sie lange suchen? Fühlt sich die angesprochene Person zuständig? Wie reagiert sie?
- Sind Eltern darauf hingewiesen, dass wir uns darüber freuen, wenn sie uns ihre Beschwerden mitteilen?
- Befragen wir Eltern auch **ohne** Beschwerde nach ihrer Meinung? Wie oft, wie ehrlich, wirklich alle? Welche Formen nutzen wir: Fragebögen, die Bitte um das kleine tägliche Feedback, ausliegende Reklamationskarten o. Ä.?
- Machen Eltern bei uns die Erfahrung, dass es sich lohnt, sich zu beschweren? Welche Wirksamkeit haben ihre Beschwerden?
- Werten wir im Team regelmäßig eingegangene Beschwerden aus? Nehmen sich unsere Leitungskräfte regelmäßig Zeit, um sich mit Beschwerden zu befassen?
- Wie ergebnisoffen gehen wir mit Beschwerden um?
- Wie sähe eine reklamationsfreundliche Haltung konkret aus?
- Besitzen wir genug Selbstbewusstsein, um eine unangenehme Mitteilung vorwurfsfrei und ohne Rechtfertigungsdruck annehmen zu können?
- Wie können wir Eltern die Erfahrung machen lassen, dass Beschwerden sich nicht negativ auf unsere Kommunikation und das Gesprächsklima auswirken?
- Wie können wir Eltern zeigen, dass sich bei uns zu beschweren nicht heißt, als Nörgler oder Querulant dazustehen?
- Wie können wir Eltern zeigen, dass Beschwerden **keine** Folgen für ihr Kind haben?[73]

---

[73] Pesch/Sommerfeld 2002, S. 53 ff. und S. 94 ff. Auf S. 95–100 findet sich eine umfangreiche Checkliste zur Selbstevaluation.

Beschwerdefreundlichkeit lässt sich indes nicht mit einer einzigen Maßnahme herstellen. Sie wird erst dann erreicht, wenn sich das Team mit der eigenen Haltung gegenüber Beschwerden und eingehend mit den Tücken des Alltags beschäftigt hat. Beschwerdefreundlichkeit wird als „Klima" erlebt, das auf allen Ebenen der Begegnung spürbar ist. Ist sich ein Team in diesem Punkt nicht einig, kann es leicht passieren, dass sich Beschwerden bei einer oder zwei beschwerdefreundlichen Kolleginnen konzentrieren und Eltern das Team auseinanderdividieren. Das ist ihnen nicht einmal vorzuwerfen. Sie tun nur das, was wir alle im Alltag auch tun: Sie wenden sich an die Stelle, bei der sie sich die größte Wirksamkeit für das eigene Anliegen erhoffen. Ist das Beschwerdemanagement überhaupt kein Thema im Team, bleibt den Eltern sowieso gar nichts anderes übrig.

Beschwerden für sich nutzbar machen

Ein zweites Ziel des Beschwerdemanagements ist die Verbesserung der eigenen Arbeit. Jede Beschwerde weist auf einen Mangel hin. Nicht jeder ist gleich wichtig und auch nicht jeder kann sofort oder auch überhaupt abgestellt werden. Aber eine Unzulänglichkeit ist es doch, worauf Beschwerden aufmerksam machen. Auch dieser Hinweis ist nicht unbedingt leicht zu verkraften. Machen wir denn so viel falsch, werden die einen oder anderen sich jetzt vielleicht besorgt fragen. Beschwerdemanagement lässt sich aber nicht ohne eine gewisse Fehlerfreundlichkeit gegenüber der eigenen Arbeit entwickeln.

Nur fehlerfreundliche Teams können sich wirklich auf Beschwerden einlassen. Nur sie haben keine Angst vor eventuell notwendigen Veränderungen. Erst wenn ein Team bereit ist, sich für Veränderungen zu öffnen, können Beschwerden wirksam werden. Wenn das gelingt, dann erzielen Teams jedoch einen hohen Gewinn aus den Beschwerden und ihrer Bearbeitung. Sie entdecken auf allen möglichen Ebenen Verbesserungsmöglichkeiten und entwickeln sich unablässig weiter.

Nicht immer machen Beschwerden auf **pädagogische** Mängel aufmerksam. Häufig stoßen die Erzieherinnen auch auf **Vermittlungs- und Kommunikationsprobleme**. Wenn sich eine Mutter beispielsweise darüber beschwert, dass die Kleidung ihres Kindes „schon wieder schmutzig" ist, muss das nicht heißen, dass die Einrichtung sofort alle Möglichkeiten, eigene Erfahrungen mit Gegenständen und Material zu machen, einstellt. Es kann aber bedeuten, dass sie darüber nachzudenken beginnen, ob sie sich in der Vergangenheit wirklich ausreichend Zeit genommen haben, die (subjektiv immer begründete) Sichtweise der Mutter zu verstehen oder ob es vielleicht ein anderes Kommunikationsproblem gibt. Klar ist, nicht immer können Eltern zufrieden gestellt werden. Das garantiert auch das Beschwerdemanagement nicht. Aber es lässt immer auch Rückschlüsse auf Verbesserungsmöglichkeiten in der eigenen Arbeit zu.

Elternzufriedenheit

Das dritte Ziel des Beschwerdemanagements lautet: Zufriedenheit der Eltern. Diese stellt sich ein, wenn sie erstens mit der Dienstleistung zufrieden sind, zweitens aber auch, wenn ihre Beschwerde angenommen wird. Häufig verfliegt der erste Ärger in dem Augenblick, in dem eine Beschwerde einen Ansprechpartner findet, der sie tatsächlich ernst nimmt. Häufig stellt sich in diesem Moment bereits eine konstruktivere Haltung ein. Und darum geht es.

Professionell mit Beschwerden umzugehen zielt nicht auf blinden Gehorsam dem Elternwillen gegenüber. Es verlangt aber den respektvollen Umgang mit ihrem Anliegen. Dabei ist der vielleicht wichtigste Aspekt der, dass eine Beschwerde überhaupt irgendwo landen kann, wo man sie in guten Händen weiß. Dazu muss dann eine klare Information darüber kommen, was mit der Beschwerde geschieht, wer sich bis wann damit beschäftigen wird, wie man Rückmeldung erhält. Wir denken, wenn nur das gelingt, stellt sich bereits mehr Elternzufriedenheit ein.

Die einzelnen Schritte des Beschwerdemanagements

1. Die Beschwerde annehmen

Jeder nimmt Beschwerden entgegen, **jeder** ist für eine Beschwerde ansprechbar und gibt das auch zu verstehen! Das gilt z. B. auch für Küchenpersonal. An wen immer Eltern geraten, niemand wird antworten: *„Dafür bin ich nicht zuständig.“* Jede wird in etwa antworten oder zu verstehen geben: *„Schön, dass Sie mir das sagen. Wir werden jetzt sehen, wie wir damit verfahren.“* Mit neuen Kolleginnen oder Praktikantinnen muss die Beschwerdeannahme, das zeigt alle Erfahrung, bald nach ihrer Einstellung geübt werden.

2. Beschwerdeklarheit schaffen

Wer eine Beschwerde entgegen nimmt, muss klären, worum es genau geht. Das erfolgt durch aufmerksames Zuhören, durch Rückfragen und Erkunden von Interessen. Je mehr an dieser Stelle bereits fragend in Erfahrung gebracht wird, umso leichter fällt der weitere Weg. Wichtig ist, dass an dieser Stelle keinerlei Rechtfertigung erfolgt. Auf Fragen von Eltern wird so gut es geht gleich geantwortet, aber es wird nichts „geradegerückt“. Wer auf Fragen von Eltern keine Antwort weiß, gibt dies einfach zu verstehen und geht zum nächsten Schritt über. Oft ist es sinnvoll, sich am Ende zu vergewissern, ob richtig verstanden wurde, worum es den Eltern wirklich geht.

3. Klären: Wer ist Ansprechpartner/-in für die Beschwerde?

Wenn die angesprochene Erzieherin selbst nicht diejenige ist, die Auskunft geben oder die Beschwerde bearbeiten kann, muss gemeinsam geklärt werden, an wen und wie die Beschwerde weitergeleitet wird. Für die Weiterleitung sind aber **nicht** die Eltern zuständig! *„Wenden Sie sich in dieser Sache bitte an die Leiterin“*, ist also keine angemessene Auskunft. Sie müsste vielmehr lauten: *„Ich werde Ihr Anliegen an die Leiterin weiterlei-*

ten. Sie ist dafür zuständig und wird sich wieder an Sie wenden.“ Natürlich **können** das Eltern auch selbst tun, wenn sie möchten, das Angebot aber sollte von der Erzieherin kommen.

4. Weg der Beschwerdebearbeitung transparent machen

Wenn die Angesprochene selbst auch diejenige ist, die für die Bearbeitung zuständig ist, wird sie einen konkreten Bearbeitungsvorschlag mit möglichst verbindlichen Zeitangaben machen. Sie wird die Eltern darüber informieren, was als erstes passiert, was danach, bis wann, durch wen? Je konkreter, umso besser: *„Ich werde bis morgen genau beobachten, was Ihr Sohn mit seinen Hausschuhen macht und werde Sie morgen, wenn Sie ihn abholen, noch einmal daraufhin ansprechen.“*

Wenn die Erzieherin, die die Beschwerde aufnimmt, nicht auch für ihre Bearbeitung zuständig ist, muss sie sich ähnlich verhalten, bloß mit dem Unterschied, dass sie schildert, was sie konkret tut, damit die Beschwerde weiterverfolgt wird. Sie wird also eventuell mitteilen: *„Ich werde Ihr Anliegen gleich morgen früh an die Kollegin weiterleiten. Sie wird sich darum weiter kümmern und Sie noch morgen persönlich informieren, wie es weiter geht.“*

5. Beschwerdebearbeitung

Zusagen müssen unbedingt eingehalten oder die Betroffenen **von sich aus** in Kenntnis gesetzt werden, dass es Veränderungen oder Verzögerungen geben wird und warum. Im Team müssen im Laufe der Zeit Festlegungen erfolgen, wer welche Art von Beschwerde in welcher Weise bearbeiten kann. Wir plädieren dafür, dies nicht am Anfang des Weges zum Beschwerdemanagement zu tun, sondern zunächst einmal damit zu experimentieren und zu sehen, welche Art von Beschwerden sich in der eigenen Einrichtung häufen.

6. Lösungen und Antworten aus der Beschwerdebearbeitung mitteilen

Auch keine Lösung ist ein vorläufiges Ergebnis! Der Weg, der zum Ergebnis geführt hat, sollte nachvollziehbar gemacht werden. Wichtig ist wieder, dass nicht Eltern dies alles einfordern müssen, sondern, dass sie die Gewissheit haben, dass die Erzieherinnen von sich aus (zu einem vereinbarten Zeitpunkt) auf sie zukommen. Auch Unterschiede in der Sichtweise müssen benannt werden. Eltern dürfen nicht das Gefühl bekommen, ihnen würde „Honig ums Maul geschmiert“ werden. Wenn das Ergebnis schließlich für Eltern nicht zufrieden stellend sein sollte, müssen die Schritte des Beschwerdemanagements eventuell noch einmal von Neuem gegangen oder aber ein Gespräch, mit dem Ziel längerfristige Perspektiven zu klären, vereinbart werden.

7. Beschwerdezufriedenheit erfragen

Einige Zeit nach der Lösungsmitteilung muss wiederum **von sich aus** erfragt werden, wie zufrieden die Eltern nun nach einiger Zeit mit der Lösung sind. Dies ist ein sehr wichtiger Schritt, der häufig „vergessen" wird, weil die Erzieherin froh ist, die Beschwerde vom Tisch zu haben. Sie glaubt, mit einer Rückfrage weckt sie wieder schlafende Hunde. Wir erinnern in diesem Zusammenhang noch einmal daran, dass es ja genau um das Signal geht, dass Beschwerden willkommen sind.

In diesem Sinne ist eine Beschwerde noch nicht „erledigt", wenn Ruhe eingekehrt ist.

8. Analyse und Nutzbarmachung für die Verbesserung der eigenen Qualität

Wir regen an, im Team ein Beschwerdebuch zu führen. Regelmäßig könnte dann überprüft werden, welche Beschwerden sich häufen, welche Schwächen darin aufgedeckt werden und was das Team tun kann, um die eigene Arbeit in diesen Punkten zu verbessern. Dabei darf es nicht bei Absichtserklärungen bleiben. Das spüren Eltern sofort. Teams, die professionell mit Beschwerden umgehen, sollten jedes Jahr mindestens eine oder zwei Veränderungen vornehmen, auf die Eltern aufmerksam gemacht haben. Sie unternehmen diesbezüglich systematische Anstrengungen und informieren Eltern auch darüber.

8.5 Kindeswohlgefährdung

Ein besonders brisantes Feld in der Zusammenarbeit mit Eltern muss betreten werden, wenn Anhaltspunkte bestehen, dass das Kindeswohl gefährdet ist. Dieses Thema hat in der jüngsten Vergangenheit eine sehr starke öffentliche und mediale Aufmerksamkeit erfahren, was einerseits zu begrüßen ist, weil es zeigt, dass die gesellschaftliche Aufmerksamkeit für Vernachlässigung und Misshandlung von Kindern steigt. Andererseits kann im konkreten Fall aber auch enormer zusätzlicher Druck auf alle Beteiligten ausgelöst werden. Dabei ist jedoch besonnenes Vorgehen in geordneten Schritten erforderlich.

Aufmerksamkeit und sensibles Vorgehen in Fällen von Kindeswohlgefährdung war in Kitas schon immer nötig. Seit der Paragraf 8a SGB VIII[74] neu gefasst wurde, stehen Erzieherinnen aber auch klare Verfahrensregelungen zur Verfügung, wenn sich der Verdacht auf Kindeswohlgefährdung erhärten sollte. In der Praxis haben sich in Einrichtungen, bei Jugendämtern und Trägerverbänden verschiedene solcher Verfahrensregelungen etabliert oder sind in der Erprobung. Wir bevorzugen das Verfahren, dass von Maucher/Wüstenberg in TPS Heft 3/2008 vorgestellt wird (siehe Kasten).[75]

74 § 8a SGB (Sozialgesetzbuch) VIII (Kinder- und Jugendhilfegesetz) vom 1.10.2005

75 Maucher/Wüstenberg 2008, S. 6

Die Schritte, die bei Vorliegen von Anhaltspunkten, in der Kindertagesstätte zu gehen sind

1. Gewichtige Anhaltspunkte für eine Kindeswohlgefährdung wahrnehmen und von anderen pädagogischen Problemen unterscheiden
2. Austausch im Team/mit der Leitung und Entscheidung für eine insoweit erfahrene Fachkraft
3. Einschalten der insoweit erfahrenen Fachkraft
4. Gemeinsame Risikoabschätzung (Kinderschutzkonferenz)
5. Prüfung der Frage: Einbeziehung der Eltern/Sorgeberechtigten des Kindes?
6. Erarbeiten und Formulieren eines Beratungs- und/oder Hilfsangebots
7. Planung der Überprüfung der Zielvereinbarungen und Kontrolle
8. Gegebenenfalls erneute Risikoeinschätzung
9. Gegebenenfalls Vorbereitung der Information an das Jugendamt
10. Einbeziehen des Jugendamtes

Ohnehin ist jede Kita aufgefordert, das Verhalten und die Entwicklung aller Kinder aufmerksam wahrzunehmen. Wenn wir von einer an den Grundbedürfnissen des Kindes orientierten Arbeitsweise der pädagogischen Fachkräfte ausgehen, dann wird bei ihnen eine Verhaltensänderung oder eine veränderte Stimmung eines Kindes auffallen. Das muss noch nicht unmittelbar als „problematisch" angesehen werden, aber es kann **gezielte Aufmerksamkeit** auslösen. Das heißt, die pädagogische Fachkraft beschäftigt sich intensiver mit dem Kind und der Frage, was diese neuen Verhaltensweisen bedeuten und welche Ursachen sie haben können. Solche Anhaltspunkte **können** z.B. gegeben sein, *„wenn ein Kind sich plötzlich gravierend verändert, wenn ein Kind bedrückt erscheint, weinerlich ist, wenn ein Kind mehrfach witterungsmäßig nicht adäquat angezogen ist, wenn ein Kind ungepflegt ist, wenn ein Kind häufig übermüdet ist, wenn ein Kind unentschuldigt fernbleibt, wenn ein Kind von mehrfach wechselnder Betreuung erzählt, wenn ein Kind häufig Elternstreit erlebt, wenn ein Kind Verletzungen oder blaue Flecken hat, wenn ein Kind mehrfach ohne Frühstück kommt, wenn es häufig hungrig ist, wenn es appetitlos ist, wenn es nicht nach Hause gehen will, wenn es sehr liebebedürftig ist, wenn es sich isoliert oder zurückzieht, wenn es häufiger „unbegründet" aggressiv erscheint, wenn es zerstörerisch spielt, wenn es kaum redet, wenn es in Hab-Acht-Stellung geht."*[76] Naturgemäß ist es nicht leicht, solche Beobachtungen zu deuten; sie sind oft unspezifisch und nicht allgemein gültig. So kann etwa vernachlässigte Kleidung je nach soziokulturellem Milieu des Einzugsbereichs unterschiedlich „normal" sein. Dennoch: Erzieherinnen, die „ihre"

[76] Maucher/Wüstenberg 2008, S. 5

Kinder und Familien kennen, haben ein Gespür dafür entwickelt, wann sie beunruhigt oder gar alarmiert sein müssen.

Dann liegen im gesetzlichen Sinne „gewichtige Anhaltspunkte“ vor, die das Kindeswohl gefährden können. Diese Anhaltspunkte sind intern zu erörtern, um sich dann mit einer so genannten „insoweit erfahrenen Fachkraft“ zu beraten und andere Stellen einzuschalten, wenn sich konkrete Verdachtsmomente ergeben. Insbesondere ist es nicht ihre Aufgabe, aktiv Informationen einzuholen, die einen Verdacht erhärten oder entkräften könnten. Sie ist „nur“ eine beteiligte Institution unter anderen, also keinesfalls allein für den Fortgang des Verfahrens verantwortlich, bleibt aber im Rahmen ihres gegebenen Auftrags weiterhin in das Vorgehen eingebunden.

Im Zusammenhang der Thematik dieses Buches ist das ein besonders neuralgischer Punkt: In Fällen von vermuteter Vernachlässigung oder Misshandlung eines Kindes stellt sich ja immer die Frage, ob und inwiefern es ratsam ist, mit den Eltern im Gespräch zu bleiben (Schritt 5). Denn die Offenbarung einer Vermutung, und sei es auch nur einer vorsichtigen Nachfrage, kann unversehens zum Kontaktabbruch seitens der Eltern führen – und das soll im Interesse des Kindes eben nicht geschehen. Erzieherinnen scheuen sich in der Regel, Eltern mit etwas „Unangenehmem“ zu konfrontieren. Deshalb ist in den Erörterungen im Team und mit der insoweit erfahrenen Fachkraft unbedingt zu klären, ob und wenn ja, wie auf die Eltern zugegangen werden soll.

Wenn entschieden wird, auf die Eltern zuzugehen, sollte das Gespräch mit der insoweit erfahrenen Fachkraft vorbereitet werden. Es muss oberstes Ziel sein, Zugang zu den Eltern zu bekommen und den Kontakt aufrecht zu halten. Dazu gehört, was generell auch beim ganz unbelasteten Elterngespräch gilt: die Situation der Familie und die Sichtweise der Eltern auf das Problem verstehen zu wollen. Davon ausgehend geht es darum, die Bereitschaft der Eltern zu erkunden, die Gefährdung ihres Kindes zu erkennen und auf Hilfsangebote einzugehen. Diese sollen dann transparent und möglichst unter Einbeziehung der Eltern eingeleitet werden. Man muss die Motivation der Eltern stärken, Hilfen in Anspruch zu nehmen und geeignete Unterstützungsangebote machen.[77] Kooperieren die Eltern nicht, muss das Jugendamt eingeschaltet werden, das nun hauptverantwortlich im Verfahren wird. Die Kita bleibt aber weiterhin in mitwirkender Funktion und in enger Abstimmung mit dem Jugendamt in das Verfahren eingebunden; sie hat ja möglicherweise das Kind nach wie vor zu betreuen und trifft weiterhin auf dessen Eltern. Hierzu bedarf es im Team verbindlicher Regelungen, wer wie mit den Eltern spricht.

[77] Vgl. Johns 2008, S. 26

9. Bedarfsgerechte Vielfalt in der Zusammenarbeit

9.1 Der Abend für Eltern
Ein Versuch, ins Gespräch zu kommen

An konkreten Formen der Zusammenarbeit mit Eltern gibt es in der Praxis eine unüberschaubare Vielfalt. Je nach Einzugsbereich der Kindertageseinrichtung, nach dem Bedarf der Familien und den materiellen und personellen Möglichkeiten ergeben sich sehr unterschiedliche Kooperationsprofile. Traditionellerweise ist der Elternabend neben den Elterngesprächen **die** klassische Form der Zusammenarbeit. Er wurde und wird von den Fachkräften als Königsweg angesehen, wenn es darum geht, möglichst viele Eltern mit einem Anliegen zu erreichen. Seine Erscheinungsformen sind vielfältig: Es gibt themenoffene Elternabende, Themenelternabende mit und ohne externe Referenten, Elternabende zur Wahl eines Elternbeirates, „Alt“ trifft „Neu“ u.a.

Ein Elternabend kann befriedigend für alle sein, wenn er auf die Interessen der Beteiligten trifft

Ein Elternabend kann eine angenehme und bereichernde Erfahrung für alle sein. Häufig jedoch umgibt ihn der Touch der Pflichtübung – gleichermaßen für Fachkräfte und Eltern –, wobei dies weniger der Tatsache geschuldet ist, dass die Veranstaltung im Konzept der Einrichtung oder in der Satzung des Elternbeirates, mitunter mit einer bestimmten Anzahl pro Jahr, vorgeschrieben wird. Vielmehr scheint der Elternabend quasi ein Gradmesser für die Güte der Ansprache der Eltern seitens der Kita zu sein: Wer Elternabende abhält, macht die „richtige“, zumindest die notwendige Elternarbeit. Hinzu kommt das Missverständnis, dass die Güte eines Elternabends gern an der Anzahl der erschienenen Eltern gemessen wird. (Siehe auch Kapitel 3.5) Für den hohen Stellenwert, der Elternabenden generell beigemessen wird, spricht unseres Erachtens die Selbsterwartung der Fachkräfte, die sich „schlecht“ fühlen würden, wenn sie keine Elternabende veranstalteten. Zusätzlich vermuten sie mitunter auch eine gewisse Erwartungshaltung von Eltern auf die Abhaltung von Elternabenden, die nicht unbedingt der Realität entsprechen muss.

Wir kennen die Klagen von Erzieherinnen, denen oft Eltern noch am Morgen auf eine letzte persönliche Ansprache zugesagt haben, auf jeden Fall zum Elternabend zu erscheinen, um am Abend dann doch fernzubleiben, „weil etwas dazwischen gekommen ist". Nicht selten dürften Eltern, die tatsächlich teilnehmen, dies mehr aus Pflichtbewusstsein oder Zuneigung gegenüber dem Personal tun als aus echtem Interesse am Thema. Man spürt die gute Absicht und ist dennoch verstimmt. Ganz bedenklich aber wird es, wenn der weitere Kontakt der Fachkräfte zu den Eltern von deren Teilnahme an Elternabenden eingefärbt wird. So verkommt ein an sich sinnvolles Angebot zu einer erstarrten Beziehungsprüfung, die beiderseits den schalen Beigeschmack der Pflichtübung hinterlässt, die man sich auch hätte schenken können.

Deshalb gilt auch hier: Weniger ist mehr, wenn das „Weniger" vom echten Interesse der Beteiligten getragen wird. Und Beteiligung verstehen wir hier im Wortsinn: innerlich und äußerlich einen Teil an der Veranstaltung nehmen. Je mehr Eltern sich in der Themenstellung mit ihren Interessen und Bedürfnissen wiederfinden und im Ablauf des Elternabends aktiv werden können, desto befriedigender wird er werden – auch für die Veranstalterinnen.

Spielend lernen?

Dazu bedarf es natürlich einer guten Vorbereitung. Zur Vorbereitung gehören eine klare Zielsetzung, ein Ablaufplan und die Wahl geeigneter Arbeitsformen und Methoden. Auf die Einladung möchten wir hier nicht erneut eingehen; hierzu finden sich Hinweise im Kapitel 7.5. Bei der Zielsetzung erscheint es uns wichtig, sich klar zu werden, was man mit oder auf dem anstehenden Elternabend erreichen will. Die Leitidee für die Zielfindung sollte z.B. so lauten: Wir wollen auf diesem Elternabend unser Bildungsverständnis und unsere Arbeitsweise mit den Kindern im Bildungsprozess darstellen. Dies beinhaltet die Selbst-Initiierbarkeit, dass man Ziele für sich (und nicht für die Eltern) formuliert und für deren Erreichung dann auch selbst verantwortlich ist.

Im Kasten auf Seite 170 stellen wir eine allgemeine Struktur für den Ablauf eines Elternabends vor. Diese muss natürlich jeweils an den konkreten Anlass und die aktuelle Situation vor Ort angepasst werden. Am Beispiel des Themas „Spielend lernen? Der Kindergarten als Ort frühkindlicher Bildung" möchten wir aktivierende Gestaltungsmöglichkeiten zur Themenbearbeitung exemplarisch vorstellen. Wir gehen dabei davon aus, dass die Eltern durch die Einladung und die Ablaufschritte 1–3 bereits eine Vorstellung vom Thema des Abends haben und dafür „angewärmt" sind. Der Einstieg in die Themenbearbeitung kann dann aus zwei Möglichkeiten bestehen:

1. Ein Blick in die eigene Lerngeschichte

Dies soll dazu dienen, den Eltern einen Perspektivenwechsel zu ermöglichen. Durch das Erinnern oder gar Nacherleben des eigenen Lernens wird der Blick dafür erweitert, wie Kinder lernen, und das Thema auf eine subjektive Erfahrungsgrundlage gestellt. Methodisch bieten sich folgende Vorgehensweisen an:

- **Verborgene Erinnerungen:** Unter einer Decke befindet sich eine Anzahl (deutlich mehr als die Zahl der Anwesenden) von Symbolen, die mit Kindheit in Verbindung gebracht werden können: Puppen, Puppenmöbel, Werkzeug, Kreisel, Jo-Jo, Autos, Springseil, Schnuller, Waffen, Kochtopf, Schere, Schatzkästlein, Baumrinde und vieles mehr. Die Anwesenden – Erzieherinnen beteiligen sich! – ziehen „blind" ein Symbol hervor; einmal umtauschen ist erlaubt. Dann gibt es eine Runde dazu, welche Lernerinnerungen das Symbol bei einem auslöst. Danach kann dann im Plenum oder in Kleingruppen weiter über das Thema „Wie lernen Kinder?" nachgedacht werden.
- **Expedition durch die Einrichtung:** Die Eltern werden für eine vereinbarte Zeit durch die Einrichtung geschickt, um sich überall umzusehen und einen Gegenstand auszuwählen, der sie aus irgendeinem Grund anspricht. Dann gibt es eine Runde dazu, was den jeweiligen Gegenstand einem bedeutsam macht.
- **Gedankenreise:** Die Anwesenden werden von einer Moderatorin auf eine Gedankenreise in die eigene Kindheit geschickt, z. B. kann man in einem Ballon über die Landschaft seiner Kindheit gleiten und sich von oben anschauen, was sich dort findet. Danach wieder Austausch. Wichtig: Signal geben, dass man nur das veröffentlicht, was man auch selber veröffentlichen will!
- **Reflexion der eigenen Kindheit in Kleingruppen zu ausgewählten Fragen:** Wo habe ich gespielt? Mit wem? Was habe ich am liebsten gespielt? Was war aufregend?

2. Auf den Lernspuren der eigenen Kinder

Diese Vorgehensweise ist weniger auf die subjektive Erfahrung der Eltern gemünzt, dafür bietet sie aber die erfahrungsgeleitete Beschäftigung mit dem Lernen des eigenen Kindes.

- Das Lieblingsspielzeug des eigenen Kindes von zu Hause mitbringen. (Muss natürlich in der Einladung oder mündlich im Vorhinein angekündigt worden sein.)
- Die Eltern werden in die verschiedenen Räume, Werkstätten und Ateliers der Einrichtung geschickt, um dort etwas zu erkunden, auszuprobieren oder herzustellen.
- Die Eltern müssen in der Einrichtung einer Tätigkeit nachgehen, die ihnen von ihren eigenen Kindern vorgegeben wurde, z. B. „Meine Mama soll in der Bauecke einen

Turm bauen." „Mein Vati soll die Fische im Aquarium füttern." Die Aufgaben haben die Kinder den Erzieherinnen vorher diktiert.

- Die Eltern sollen mit unstrukturiertem Material Spiele erfinden oder Bauwerke konstruieren.
- Die Eltern schauen sich Videosequenzen aus dem Freispiel der Kinder an.
- Gesprächsrunde: „Spielen früher – spielen heute".

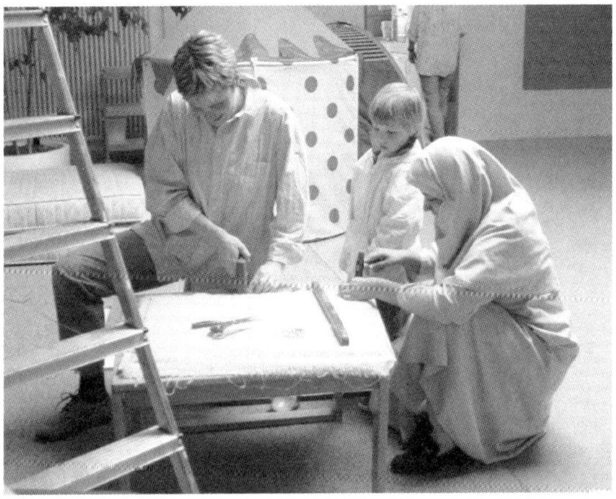

Mutter und Kind stellen gemeinsam einen Teppich her

Beide Vorgehensweisen sind für die Teilnehmer/-innen erfahrungsorientiert und bieten nach unserer Erkenntnis weitaus geeignetere Einstiegsmöglichkeiten in das Thema als etwa ein Vortrag oder der unvermittelte Einstieg in eine Diskussion. Weil es an eigene Erfahrungen anknüpft, kann anschließend die Vorstellung der Bildungsarbeit des Kindergartens viel besser nachvollzogen und verstanden werden. An dieser Stelle möchten wir betonen, wie wichtig es ist, in der Phase der Themenbearbeitung zwischen den Informationen, die die Erzieherinnen geben, und den Dingen, die diskutiert werden können und sollen, zu trennen. Eltern sind dankbar für eine klare Auskunft, welche Möglichkeiten sie haben und was von ihnen erwartet wird. Denn selbstverständlich sind die Themen der Kita nicht alle in gleichem Maße verhandelbar.

Selbst wenn die Erzieherinnen Arbeitsweisen vorstellen, die in der Substanz nicht diskutierbar oder mitbestimmungsfähig sind, haben sie aber immer die Möglichkeit, die Meinung der Eltern dazu einzuholen und sich ein Bild über die Akzeptanz ihrer Arbeit in der Elternschaft zu machen.

Der Schlüssel für gelingende Elternabende liegt darin, die Themen so zu wählen und aufzubereiten, dass die Eltern sie auch als die ihren erkennen, und die Themenbearbeitung in einer aktivierenden Weise zu gestalten. Im Idealfall ergibt sich ein echter Dialog unter den Eltern und mit den Fachkräften. Wie erfolgreich und bereichernd dialogische Elternabende dann sein können, zeigt sehr anschaulich Johannes Schopp in seinem Buch „Eltern Stärken"[78], in dem er aufgrund dialogischer Prinzipien das Expertentum von El-

[78] Schopp 2006

tern und die Gleichwertigkeit aller Beteiligten lebendig werden lässt. Auch wenn man solche Elternabende nicht ohne Vorbildung in dialogischer Moderationstechnik durchführen sollte, zeigt sich doch, wie fruchtbar es sein kann, wenn Eltern ernsthaft das Wort gegeben wird.

Struktur eines Elternabends

1. Ankommen und sich begegnen

- Zeit dafür einplanen
- Eltern persönlich begrüßen
- ein kleines Informations- oder/und Getränke-Angebot machen (Literatur, kleine Dokumentationen etc. – nicht zu umfangreich)
- selbst dezent für Eltern verfügbar sein

2. Offizielle Begrüßung

- positives Willkommenheißen (ggf. kein Bedauern auf geringe Teilnehmerzahl ausdrücken)
- neue Teilnehmerinnen (Eltern oder Erzieherinnen) oder Gäste besonders begrüßen

3. Überblick geben

- Was ist Thema?
- Gibt es Pausen?
- Gibt es Material zum Mitnehmen?
- Wie lange haben wir geplant?
- Was haben wir vor? (eventuell Ablauf schriftlich aufhängen bzw. vortragen)

4. Thema bearbeiten

- günstig: zuerst die Sichtweisen der Eltern einholen; wichtig: diese stehen lassen, nicht kritisieren, zurückweisen oder infrage stellen!
- Eltern eventuell aktiv werden lassen (in Kleingruppen: etwas tun, sich über eigene Erfahrungen austauschen, Fragen sammeln, sich gegenseitig beraten ...)
- die eigene Sichtweise darstellen (Vortrag, Innenkreis, Zwiegespräch ...)
- klarstellen: Handelt es sich dabei um Informationen (die nicht infrage gestellt werden) oder um „Denkangebote", über die gemeinsam nachgedacht werden soll? Unter Umständen beides deutlich voneinander trennen: *„Das haben wir vor ... Haben Sie Fragen dazu?"* und *„Das schlagen wir vor ... Was meinen Sie dazu?"*

5. **Ergebnisse zusammenfassen**

- *„Ich glaube, einig waren wir uns darin …“*
- *„Das sind noch offene Fragen, über die wir mit Ihnen im Gespräch bleiben müssen …“*
- *„Ich möchte noch einmal zusammenfassen, was wir uns vorgenommen haben …“*

6. **Weitere Informationen geben (wenn nötig)**

- kurz und am besten auch schriftlich mitgeben

7. **Ausblick geben**

- *„Das nächste Mal wollen wir …“*
- *„In den nächsten Tagen …“*

8. **Rückmeldung holen**

- überlegen, was wir genau wissen wollen: Rückmeldungen zum Inhalt, zu den Methoden, zur persönlichen Zufriedenheit, zur Atmosphäre …? (Soziometrie, Runden, Punktabfragen …)

9. **Verabschieden**

- eventuell mit etwas Zeit ausklingen lassen

9.2 „Wir können viel für Sie tun.“ Service, Beratung und Hilfe

Frau Fischer ist allein erziehende Mutter und hat in der Nachbarschaft noch keine engeren Kontakte knüpfen können. Unter den Eltern der Familiengruppe, die ihre Tochter besucht, sind einige, mit denen sie sich gerne mal abends treffen möchte. Leider hat sie niemanden, der dann auf ihre Tochter aufpasst.

Pablos Eltern sind wegen dessen Essstörungen besorgt und haben schon mehrfach das Gespräch mit den Gruppenerzieherinnen gesucht. Sie konnten einige Klarheit über mögliche Ursachen gewinnen und erkennen jetzt, dass sie eine Familienberatungsstelle aufsuchen sollten.

Eine Gruppe von Eltern artikuliert ihre Besorgnis, dass extensiver Fernsehkonsum und Computerspiele negativen Einfluss auf Kinder nehmen könnten und fragt sich, wie sie dem „pädagogisch" begegnen können. Auch den Erzieherinnen ist es ein Anliegen, das Medienverhalten der Kinder zu thematisieren.

Familie Trautmann hat ein sehr geringes Familieneinkommen. Es fällt den Eltern schwer, die Kinder mit regelmäßigen Mahlzeiten zu versorgen. Wenn die Kindergartengruppe ihrer Tochter Saskia etwas unternimmt, was Geld kostet, z. B. einen Ausflug in den Tierpark, dann versuchen sie, Saskia unter einem Vorwand zu Hause zu behalten.

Für die Beratung von Eltern brauchen Erzieherinnen Qualifizierung

Die Rollen von Eltern und die Beziehungen in den Familien sind Wandlungen unterworfen, die Unsicherheiten – gerade auch in Erziehungsfragen – hervorrufen. Die Kita als Ort der Begegnung von Eltern mit Erzieherinnen und anderen Eltern wird Sammelpunkt von Fragen, Interessen und Bedürfnissen, die das Leben der Familien und die gemeinsame Erziehungsaufgabe berühren. Eltern wenden sich mit gewachsenem Vertrauen sowohl mit persönlichen Fragen als auch mit allgemeinen Fragen zur Elternrolle an die Erzieherinnen, bei denen sie Verständnis und Unterstützung erwarten. Sie betrachten die Gruppe aber auch als Ort der Begegnung untereinander, an dem Kontaktmöglichkeiten für Eltern und Familien eröffnet werden.

Ratsuchende Äußerungen der Eltern spiegeln eine große Vielfalt von Fragen: Eltern wollen akzeptiert werden, wie sie sind, stellen Fragen zur richtigen Erziehung, suchen Hilfe in schwierigen Situationen, richten Forderungen an die Erzieherinnen, bitten um Entlastung in ihrer familiären Situation und um Verständnis ihrer Alltagsbelastungen. Eltern suchen auch den Kontakt untereinander, wollen Geselligkeit und Austausch untereinander in ähnlichen Lebenslagen.

Diese höchst unterschiedlichen und teilweise widersprüchlichen Erwartungen sind trotz ihrer Bandbreite doch nur ein Ausschnitt der Realität. Aus Sicht der Kindertagesstätte handelt es sich bei diesen Erwartungen teilweise um solche, auf die sie mit Dienstleistungen in einem weiteren, qualifizierten Sinn antworten kann. Einige brauchen jedoch auch andere Organisationsformen bzw. lassen sich selbstorganisiert umsetzen.

Auf der Ebene der Organisation von Kontakten, der Beratung und Bildung, kann die Gruppe offene Angebote machen, die von Eltern je nach ihrer persönlichen und allgemeinen Situation genutzt werden können. Service-Angebote, die der Selbstorganisation der Eltern dienen, lassen sich mit vergleichsweise geringem Aufwand, mit Beteiligung der Eltern oder sogar selbstständig von den Eltern machen. Es liegt auf der Hand, dass der Kontakt über solche Angebote leicht zu näherer Bekanntschaft der Eltern führen kann und sich daraus neue Formen der Zusammenarbeit entwickeln können.
Die Beratung der Eltern etwa in Erziehungsfragen ist dagegen eine anspruchsvolle Aufgabe. Sie bedarf der Vorbereitung und Absprache im Team. Beratungskompetenzen müssen von Erzieherinnen gezielt erworben und ausgebaut werden. Supervision und Fortbildung sind hierfür hilfreiche Instrumente. An den Stellen, wo Erzieherinnen an ihre professionellen Grenzen stoßen, müssen sie die Ratsuchenden an geeignete Institutionen weiterverweisen, bzw. sich Experten in die Einrichtung holen. Für Bildungsangebote gilt grundsätzlich das Gleiche. Maßnahmen der Elternbildung sollen und können von Erzieherinnen und Eltern selbst durchgeführt werden, sofern dies mit den vorhandenen Ressourcen und Kompetenzen möglich ist. Alternativ und zusätzlich besteht deren Aufgabe darin, Fachleute zu gewinnen bzw. die Angebote der spezialisierten Elternbildungsinstitutionen zu erschließen.

Vorschläge für Service und Beratung

- **Informationsmaterial auslegen:** Die mitunter ausgesprochen breit gefächerten Angebote psychosozialer Dienste im Wohnumfeld oder Stadtteil (Beratungsstellen, Elternbildungsstätten, soziale Dienste, Kirchen, Volkshochschule, Vereine) lassen sich leichter zugänglich machen und vergleichen, wenn deren Programme, Selbstdarstellungen, Einladungen usw. in der Kindertagesstätte ausgelegt oder ausgehängt werden. Wichtig ist, sie so zu präsentieren, dass sie die Wahrnehmung der Eltern ungeteilt auf sich ziehen können (z. B. Elterncafé).
- **Babysitter-Dienst:** Dieser ist für alle Eltern, die nicht auf eine entsprechende Möglichkeit in der Familie oder Bekanntschaft zurückgreifen können, sehr wertvoll. Er lässt sich mit einer Anfangswerbung in der Elternschaft der Gruppe und einer festen Form für die nötige Kontaktvermittlung (Schwarzes Brett, Adressenliste) leicht organisieren. Auch bei anderen Gelegenheiten ist ein solches Unterstützungssystem sehr hilfreich, z. B. wenn Kinder tagsüber abgeholt oder die Gruppen bei einem Ausflug begleitet werden müssen und berufstätige Eltern sich nicht dafür frei nehmen können.

- **Beratungsangebote:** In enger inhaltlicher Verbindung mit den regelmäßigen Entwicklungsgesprächen (siehe Kapitel 7.3), die ihrerseits Beratungsanteile enthalten können, haben Beratungsangebote der Erzieherinnen an die Eltern eine wichtige Unterstützungsfunktion. Eltern sollten wissen, dass sie mit ihren Fragen und Sorgen willkommen sind. Die Erzieherinnen übernehmen eine weitere wichtige Unterstützungsfunktion, wenn die Weiterverweisung der Familie an eine Beratungsstelle angezeigt ist. Hier kann die Beratung in der Einrichtung es den Eltern erleichtern, den möglicherweise unangenehmen ersten Schritt zu tun.
- **Themen-Elternabende:** Stehen Fragen von allgemeinem Interesse an, können Elternabende, die sich gezielt ausgewählten Fragen widmen, die passende Angebotsform sein. Wichtig ist, dass das Thema aus der Mitte der Elternschaft kommt bzw. deren Interessenslage ausdrücklich trifft. Am besten ist es, wenn Themen mit einer Kleingruppe und/oder mit dem Elternbeirat vorbereitet werden. Je nach Themenstellung sollten Fachleute hinzugezogen werden. Ein umfangreiches Thema kann auch über mehrere Abende hin bearbeitet werden. Schließlich können sich auch Exkursionen (z. B. ins Museum) im thematischen Zusammenhang einplanen lassen (siehe auch Kapitel 9.1).
- **Private Feiern in der Einrichtung:** Familien, denen zu Hause nicht der Platz für größere Feiern zur Verfügung steht, können möglicherweise dafür geeignete Räume in der Kindertagesstätte nutzen. Besonders wenn ein extra Raum für die Begegnung mit Eltern vorhanden ist, der unabhängig vom Tagesstättenbetrieb genutzt werden kann, bietet sich diese Möglichkeit an.

Eltern- und Familienbildung

In den letzten Jahren haben sich eine Reihe von Kursen und Programmen der Eltern- und Familienbildung auf dem Markt etabliert, die darauf abzielen, die elterliche Erziehungskompetenz zu stärken. Eine ausführliche Darstellung dieser Angebote würde den Rahmen dieses Kapitels sprengen. Deshalb seien hier nur die wichtigsten aufgeführt. Vertiefte Informationen finden sich z. B. bei Tschöpe-Scheffler (2003, 2004) und in TPS Heft 8/2004 „Elternbildung". Kontakt zu den Anbietern kann über die regionalen und örtlichen Geschäftsstellen aufgenommen werden.

- **Starke Eltern – starke Kinder**

Kurs des Deutschen Kinderschutzbundes (DKSB) in zehn bis zwölf Treffen; setzt auf konstruktive Kompetenz und Selbstbildungspotenziale von Eltern; unterstützt Eltern, die Probleme im Umgang mit ihren Kindern haben, und solche, die vorbeugend etwas für ein positives Familienklima tun wollen;

- **STEP (Systematic Training for Effective Parenting)**
Kurs in zehn Treffen; setzt auf optimistische, zukunftsorientierte Grundhaltung und das Grundbedürfnis der Menschen nach Gemeinschaft; unterstützt Eltern mit Interesse an ausführlicher Auseinandersetzung mit Erziehungsfragen;
- **Kess (kooperativ, ermutigend, sozial, situationsorientiert)**
Kurs der Arbeitsgemeinschaft für katholische Familienbildung e.V. (AKF) in fünf Treffen (Fortsetzung möglich); für Familien mit Kindern jeden Alters; unterstützt Eltern vor allem darin, ihr eigenes Verhalten wahrzunehmen und zu reflektieren;
- **Familientraining nach Gordon**
Angebot der Akademie für personenzentrierte Psychologie; mindestens 30 Stunden an mehreren Abenden und Wochenenden; passt zu Familien, die großen Wert auf sprachliche Verständigung legen;
- **FuN (Familie und Nachbarschaft)**
vorzugsweise nachmittägliche Spieltreffen von Eltern und Kindern über acht Wochen; präventives Familienprogramm zur Stärkung des inneren Zusammenhalts der Familie und der Familie im sozialen Umfeld.

FuN setzt vor allem auf gemeinsames Spiel von Eltern und Kindern

Sozial benachteiligte Familien

Jenseits der Service- und Beratungsmöglichkeiten für alle Familien gibt es strukturelle Anforderungen und Problemlagen, die Fachkräfte besonders herausfordern und wo sie an objektive Grenzen ihrer Möglichkeiten und Zuständigkeiten stoßen können. Solche Problemlagen wollen wir hier ansatzweise betrachten, weil sie in der Praxis immer wieder als besonders schwierig in Bezug auf die Zusammenarbeit mit Eltern formuliert werden. Gleichzeitig aber weisen wir darauf hin, dass sie gewissermaßen „am Rande" unserer Themenstellung in diesem Buch liegen und wir sie hier nicht erschöpfend behandeln können.

Kindertageseinrichtungen werden von den allermeisten Familien freiwillig aufgesucht. Sie sind hervorragend geeignete Orte der gesellschaftlichen Integration. Dies ist ein sozial- und bildungspolitisches Kapital, das von der Politik und den Trägern genutzt werden kann. Jedoch erschweren Zugangsbarrieren gerade sozial benachteiligten Familien die Nutzung des Angebots. Manchen Eltern fällt es z. B. schwer, ihren Kindern einen regelmäßigen Besuch der Einrichtung zu gewährleisten oder selbst Angebote anzunehmen.

Kindertageseinrichtungen, die sich in sozial belasteten Einzugsbereichen befinden und tagtäglich erfahren müssen, wie sich Armut und soziale Benachteiligung auf Familien und Kinder auswirken, haben keinen leichten Stand. Sie sind unablässig mit unterschiedlichsten, immer aber schwierigen Lebenslagen ihrer Klientel befasst und müssen ihren Auftrag unter erschwerten Bedingungen, auf mitunter engem Raum und mit sehr begrenzten finanziellen Ressourcen erfüllen. Die Betreuung, Bildung und Erziehung der Kinder geschieht dann oft verstärkt in gezielten Unterstützungs- und Fördermaßnahmen, etwa in der Sprachförderung, und in kleinen Schritten. Die Schritte in Richtung einer vertrauensvollen Zusammenarbeit mit Eltern sind nicht größer und erfordern häufig genug einen langen Atem.[79]

Auch gilt, dass jede erfolgreiche Zusammenarbeit mit Eltern auf Grundhaltungen aufbauen muss, hier vor allem eine inkludierende Haltung, die Menschen gleich welcher Herkunft eine gleichwertige und gleichberechtigte Teilhabe und Teilnahme an einer gemeinsamen, nicht ausgrenzenden und nicht separierenden Kultur ermöglichen will und die Eltern die Unterstützung angedeihen lässt, die diese brauchen, um weitere Schritte selbstständig gehen zu können.

Natürlich sind Kindertageseinrichtungen nicht primär für die Aufhebung sozialer Benachteiligung verantwortlich und ihr Handlungsinstrumentarium ist dafür auch begrenzt. Eine Kita kann niemals allein die Lebensverhältnisse in ihrem Einzugsbereich verändern. Die Fachkräfte sollten daher ihre eigenen Handlungsmöglichkeiten und Grenzen realistisch einschätzen. Dennoch können sie mit ihren Mitteln und Ressourcen und einem vernetzten Ansatz Unterstützung und Entlastung für Familien organisieren.

Die Angebote einer betroffenen Kita müssen niedrigschwellig und gezielt bedarfsgerecht sein. So müssen sie arbeitsmarktgerechte Öffnungszeiten anbieten, aufsuchende Kontakte (Hausbesuche, Kinder von zu Hause abholen) und stärkende Angebote (Eltern-Kind-Angebote, Elterntreffen und -kurse, Familienfreizeiten) entwickeln. Gute Erfahrungen gibt es in den offenen, meist kostenlosen Einrichtungen der E&C (Entwicklung und Chancen)-Maßnahmen, der sozialen Stadterneuerung und auch im Ausland, etwa den Children's Centres (früher Early Excellence Centres) in England oder der offenen Vorschule Schwedens.

---

79 Hier beziehen wir uns auf die dokumentierten Erfahrungen im Wettbewerb „Jedes Kind mitnehmen" der Bertelsmann Stiftung, siehe Vogt 2007

Die Palette des sozialpädagogischen Handwerkszeugs, das an vielen Orten praktiziert wird, ist beeindruckend. Einige Beispiele:

- Kitas, die dringend **zusätzliche Mittel** für ihre besonderen Förderprogramme brauchen, organisieren sich diese über Spender und Sponsoren, Feste und Basare oder sie gründen Fördervereine. Sie finden auch im Falle bürokratischer Hürden kreative Wege, ihre fachlichen Ziele weiter zu verfolgen. Oft funktionieren Alltagsabläufe – bei aller Strukturiertheit – gerade, weil man „Fünfe auch mal gerade sein lässt". Kinder dürfen auch einmal am Mittagessen teilnehmen, wenn sie nicht dazu angemeldet sind. Wechselwäsche, die einem Kind angezogen wurde, wird nicht unbedingt zurückgefordert. Mit Eltern, die mit Zahlungen im Verzug sind, werden leistbare Ratenzahlungen vereinbart. Und die Kosten für den Ausflug, an dem natürlich jedes Kind teilnehmen können soll, werden aus Mitteln der Einrichtung getragen, oder es wird mit den Eltern eine Vereinbarung getroffen, monatlich kleine Beträge anzusparen.
- **Eltern stärken durch Beteiligung:** Partizipation ist kein Recht für besondere Gelegenheiten, sondern soll den gesamten Alltag durchziehen. Die Beteiligung von Eltern kann außer in den klassischen Mitwirkungsgremien (Elternbeirat) auch in Entwicklungsgesprächen, interkultureller Begegnung und der Mitarbeit in der Einrichtung geschehen. Die Erfahrung, in der Einrichtung wirksam zu sein und gebraucht zu werden, unter Umständen für sich und die Einrichtung Geld zu verdienen, kann bedeutende persönlichkeitsstärkende Wirkung entfalten. Werden die Eltern bei Erstellung des Speiseplans und der Essenszubereitung einbezogen, erfahren sie „nebenbei" Kennzeichen gesunder Ernährung. Es gibt Bücherausleihen mit klar geregelten Aus- und Rückgabebedingungen. Es finden Familienfreizeiten mit gemeinsamem Kochen und Spielen statt. Eltern beteiligen sich handwerklich an Raumgestaltung, Umbauten und Renovierungen in der Kita. Es gibt in manchen Einrichtungen eine Schuldnerberatung.
- Sozial und bildungsmäßig Benachteiligte haben keinen selbstverständlichen Bezug zu **kulturellen Angeboten**. Dies muss zielgruppenspezifisch und nachhaltig gefördert werden. Die Einbeziehung von Eltern und Familien in die Angebote wirkt auf die Bildung der Kinder zurück. Einrichtungen machen kulturelle Angebote, sorgen zumal bei multikultureller Klientel für Begegnung der Kulturen in der Einrichtung, besuchen Museen und kulturelle Veranstaltungen, suchen Büchereien auf und organisieren Buchausleihe und Buchausstellungen. Sie kooperieren mit anderen kulturellen Einrichtungen und Bildungsinstitutionen. Insbesondere muslimischen Müttern werden durch gezielte, „männerfreie" Angebote in der Einrichtung kulturelle Teilhabe und Bildung ermöglicht.

- Kinder, die von ihren Eltern nicht gebracht werden (können), werden von der Kita zwar von zu Hause **abgeholt**, um sie überhaupt in der Einrichtung zu haben, müssen von ihren Eltern aber mittags wieder geholt werden, um wiederum deren Erziehungsverantwortung zu stärken.[80]
- **Aufklärung, Gesundheitsberatung, Einbeziehung von bzw. Vermittlung zu Ärzten** („Ich geh' zur U! Und du?"[81]) sind weitere Handlungsbereiche für die Einrichtungen.

An solchen Beispielen zeigt sich auch, wie viel Feingefühl bei der Gratwanderung zwischen möglicher Entmündigung oder Bloßstellung einerseits und Strukturgeben andererseits nötig ist. Gelingt diese Gratwanderung, kann eine Kita auch mit ihren begrenzten Mitteln sozialer Benachteiligung nachhaltig entgegenwirken. Dass dies aber heute in wachsendem Maße nötig ist, zeigt gesellschaftlich bedrohliche Entwicklungen an, denen wirtschafts- und sozialpolitisch begegnet werden muss.

9.3 „Sie können auch etwas für uns tun." Mitarbeit von Eltern

Alexander ist schon ganz aufgeregt. Heute Nachmittag kommt sein Vater in die Gruppe, um mit ihm und ein paar Kindern Drachen zu bauen.

Die Eltern der Gruppe treffen sich in wechselnder Zusammenstellung und loser Folge auch in ihrer Freizeit. Eines Tages tragen sie an die Erzieherinnen den Wunsch heran, dass man doch mal mit allen zusammen etwas unternehmen könne.

Beim letzten Elternstammtisch wurde festgestellt, dass das Außenspielgelände der Einrichtung den Kindern nicht genügend Anregungen bietet. Die Erzieherinnen schlagen vor, gemeinsam mit Eltern und Kindern an Verbesserungen zu arbeiten.

Ein Teil der Bedürfnisse von Kindern, Eltern und Erzieherinnen trifft auf eine Weise zusammen, in der sie sich gemeinsam bearbeiten lassen. In der gemeinsamen Tätigkeit der Beteiligten überlagern sich die kindbezogene und die Elternarbeit, sie werden zu einer Einheit. Hierin liegt für alle ein besonderes Erfahrungspotenzial. Anknüpfend an die Überlegungen zum Stellenwert der innerfamilialen Beziehungen für die Entwicklung des Kindes (Kapitel 1.1), ist es offensichtlich, welche bedeutsamen ganzheitlichen Erfahrungen sich auf diese Weise vermitteln lassen.

80 Vgl. Müller 2008
81 Eine Kampagne der Gesundheitsämter NRW zu den Frühuntersuchungen (U1–U10)

Gelegenheiten lassen sich viel häufiger finden, als man auf den ersten Blick vermuten möchte. An vielen Stellen des Alltags ist nicht nur die Mitwirkung von Kindern, sondern auch der Eltern möglich, hilfreich und freudespendend. *Nutzen, was der Alltag bietet* ist auch für die Mitarbeit der Familie eine passende Maxime. So gibt es viele Gelegenheiten für Eltern, Kinder und Erzieherinnen, in der Gruppe gemeinsamen Aktivitäten nachzugehen oder mit der Gruppe nach draußen zu gehen und gemeinsam etwas zu unternehmen. Auch die Kinder genießen die Gemeinsamkeit vor allem mit den eigenen und die neuen Erfahrungsmöglichkeiten mit den anderen Eltern.

Diese Möglichkeiten weisen auch auf die Chance für Erzieherinnen hin, Familienarbeit als Bereicherung und Entlastung zu sehen, da gerade hier Kompetenzen, Erfahrungen und Unterstützungen von Eltern eingebracht werden können, ohne dass die Erzieherinnen wesentlich mehr belastet werden müssen. Allerdings kann die Mitarbeit von Eltern bei ihnen auch die Angst auslösen, dass sie auf dem Prüfstand stehen oder dass Eltern ihnen „hineinreden". Letzteres geschieht aber tatsächlich, weil gerade durch die größere Selbstverständlichkeit der Mitarbeit von Eltern – manche sind immer wieder dazu bereit, vertretungsweise Gruppendienst zu leisten – das Mitbestimmen selbstverständlicher wird. Es gibt aber auch Eltern, die nicht mitarbeiten wollen, und auch das muss akzeptiert werden.

Unterstützung ist besonders bei Aktivitäten zu erwarten, die in der Öffnungszeit der Einrichtung liegen. Zwar sind in jedem Fall Planung und Vorbereitung nötig, aber die Mitarbeit von Eltern bedeutet auch zeitliche und tatkräftige Entlastung der Erzieherinnen. Damit wollen wir uns keinesfalls für den Einsatz von Eltern als Hilfskräfte aussprechen, mit denen Personal eingespart werden kann. Er sollte ausschließlich aus dem Motiv der elterlichen Bedürfnisse heraus entfaltet werden.

Vorschläge für die Praxis

- **Praktische Mitarbeit in der Kita:** An räumlichen Veränderungen, etwa durch Einbauten im Gruppenraum oder der Gestaltung des Außenspielgeländes, beteiligen sich Eltern oft gerne, besonders wenn ihre handwerklichen und sonstigen praktischen Fertigkeiten zum Tragen kommen. Durch das Aufgreifen ihrer Ideen und ihre Einbeziehung in die Planung der Maßnahmen wird die persönliche Verbundenheit mit dem Alltag der Gruppe gestärkt.
- **Eltern-Kind-Treffen:** Sie führen die Eltern, denen es zeitlich möglich ist, in der Gruppe zusammen, um einer gemeinsamen Aktivität mit den Kindern und Erzieherinnen nachzugehen, zu spielen oder einen Ausflug zu machen. Die Anlässe können sich z. B. aus den Themen der Gruppe ergeben oder von Eltern vorgeschlagen werden. Auch ein regelmäßiger, etwa monatlicher Termin ist denkbar. Zu dieser Angebotsform zählt auch der **Väter-Kinder-Treff**. (Siehe S. 185)

- **Kinder-Eltern-Konferenz:** Die Zusammenkunft von Kindern, Eltern und Erzieherinnen kann gemeinsame Anliegen klären, Vorhaben planen und Entscheidungen treffen.
- **Hospitation/Kleingruppenarbeit:** Eltern können „einfach so" oder zu bestimmten Anlässen in die Gruppe zum Hospitieren eingeladen werden. Bei Interesse können sie auch eine Aktivität mit einer Kleingruppe durchführen. Dies bietet sich besonders an, wenn Eltern bestimmte Fähigkeiten oder Interessen mitbringen und diese in die Arbeit mit den Kindern einbringen möchten.
- **Projektwoche:** Dies ist eine Ausweitung des vorangegangenen Vorschlags. Wenn die Gruppe oder die Einrichtung die Durchführung einer Projektwoche mit einer Vielzahl unterschiedlicher Angebote oder auch eine Aktionswoche zu einem bestimmten Thema (z. B. Waldwoche) vorhat, lassen sich Eltern schon in die Planung und Vorbereitung einbinden. Die Durchführung lässt sich dann auf viele Schultern verteilen.
- **Feste/Feiern:** Auch diese sind bestens zur Beteiligung der ganzen Familie geeignet, bzw. lassen sich verantwortlich von den Familien selbst vorbereiten und durchführen.
- **Ausflüge und Exkursionen:** Diese können aus verschiedenen Anlässen (thematisch, Freizeit) heraus gemacht werden und sind stets ein anregendes gemeinsames Erlebnis.
- **Freizeiten:** Wochenendfreizeiten in einem Freizeitheim oder in einer Jugendherberge mit den Kindern, Eltern und Erzieherinnen einer Gruppe sind der Höhepunkt des Jahres und eine besondere Gemeinsamkeit stiftende Erfahrung. Sie wirken noch lange im Gruppenleben und im Kontakt der Erwachsenen untereinander nach.
- **Flohmarkt/Basar:** Diese Angebotsformen sind ebenfalls leicht in der Regie von Eltern zu organisieren und lassen die aktive Beteiligung aller aus der ganzen Einrichtung zu. Erlöse können nach Vereinbarung der Einrichtung oder anderen guten Zwecken zugute kommen.

Beim gemeinsamen Fahrradausflug erleben sich Familien in einer lockeren Atmosphäre

9.4 „Sie können auch etwas für sich selbst tun." Eltern unter sich

Einige Eltern der Gruppe haben begonnen, sich einmal im Monat zum Stammtisch zu treffen. Die Idee kommt so gut an, dass sich die meisten Eltern beteiligen. Sie sprechen über alle möglichen Themen rund um die Familiengruppe, aber auch über ihre eigene Situation und bisweilen auch über einzelne Kinder.

Eine Gruppe von Eltern hat sich von einem Angebot in der letzten Projektwoche inspirieren lassen und führt seitdem eine Theatergruppe selbstständig weiter. Eine der Erzieherinnen ist auch beteiligt. Möglicherweise werden sie den Kindern einmal etwas vorführen.

Eine Erzieherin hat einen Gesprächskreis für allein erziehende Eltern aufgebaut, in dem deren besondere Situation thematisiert wird. Dadurch, dass von der Einrichtung parallel eine Kinderbetreuung angeboten wird, kann er regelmäßig stattfinden und wird gerne angenommen. Vielleicht ist die Gruppe in einiger Zeit so stabil, dass sie ohne die Erzieherin tagen kann.

Ein wichtiger ergänzender Formenkreis der Zusammenarbeit mit Eltern in der Kindertagesstätte besteht in der Zusammenarbeit und Begegnung der Eltern untereinander. Die Eltern werden hierbei in den Facetten ihrer Erwachsenenrolle, als (allein) Erziehende, (Ehe-)Partner, Spezialisten oder einfach als Menschen angesprochen, die Kontakt zu anderen Erwachsenen suchen und/oder einem gemeinsamen Freizeitinteresse nachgehen möchten. Die soziale Bedeutung dieser Kontakte liegt in der Neubestimmung des Verhältnisses von Tageseinrichtung und Familie: Eltern wollen nicht länger „Zaungäste" der Kita-Arbeit sein. *„Sie suchen nach neuen Begegnungen und Möglichkeiten des Gedankenaustauschs über Alltagserfahrungen, insbesondere über das Zusammenleben mit ihren Kindern und in der Partnerschaft."* [82]

So ergibt sich wiederum für Eltern und Erzieherinnen ein neues Merkmal im Umgang miteinander: Besonders wenn sich der Kita-Besuch der Familie über mehrere Jahre erstreckt (etwa wenn Geschwisterkinder die Einrichtung nacheinander besuchen oder eine Gruppe mit erweiterter Altersmischung eine entsprechend lange Verweilzeit ermöglicht),

[82] Seehausen 1995, S. 171

verstehen sich Eltern tendenziell als mehr als eine zufällig zusammengesetzte Gruppe, die sich nur wegen der Kinder trifft. Sie bilden ein eigenes Gruppenverständnis aus, ein neues soziales Netz in enger Anbindung an die Kita-Gruppe. Dies gilt natürlich nicht für alle Gruppen und Eltern gleichermaßen. Jedoch können die Chancen für Gemeinsamkeit, neue Kontakte und Freundschaften genutzt werden.

So kann sich auch ein Kommunikationsstand unter den Eltern entwickeln, der neue Kompetenzen erschließt. Eltern geben sich „kollegiale" Beratung in Bezug auf Erziehungsfragen und entwickeln darin ein Vertrauen, das auch den Austausch über einzelne Kinder ermöglicht. Sie besprechen den Alltag oder Besonderheiten der Gruppe. Sie tauschen sich über ihre Lebenssituation aus und gewinnen neue Zufriedenheit in gemeinsamer Freizeitgestaltung.

Erzieherinnen mögen eine solche Verselbstständigung von Eltern skeptisch betrachten. Müssen sie nicht befürchten, als pädagogische Fachkräfte abgewertet zu werden? Nichts wäre fataler als diese Einschätzung. Die berufliche Kompetenz der Erzieherinnen und der alltägliche Erfahrungsgewinn mit den Kindern werden von den Eltern als wichtige Komponente der Erziehungspartnerschaft erlebt. Auf das Wissen und die Erfahrung der Erzieherinnen sind sie angewiesen, darauf baut die Zusammenarbeit auf. Ein Vater meint dazu: *„Neben den Erziehungsfragen beschäftigt mich das Spiel im Kindergarten und in der Familie. Da möchte ich auch mehr über die Bedeutung des Spiels erfahren. Wichtig sind auch die Gespräche über die neue Rolle der Männer. Viel Austausch zwischen den Vätern ist notwendig, denn das Verlernen der alten Vaterrolle fällt mir sehr schwer."* [83]

In der Kompetenzsteigerung der Eltern liegen auch unterstützende und entlastende Momente für Erzieherinnen. Was unter den Eltern an Selbstorganisation, Verständigung und Beratung direkt geleistet werden kann, wird umso weniger die Erzieherinnen fordern.

Gleichwohl liegt die Aufgabe der Fachkräfte darin, die Voraussetzungen für die Selbstorganisation der Eltern zu schaffen, wo es diesen nicht selbst gelingt. „Eltern unter sich" bedeutet nicht den Ausschluss der Erzieherinnen, sondern drückt die Intention aus, dass es einen elternbestimmten Fokus der Zusammenarbeit gibt und die Selbstorganisationskräfte der Eltern gestärkt werden sollen. Bestimmte Formen kann und soll man allerdings nicht direkt anbieten, sondern darauf vertrauen, dass sie aufgrund der in der Gruppe gegebenen Kontakte von selbst entstehen. Hierzu gehören natürlich freundschaftliche Beziehungen und private Einladungen, aber etwa auch der Stammtisch, wo Eltern unter sich sein bzw. die Erzieherinnen ausdrücklich einladen wollen.

---

[83] Ebd., S. 169

Auch Veranstaltungen mit Kurscharakter (Theater, Kochen, Handwerkliches) können gut in der Hand der Eltern selbst liegen. Dies gilt umso mehr, als beim Vorhandensein eines extra Elternraumes dessen selbstständige Nutzung auch außerhalb der Öffnungszeiten der Einrichtung möglich ist. Andere Formen, wie die Zusammenarbeit in bestimmten Betroffenengruppen (Frauen, allein Erziehende, Eltern in Trennung/Scheidung) müssen von Erzieherinnen – eventuell in Kooperation mit einigen Eltern – sorgsam vorbereitet und in der Anfangsphase begleitet werden. Ob sich die Gruppe irgendwann verselbstständigen kann, ist stark von ihrer Zusammensetzung, Thematik und dem jeweiligen Arbeitsprozess abhängig. Welche Angebote und Arbeitsformen passen, lässt sich durch Befragung und Situationsanalyse, durch die Rückmeldungen der Eltern und Ausprobieren feststellen.

Die Rolle der Erzieherin ist aber keinesfalls eine inhaltlich verantwortliche oder gar therapeutische, sondern eine moderierende. Sie ist nicht für Ergebnisse zuständig, sondern schafft den passenden Rahmen, der zu den gewünschten Zielen und Inhalten beiträgt. Diese Rolle ist oft schon anspruchsvoll genug. An den Grenzen ihrer Kompetenz muss die Erzieherin Erwartungen von Eltern zurückweisen oder diese an andere Stellen weiter verweisen.

Ein Elternpaar in einer Gruppe mit großer Altersmischung (Familiengruppe) berichtet: *„Die Familiengruppe macht es leichter, mit anderen Eltern ins Gespräch zu kommen. Wir nutzen vor allem die Abholsituation, wo wir noch etwas verweilen und plaudern, besonders wenn unsere Kinder noch nicht mit nach Hause gehen wollen. Die anderen Eltern kommen uns aufgeschlossener vor als in der Regelgruppe. Toll finden wir den selbstständigen Kontakt, wenn wir uns z. B. abends treffen; da gibt es kaum Tabuthemen. Wir haben neue Leute kennen gelernt. Wir würden auch noch weitere Angebote zum Elternkontakt begrüßen. Diese Elternarbeit bewegt auch was in den Köpfen der Eltern.“* [84]

Aushang in einer Kita

KENNEN SIE DAS AUCH?

- Die guten Vorsätze,
- die guten Ideen zum Umgang mit Ihrem Kind?

Und dann ist doch alles ganz anders: Stress, Termine, Zeitdruck, viel Mühe …
und im Hintergrund der Dauerton eines nörgelnden Kindes, das immer das Gegenteil von dem will, was Sie wollen.
… und dann passiert es doch: Schimpfen, Brüllen, die Hand rutscht aus …
… Schuldgefühle und Verzweiflung über sich selbst …

[84] Klein/Vogt 1995, S. 218

Wir sind sicher, dass es vielen Eltern so oder ähnlich geht und möchten deshalb bei der Bildung einer

ELTERNSELBSTHILFEGRUPPE

helfen, in der Sie sich gegenseitig unterstützen können.
Eine Mitarbeiterin des Deutschen Kinderschutzbundes begleitet auf Wunsch die ersten Treffen, bis Regeln gefunden werden, die sicherstellen, dass niemand für sein Verhalten verurteilt wird, sondern eine Atmosphäre der gegenseitigen Achtung und Akzeptanz entsteht.
Rufen Sie uns bitte an! Wir können Ihnen dann weitere Fragen beantworten. Wir sind zu erreichen: Mo, Mi, Fr von 9.00–12.00 Uhr.
Wir freuen uns über zahlreiche Interessentinnen und Interessenten!

Vorschläge für die Praxis

- **Arbeitsgruppen mit handwerklichem oder musischem Charakter:** Dazu zählen z. B. Gruppen, die Theater spielen, kochen, bildnerisch gestalten, werken usw. Oft kann eine produktive Verknüpfung zum Leben der Kita geschaffen werden, indem etwas für die Einrichtung bzw. die Kinder hergestellt wird.
- **Selbsthilfegruppen:** Sie konzentrieren sich auf eine Zielgruppe mit einer bestimmten Betroffenheit oder in einer bestimmten Lebenslage und verstehen sich als Forum zum Erfahrungsaustausch und zur gegenseitigen Unterstützung. Hierzu zählen etwa Treffen von allein erziehenden Eltern, Frauen, Eltern mit besonderem soziokulturellem Hintergrund (z. B. türkische Mütter), Eltern in Trennung oder Scheidungsphasen und Vätertreffen. Manchmal ist es günstig, eine Kinderbetreuung anzubieten. Sie können auch für betroffene Eltern aus dem Wohngebiet, deren Kinder die Einrichtung nicht besuchen, geöffnet werden.
- **Der Elternstammtisch** ist eine bewährte Form, die eine niedrigschwellige, informelle Kontaktaufnahme unter Eltern erlaubt. Hier kann, aber muss es keine bestimmten Themen oder gar „Tagesordnung" geben. Alles, was Eltern beschäftigt, kann Platz haben. Manchmal werden Erzieherinnen dazu eingeladen; sie sollten sich aber keinesfalls aufdrängen.
- **Freizeitaktivitäten** stellen eine weitere Form der selbst organisierten Elternbegegnung dar. Ob es ins Kino oder zum Kegeln geht, Eltern ein Theaterstück einstudieren (das sie anschließend vielleicht im Kindergarten aufführen wollen), um einen Fahrradausflug mit der ganzen Familie – die Möglichkeiten sind schier unerschöpflich. Es kommt einfach auf die Bedürfnisse und Interessen der jeweiligen Eltern und Familien an.

- In vielen Einrichtungen sind auch schon **Väter-Kinder-Treffen** entstanden. Meist am Samstag kommen hier Väter mit ihren Kindern zusammen, um gemeinsam zu spielen, werken, Sport zu treiben usw. Die Kinder genießen es, einmal in einer richtigen Männerrunde, zumal mit dem eigenen Vater, Dinge zu unternehmen, die unter der Woche zu kurz kommen. Die Väter wiederum sind froh, sich in einer Gruppe mit ähnlicher Interessenlage einzubringen und intensiver als sonst mit ihrem Kind zusammen zu sein.[85]
- Seltener, aber mit nachhaltiger Wirkung, werden **Familienfreizeiten** durchgeführt. Der gemeinsame Ausflug, oft auch mit einem Teil des Kita-Personals, übers (verlängerte) Wochenende in eine Jugendherberge o. Ä. bedeutet für alle eine Zeit intensiver Kontakte und gemeinsamer Freizeitgestaltung, die im Alltag lange nachwirkt.
- Schließlich bietet sich es an, z. B. für Familien, die zu Hause keine Möglichkeit hierfür sehen, die Kita oder ihr Außengelände für **private Feiern** zur Verfügung zu stellen. Dies muss nur versicherungstechnisch mit dem Träger angesprochen werden.

Im Väter-Kinder-Treff sind viele gemeinsame Erfahrungen möglich

85 Vgl. Pirschel 2006 und Verlinden/Külbel 2005

10. Die familienfreundliche Kindertageseinrichtung

Wir haben gesehen, dass es einen gemeinsamen Lebensausschnitt von Kindertageseinrichtung und Familie gibt, dessen konkrete Ausgestaltung zu einem bedeutenden Teil in der Zusammenarbeit von Erzieherinnen und Eltern liegt. Gelingende Zusammenarbeit hat positive Auswirkungen auf beide Systeme, die Kindertageseinrichtung und die ganze Familie. Wenn wir von familienfreundlicher Kindertageseinrichtung sprechen, so meinen wir die bewusste und gezielte Gestaltung dieser Zusammenarbeit mit der größtmöglichen Orientierung an der Bedarfslage der Familien. Dies wollen wir noch etwas ausdifferenzieren. Die familienfreundliche Kindertageseinrichtung

- **versteht sich als Dienstleisterin für Familien:** als verlässlicher Faktor für deren Lebensgestaltung. Ihr ist bewusst, dass ihr Gesamtangebot eine potenziell stabilisierende Funktion für die Familien hat. Dies bezieht sich auf die Vereinbarkeit von Berufstätigkeit und Familienleben, auf die Unterstützung von Eltern in pädagogischer Hinsicht und im Hinblick auf die Gestaltung ihres Familienlebens;
- **nimmt die individuellen Lebenslagen, Bedürfnisse und Erwartungen der Familien ernst.** Sie kennt die Situation der Familien in ihrem Einzugsbereich und ggf. deren Unterschiedlichkeit und weiß um deren existenzielle Bedeutung für das Wohlergehen der Familienmitglieder. Sie ist sich gleichzeitig dessen bewusst, dass ihr Einfluss auf die Lebenslagen der Familien begrenzt ist;
- **versteht Familien als Beziehungssysteme.** Sie weiß, dass alles mit allem zusammenhängt und sie keinen Einfluss auf das Familienleben nehmen kann, wenn die Familienmitglieder dies nicht wollen, dass aber Einflussnahme umso nachhaltiger sein kann, wenn sie von den Familienmitgliedern positiv aufgenommen wird;
- **verfügt über ein Konzept** für die Zusammenarbeit mit Eltern und Familien;
- **arbeitet qualitätsbewusst**. Sie hat ein reflektiertes Verständnis von Qualität und für sich definiert, worin „gute" Zusammenarbeit mit Eltern und Familien besteht;
- **ist entwicklungsfreudig und lernbereit.** Sie weiß, dass es keinen Stillstand in gesellschaftlichen und fachlichen Entwicklungen gibt, nimmt ihre stetige konzeptionelle und praktische Weiterentwicklung als selbstverständlich und versucht darüber hinaus, selber Motor fachlicher Entwicklung zu sein;
- hat einen **Träger, der diese Fachlichkeit will und unterstützt;**
- hat eine **Leitung, die ihr Team entsprechend fachlich orientiert, berät und anleitet;**
- **hat ein Team, das die Grundsätze der Zusammenarbeit mit Eltern und Familien verinnerlicht hat**, im Alltag praktisch lebendig werden lässt und unter den gegebenen Bedingungen die Balance von kindbezogener und familienbezogener Arbeit hält.

An dieser Stelle möchten wir nochmals betonen, dass Konzepte und Ideen nicht losgelöst von realen Rahmenbedingungen verwirklicht werden können. Selbstverständlich lässt sich unter engen und schwierigen Bedingungen, seien sie räumlich, personell oder auf die Klientel bezogen, nicht ohne Weiteres so viel umsetzen wie unter günstigeren Umständen. Dennoch sind wir der Auffassung, dass es sich immer lohnt, nach Möglichkeiten der Verwirklichung von Konzepten und Ideen zu suchen, statt vorschnell wegen ungünstiger Bedingungen zu resignieren. Insbesondere Haltungsfragen – und davon ist zum Beispiel die Art und Weise abhängig, wie man Eltern im unmittelbaren Kontakt gegenübertritt – sind von äußeren Bedingungen kaum abhängig. Wenn die Beziehungen zu Eltern konstruktiv gestaltet werden, ist die Frage nach der Häufigkeit etwa von Elterngesprächen oder dem Raum für ein Elterncafé nicht allzu wichtig.

Familienfreundlichkeit als Qualitätskonzept

Was Qualität ist, wird in der konkreten Zusammenarbeit ausgehandelt und erfahrbar. Die moderne Qualitätsdiskussion im Bereich der Kindertageseinrichtungen bietet gute Ansatzpunkte für eine Bestimmung und Weiterentwicklung dessen, was wir als „gut" ansehen. Hierbei beziehen wir uns wesentlich auf die Vorschläge des *Kronberger Kreises für Qualitätsentwicklung in Kindertageseinrichtungen.*[86] Danach orientieren sich alle Überlegungen und Maßnahmen zur Sicherung und Weiterentwicklung von Qualität an – nach Lage der Dinge – **„besten" Standards**. Diese beschreiben, was sehr gute Fachpraxis ist und geben damit die **Richtung und Zielsetzung der Entwicklung** an. Sie müssen aber nicht unbedingt erreicht werden und sind daher keine Mindeststandards. Das Konzept des Kronberger Kreises stellt Leitfragen, die der Klärung und Selbstuntersuchung dienen, und bietet zu jeder Leitfrage exemplarische Indikatoren an, anhand derer sich die eigene Praxis beschreiben lässt bzw. die Anregung für das Auffinden eigener, spezifischer Indikatoren vor Ort sein wollen.

- Wie werden die Erwartungen, Bedürfnisse und Lebenslagen der Familien erforscht und berücksichtigt?
  - Die Lebenssituation der Familien wird kontinuierlich anhand bestimmter, die Breite der Lebensumstände erfassender Fragestellungen, erkundet (z.B. das Milieu, die Wohnverhältnisse, die Arbeits- und Lebensverhältnisse).
  - Es besteht ein Interesse am Austausch zu aktuellen Lebenssituationen und Veränderungen in der Familie.

86 Kronberger Kreis für Qualitätsentwicklung in Kindertageseinrichtungen 1998. Durch die Mitautorenschaft von Herbert Vogt an diesem Konzept besteht eine persönliche und inhaltliche Verbindung, die das Zitieren von Arbeitsergebnissen über das übliche Maß hinaus erlaubt. Wir danken dem *Kronberger Kreis* für seine freundliche Unterstützung.

- Die Eltern werden zu ihrer Meinung über die Angebote und Arbeitsformen der Kindertageseinrichtung regelmäßig befragt (Bedarfsermittlung durch Elternbefragung).
- Die Ergebnisse solcher Erhebungen werden für die Weiterentwicklung des Angebots der Kindertageseinrichtung genutzt.

▸ Welche konzeptionellen Überlegungen zur Zusammenarbeit mit Eltern bestehen in der Einrichtung?

- Die konzeptionellen Überlegungen der Einrichtung beschreiben die Ziele, Programm und Methoden der Familienarbeit in der Kindertageseinrichtung. Sie werden vom Team im Kontakt mit Eltern erarbeitet und schriftlich festgehalten.
- Die Ziele der Familienarbeit, der ein hoher Rang neben der kindbezogenen Arbeit zugemessen wird, orientieren sich an den Bedürfnissen und Möglichkeiten der Familien, deren Unterstützung und Stärkung sie beabsichtigen.
- Die Ziele der Familienarbeit sind konkret und benennen Zeiträume und Verantwortliche für die Umsetzung. Dabei wird der Auftrag zur Familienarbeit grundsätzlich als Teamaufgabe verstanden.
- Das Team betrachtet die Familienarbeit als ein Entwicklungsfeld, in dem auch „Misserfolge" als wertvolle Arbeitsergebnisse angesehen werden, die zu produktiven Weiterentwicklungen führen.
- Die Zusammenarbeit wird im Dialog mit den Familien weiterentwickelt.
- Sie ist regelmäßig Thema von Dienstbesprechungen, die der Planung und Reflexion der Familienarbeit dienen und die den Einsatz der Fachkräfte und die Planung fester Zeiten für die Durchführung der Familienarbeit regeln.

▸ Wie werden die Beziehungen zu den Familien gestaltet und welcher Platz wird ihnen eingeräumt?

- Die Eltern und Kinder werden in der Einrichtung begrüßt und verabschiedet.
- Es gibt keine Diskriminierung bestimmter familialer Lebensformen.
- Insbesondere werden auch die Väter der Kinder neben anderen Familienmitgliedern wie den Geschwistern, den Großeltern und anderen Verwandten wahrgenommen und in die Arbeit der Kindertageseinrichtung einbezogen.
- Es gibt ein obligatorisches Aufnahmegespräch mit einem Austausch von Erstinformationen und der Aufnahme notwendiger personenbezogener Daten sowie der Vorstellung der Mitarbeiterinnen, der Gruppe und des Hauses.
- Es gibt ein Infoheft oder andere schriftliche Informationen für Eltern in leicht verständlicher Sprache (soweit notwendig auch in anderen Sprachen).

- Die Einrichtung betreibt aktiv den Aufbau vertrauensvoller, kontinuierlicher Beziehungen zu den Eltern und der Eltern untereinander.
- Die Fachkräfte sind mit systemischen Konzepten und Sichtweisen vertraut, die sie zum besseren Verständnis familiärer Situationen nutzen.
- Zur Mitarbeit von Eltern in der Kindertageseinrichtung wird ermutigt und sie wird ermöglicht.
- Konflikte werden offen angesprochen und konstruktiv als „normale" Vorkommnisse behandelt.
- Es gibt in der Kindertageseinrichtung geeignete Räumlichkeiten, die von den Eltern und Familien – auch unabhängig von den Öffnungszeiten der Einrichtung – genutzt werden können.
- Bestimmte Angebote der Kindertageseinrichtung sind offen für alle Eltern und Familien im Quartier/Stadtteil.

▸ Welche Angebote gibt es auf der Ebene der Zusammenarbeit zur Entwicklungsbegleitung des jeweiligen Kindes (Erziehungspartnerschaft)?

- Es gibt eine der kindlichen Entwicklung und dem familiären Bedarf angemessene gemeinsame Eingewöhnungszeit für Kinder und Eltern.
- Es gibt regelmäßige Entwicklungsgespräche zwischen Fachkräften und Eltern und ein Abschlussgespräch beim Abschied des Kindes. Das Kind wird seinem Entwicklungsstand entsprechend einbezogen.

▸ Welche Angebote gibt es auf der Ebene von Service, Beratung und Bildung?

- Es gibt Informationen über psychosoziale Dienste, Bildungs-, Kultur- und Freizeitangebote im Umfeld.
- Es gibt themenbezogene Elternabende, auch mit Experten von außen.
- Weitere Serviceleistungen wie z. B. Babysitter-Vermittlung, Wochenendreisen, Second-Hand-Angebote, Büchershops, Kochkurse für Kinder, Vätertreffs, Elterntraining, werden angeboten.
- Sozial benachteiligte Familien werden gezielt und diskret unterstützt.

▸ Welche Angebote gibt es auf der Ebene der Mitwirkung von Eltern und Familien?

- Es gibt die selbstverständliche Mitarbeit von Eltern im Alltag der Einrichtung (z. B. Kleingruppenarbeit, Ausflüge, Werkstatt, Gemüsegarten, Kochen, Schwimmbadbegleitung, Radtour).
- Es gibt Eltern-Kinder-Treffen (auch Väter-Kinder-Treffen) und Familienclubs.

- Es gibt gemeinsame Ausflüge und Freizeiten – auch an Wochenenden.
- Es gibt Feste und Feiern mit Familien, Nachbarn und Freunden.

▸ Wie werden selbstorganisierte Begegnungen von Eltern ermöglicht und unterstützt?
- Es gibt Selbsthilfegruppen für Eltern in besonderer Lebenslage (z. B. allein Erziehende), wobei für die Kinderbetreuung gesorgt ist.
- Es werden handwerklich-musische Gruppen für Eltern (z. B. Kochen, Theater, Töpfern) angeregt.
- Es gibt einen Elternstammtisch.
- Die Kindertageseinrichtung kann für Familienfeiern genutzt werden (unbürokratische Nutzervereinbarung mit Schlüsselübergabe).

▸ Welche Formen der institutionalisierten Elternmitwirkung gibt es?
- Es gibt eine gewählte Elternvertretung mit satzungsmäßigen Mitwirkungsrechten und eigenem Etat.

Professionalität entwickeln

In diesem Konzept steckt die Philosophie von Innovationsfreude und Entwicklungsbereitschaft bei ausdrücklicher Würdigung des bereits Erreichten. Niemand muss bei Null beginnen, aber es gibt auch keinen Endpunkt der Entwicklung. In dieser Philosophie ist Familienfreundlichkeit eine Grundhaltung: sich als kinder-, eltern-, besucher-, und überhaupt nutzerfreundlich verstehen. Bereits in dieser Haltung kristallisiert sich Qualität. Dabei darf Freundlichkeit natürlich nicht als taktische, oberflächliche Freundlichkeit missverstanden werden, die sich in einem aufgesetzten Lächeln erschöpft, und auch nicht als naive Freundlichkeit, die als hilfloser Selbstbehauptungsversuch auch dann noch aufrecht erhalten wird, wenn man etwa vom Gegenüber angegriffen oder missachtet wird. Freundlichkeit als Grundhaltung ist Ausdruck der Überzeugung, dass die Menschen autonom sind, Ressourcen für ihre Selbstentwicklung besitzen und ihre Begegnung und Kooperation grundsätzlich konstruktiv sein kann. Sie ist Vertrauensvorschuss.

Die Herausforderung liegt in der professionellen Gestaltung der Zusammenarbeit, nämlich die Kindertagesstätte als Dienstleistungsbetrieb für Familien, gleichwohl mit eigenen fachlichen Ansprüchen zu verstehen und die Beziehung der Erwachsenen bewusst und reflektiert zu organisieren. Die Erzieherin ist **Fachfrau für die Begegnung,** nicht für die „Erziehung" der Eltern. Auch wenn andererseits Eltern manchmal eine pädagogisierende Rolle gegenüber der Erzieherin einnehmen: Beziehungsgestaltung beginnt immer bei einem selbst. Professionelles Handeln besteht im Kern daraus, einfühlende, verstehende Nähe zum Gegenüber auf der einen Seite und innere Distanz auf der anderen Seite auszubalancieren. Man muss sich gleichsam neben sich stellen können, ohne den Kontakt zu den eigenen Gefühlen und dem Gegenüber aufzugeben, sich also **in der Tätigkeit reflektieren.** Dadurch wächst die Kontrolle der eigenen Handlungsfähigkeit, und das macht Professionalität aus.

Die Zusammenarbeit mit Eltern mag Erzieherinnen als zusätzliche Belastung in ihrem ohnehin schon anstrengenden Alltag erscheinen – und Schritte zu neuen Formen der Zusammenarbeit erfordern in der Tat zunächst zusätzliche Energien und Zeit. Wenn man sich aber auf die Notwendigkeit dieser Zusammenarbeit einlässt, eroffnen sich Erfolgschancen, die die investierten persönlichen und zeitlichen Ressourcen unter neuem Blickwinkel gewichten lassen. Kindbezogene und familienbezogene Arbeit werden nicht mehr so sehr als konkurrierende „Zeitdiebe" erlebt, sondern können zunehmend als ergänzende Handlungsfelder des beruflichen Auftrags verknüpft, als integriertes Konzept gestaltet werden. Die Chancen und Möglichkeiten der Kindertagesstätte als Ort für Familien werden Erzieherinnen und Eltern erst mit einiger Vorerfahrung klar. Herausfordernd wird die Zusammenarbeit der Erwachsenen weiterhin bleiben. Man muss sich Mut machen, Wege ausprobieren, auch Misserfolge als wertvolle Arbeitsergebnisse werten. Wenn dies gelingt – und oft besteht der Weg dorthin aus kleinen Schritten und kleinen persönlichen Erfolgen –, dann ist Familienarbeit aber auch ein Beitrag zu größerer Berufszufriedenheit und zur Professionalisierung des Erzieherinnenberufs überhaupt.

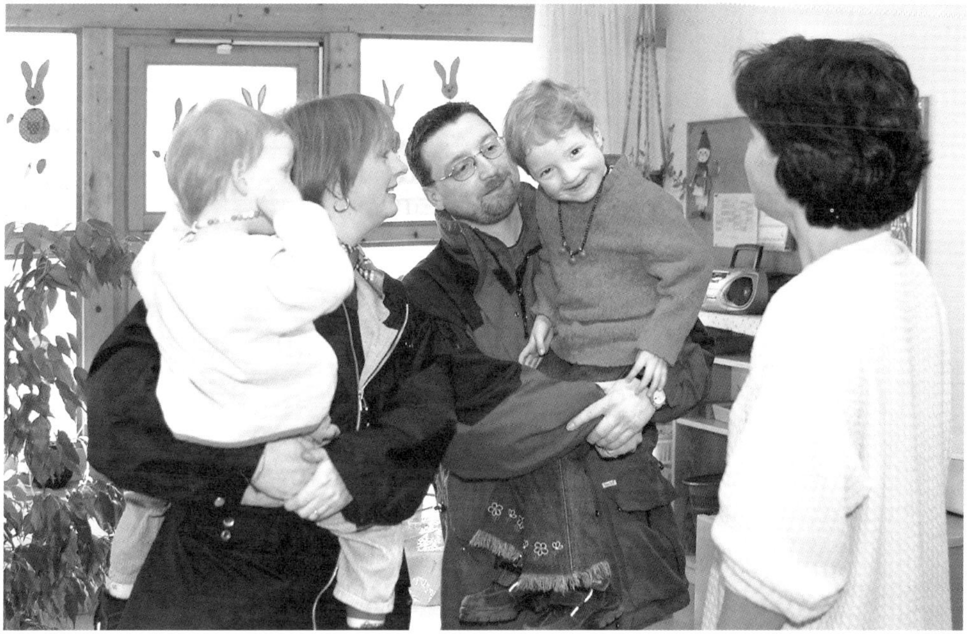

In der familienfreundlichen Kindertagesstätte ist die ganze Familie willkommen

Anhang

Literatur

Barth, Siegfried (2002): Heikle Themen und schwierige Situationen. Professionelle Elterngespräche (2). In: kindergarten heute, Heft 2, S. 14–21

basiswissen kita (2004): Konflikt und Beschwerdemanagement. Verlag Herder, Freiburg

Bauer, Petra/Brunner, Ewald Johannes (Hrsg.) (2006): Elternpädagogik. Von der Elternarbeit zur Erziehungspartnerschaft. Lambertus-Verlag, Freiburg

Beck, Reinhilde/Schwarz, Gotthart (1996): Konfliktmanagement. Verlag Dr. Jürgen Sandmann, Alling

Bertram, Hans (1997): Familien leben. Neue Wege zur flexiblen Gestaltung von Lebenszeit, Arbeitszeit und Familienzeit. Wissenschaftliche Buchgesellschaft, Darmstadt

Böhm, Dietmar u.a. (2004): So geht's – Miteinander aufwachsen und voneinander lernen. Interkulturelle Pädagogik in Kita und Kindergarten. Verlag Herder, Freiburg

Bostelmann, Antje (Hrsg.) (2007): Achtung Eltern! im Kindergarten. Typische Konflikte mit Eltern, und wie man damit umgeht. Verlag an der Ruhr, Mülheim

Bröder, Monika (2004): Gesprächsführung in Kita und Kindergarten. Ein praktischer Leitfaden. Verlag Herder, Freiburg

Bronfenbrenner, Urie (1981): Die Ökologie der menschlichen Entwicklung. Natürliche und geplante Experimente. Verlag Klett-Cotta, Stuttgart

Bundesministerium für Familie, Senioren, Frauen und Gesundheit (Hrsg.) (1998): Leitfaden für Selbstevaluation und Qualitätssicherung. Materialien zur Qualitätssicherung in der Kinder- und Jugendhilfe (Qs) Nr. 19, Bonn

Bundesministerium für Familie, Senioren, Frauen und Jugend (Hrsg.) (2006): 7. Familienbericht. Familie zwischen Flexibilität und Verlässlichkeit. Berlin

Burchat-Harms, Roswitha (2002): Konfliktmanagement. Wie Kindergärten TOP werden. Luchterhand-Verlag, Neuwied

Cohn, Ruth (1997): Von der Psychoanalyse zur themenzentrierten Interaktion. Klett-Cotta, Stuttgart

Dähn, Judith (2005): Ein Ort der Begegnung vieler Nationen. Multikulturelle Familienarbeit ganz praktisch. In: TPS–Sammelband „Eltern und Öffentlichkeitsarbeit", S. 72–75

Deutsches Jugendinstitut (Hrsg.) (1988): Wie geht's der Familie? Ein Handbuch zur Situation der Familien heute. Kösel-Verlag, München

Deutsches Jugendinstitut (Hrsg.) (1993a): Was für Kinder. Aufwachsen in Deutschland. Kösel-Verlag, München

Deutsches Jugendinstitut (Hrsg.) (1993b): Orte für Kinder, Projektblatt 4. München

Döbber, Karl-Otto (2000): Lebendiges Lehren. Aktivierende Methoden in der beruflichen Weiterbildung. Schriftenreihe des Landesarbeitskreises für berufliche Fortbildung, Band 6. Kostenlos zu erhalten bei: Landesgewerbeamt Baden-Württemberg, Referat 31, Willi-Bleicher-Straße 10, 70174 Stuttgart (Fax: 0711/1232649)

Dusolt, Hans (2001): Elternarbeit – ein Leitfaden für den Vor- und Grundschulbereich. Beltz-Verlag, Weinheim

Eppel, Heidi/Hittmeyer, Steffen/Nuwordu, Ingrid/Plate, Petra/Rathmann, Ruth (1996): Mit Eltern partnerschaftlich arbeiten. Elternarbeit neu betrachtet. Verlag Herder, Freiburg

Erning, Günter/Neumann, Karl/Reyer, Jürgen (Hrsg.) (1987): Geschichte des Kindergartens. Band I. Lambertus-Verlag, Freiburg

Fellner, Alois (1901): Der Kindergarten. Pichler-Verlag, Wien

Gabler, Susanne (2001): Schulanfänge. Einschulungsängste einer Mutter. In: Schüler 2001, Friedrich-Verlag, Seelze

Gaitanides, Stefan (2007): „Man müsste mehr voneinander wissen!" Umgang mit kultureller Vielfalt im Kindergarten. Fachhochschulverlag, Frankfurt/Main

Gehm, Theo (1972): Kommunikation im Beruf. Hintergründe, Hilfen, Strategien. Beltz-Verlag, Weinheim

Gerstacker, Ruth (2000): Ich kann mein Kind nicht verstehen. Gesprächsrunden mit Eltern. In: Welt des Kindes, Heft 1

Glasl, Friedrich (1994): Konfliktmanagement. Ein Handbuch für Führungskräfte und Berater. Verlag Freies Geistesleben, Stuttgart

Grossmann, Margit (2002): Selbstvernachlässigung und Überfürsorglichkeit. Der deutsche Muttermythos und seine vielfältigen Auswirkungen auf Beziehungen. In: TPS Heft 8, S. 20–22

Grossmann, Margit (2006): Kooperation und Konkurrenz. Was die Zusammenarbeit zwischen Erzieherinnen und Müttern belastet und wie sie gelingen kann. In: TPS Heft 2, S. 37–39

Hartmann, M./Rieger, M./Luoma, M. (2001): Zielgerichtet moderieren. Beltz-Verlag, Weinheim

Hartkemeyer, M./Hartkemeyer, J. F./Dhority, L. Freeman (1999): Miteinander denken. Das Geheimnis des Dialogs. Klett-Cotta, Stuttgart

Henneberg, Rosy/Klein, Lothar (2007): Bildungs- und Lerngeschichten. Sich mit Kindern über ihr Lernen verständigen. In: Zukunftshandbuch Kindertagesstätten. Walhalla-Verlag, Regensburg, 56. Aktualisierung

Henneberg, Rosy/Klein, Helke/Klein, Lothar/Vogt, Herbert (Hrsg.) (2004): Mit Kindern leben, lernen, forschen und arbeiten. Kindzentrierung in der Praxis. Kallmeyer-Verlag, Seelze

Huth, Anne (2006): Gesprächskultur mit Eltern. Beltz-Verlag, Weinheim

Jansen, Frank/Wenzel, Peter (1999): Von der Elternarbeit zur Kundenpflege. Kindertageseinrichtungen auf dem Weg zu Dienstleistungsunternehmen. Don Bosco-Verlag, München

Jeske, Kerstin (1997): Mit den Eltern und nicht für die Eltern. Zusammenarbeit von Eltern und Erzieherinnen in Kindereinrichtungen. Bonn (zu beziehen über: Bundesverband Neue Erziehung e.V., Am Schützenhof 4, 53119 Bonn, Tel. 0228/664055)

Johns, Irene (2008): Sich als „Frühsensoren" qualifizieren. Was Erzieherinnen zum Kinderschutz beitragen können. In: TPS Heft 3, S. 25–27

Jugendamt der Stadt Hanau (Hrsg.) (1996): Familienarbeit in Kindertagesstätten. Eine Handreichung. Hanau (Am Markt 18, 63450 Hanau)

Jurczyk, Karin (2006): Familienleben heute – Was brauchen Familien? Aussagen aus dem 7. Familienbericht. In: Deutsche Evangelische Arbeitsgemeinschaft für Erwachsenenbildung: forum Erwachsenenbildung: Bildung von Anfang an. Interdisziplinäre Perspektiven. Heft 3, S. 34–38

Kappel, Beate Gabriele (2006): Familien aus siebzehn Nationen… und die Zusammenarbeit mit den Eltern funktioniert. In: TPS Heft 7, S. 42–44

klein&groß (2008): Gemeinsam für das Kind. Oldenbourg-Verlag, München

Klein, Lothar (1998): Neue Wege in der Elternarbeit. Teile 1–5. In: kindergarten heute Nr. 1 bis 5

Klein, Lothar (1999): Günstige Gesprächsformen in schwierigen Situationen mit Eltern. In: Theorie und Praxis der Sozialpädagogik (TPS) Heft 5, S. 23–24

Klein, Lothar (Aktualisierung Februar 2008): Bildungsbücher und Portfolios. Dem Kind seine eigene Entwicklung zugänglich machen. In: Zukunftshandbuch Kindertagesstätten. Walhalla-Verlag, Regensburg, S. 57 ff.

Klein, Lothar/Vogt, Herbert (1995): Leben in der Familiengruppe. Ein Praxisbuch über die große Altersmischung. Lambertus-Verlag, Freiburg

Klein, Lothar/Vogt, Herbert (Hrsg.) (1996): Familienarbeit in Kindertagesstätten. Theorie und Praxis der Sozialpädagogik (TPS) extra 22

Klein, Lothar/Vogt, Herbert (2001): Kita und Familie im Dialog. Eingewöhnungszeit und regelmäßige Entwicklungsgespräche. In: Kinder in Tageseinrichtungen. Ein Handbuch für Erzieherinnen. (KiT), Lieferung Nr. 13, Kallmeyersche Verlagsbuchhandlung, Seelze

Knoll, Jörg (1993[5]): Kurs und Seminarmethoden. Ein Trainingsbuch zur Gestaltung von Kursen und Seminaren, Arbeits- und Gesprächskreisen. Beltz-Verlag, Weinheim

Knoll, Jörg (1993[5]): Kleingruppenmethoden. Effektive Gruppenarbeit in Kursen, Seminaren, Trainings und Tagungen. Beltz-Verlag, Weinheim

Krok, Göran/Lindewald, Maria (2007): Portfolios im Kindergarten. Das schwedische Modell. Verlag an der Ruhr, Mülheim

Kronberger Kreis für Qualitätsentwicklung in Kindertageseinrichtungen (1998): Qualität im Dialog entwickeln. Wie Kindertageseinrichtungen besser werden. Kallmeyer-Verlag, Seelze

Kühne, Norbert/Mahlmann, Regina/Wenzel, Peter (2002): Pädagogische Praxis – Konflikte lösen. Bildungsverlag EINS, Troisdorf

Kuyumcu, Şafak: Das Erstgespräch – mehr als ein Einstieg in die Erziehungspartnerschaft mit Eltern. In: Kindergarten heute, Heft 9/2006

Kuyumcu, Şafak/Kuyumcu, Reyhan (2004)**:** Wie zweisprachiges Aufwachsen gelingen kann. Gemeinsam mit Migrantenfamilien Literalität entwickeln. In: kindergarten heute, Heft 11–12

Laewen, Hans-Joachim/Andres, Beate/Hédervári, Éva (2006[4]): Ohne Eltern geht es nicht. Die Eingewöhnung von Kindern in Krippen und Tagespflegestellen. Beltz-Verlag, Weinheim

Lebkücher, Rita/Thiersch Renate (1999): Beschwerde-Management im Kindergarten. Vom Umgang mit Anliegen von Eltern. In: TPS Heft 5, S. 33–36

Leu, Hans Rudolf u.a. (2007): Bildungs– und Lerngeschichten. Bildungsprozesse in früher Kindheit beobachten, dokumentieren und unterstützen. Verlag das netz, Weimar und Berlin

Leupold, Eva Maria (1997): Handbuch der Gesprächsführung. Problem- und Konfliktlösung im Kindergarten. Verlag Herder, Freiburg

Maucher, Katharina/Wüstenberg, Wiebke (2008): Vom Beobachten bis zur Wirkungskontrolle. Hilfen zum Vorgehen bei Kindeswohlgefährdung. In: TPS Heft 3, S. 4–8

Mienert, Malte/Vorholz, Heidi (2007): Gespräche mit Eltern. Entwicklungs-, Konflikt- und Informationsgespräche. Bildungsverlag EINS, Troisdorf

Müller, Annette: Volle Fahrt voraus. Ein Fahrdienst Richtung Zukunft für Kinder. In: TPS Heft 3/2008, S. 37

Nave-Herz, Rosemarie (1994): Familie heute. Wandel der Familienstrukturen und die Folgen für die Erziehung. Wissenschaftliche Buchgesellschaft, Darmstadt

Neuland, Michéle (2001): Neuland-Moderation. Neuland-Verlag, Eichenzell

Onnen-Isemann, Corinna (1999): Familienstrukturen im Wandel. In: TPS Heft 5, S. 4–8

Onnen-Isemann, Corinna (2002): Frauen im Spannungsfeld von Beruf und Familie. Modernes Familienleben braucht bedarfsgerechte und professionelle Kitas. In: TPS Heft 4, S. 4–8

Pesch, Ludger (2001): Moderation und Gesprächsführung. Wie Kindergärten TOP werden. Luchterhand-Verlag, Neuwied

Pesch, Ludger/Sommerfeld, Verena (2002): Beschwerdemanagement. Wie Kindergärten TOP werden. Luchterhand-Verlag, Neuwied

Pirschel, Anke (2006): Papalapaps. Erfahrungen mit Väter-Kinder-Treffen. In: TPS Heft 7, S. 40–41

Prott, Roger/Hautumm, Annette (2004): 12 Prinzipien für eine erfolgreiche Zusammenarbeit von Erzieherinnen und Eltern. Verlag das netz, Berlin

Rabenstein, Reinhold (1992[4]): Lernen kann auch Spaß machen! Einstieg, Aktivierung, Reflexion: Themen bearbeiten in Gruppen. Ökotopia-Verlag, Münster

Ries-Schemainda, Gerlinde (2006): Instrumente einer gelingenden Partnerschaft. Austausch mit Eltern über die Bildungs- und Lerngeschichten ihrer Kinder. In: TPS Heft 7, S. 30–32

Rolff, Hans-Günter/Zimmermann, Peter (1990): Kindheit im Wandel. Beltz-Verlag, Weinheim

Rotthaus, Wilhelm (1998): Wozu erziehen? Entwurf einer systemischen Erziehung. Carl-Auer-Systeme Verlag, Heidelberg

Satir, Virginia (1996[12]): Kommunikation – Selbstwert – Kongruenz. Konzepte und Perspektiven familientherapeutischer Praxis. Junfermann-Verlag, Paderborn

Schäfer, Gerd E. (2004): Beobachten und dokumentieren in Kitas. In: kindergarten heute, Heft 8, S. 6–15

Scheffler, Şafak/Böhm, Petra (2002): Ohne Eltern geht es nicht. Zusammenarbeit mit Migranten-Eltern bei der Sprachförderung. In: KiTa aktuell ND, Heft 7/8

Schneewind, Klaus (1991): Familienpsychologie. Kohlhammer-Verlag, Stuttgart

Schopp, Johannes (2006): Eltern Stärken. Dialogische Elternseminare. Ein Leitfaden für die Praxis. Verlag Barbara Budrich, Opladen

Schulz von Thun, Friedemann (1993): Miteinander reden: Störungen und Klärungen. 3 Bde. Rowohlt-Verlag, Reinbek

Seehausen, Harald (1995): Familie – Arbeit – Kinderbetreuung. Eltern und Kinder im Konfliktdreieck. Verlag Leske+Budrich, Opladen

Strätz, Rainer (1997): Wie sind/wie fühlen sich die ErzieherInnen auf die Zusammenarbeit mit den Eltern vorbereitet? In: Bundesverband Neue Erziehung e.V. (Hrsg.): Elternzusammenarbeit – Stiefkind in der Aus– und Weiterbildung von Erzieherinnen. Bonn, S. 20–41

Textor, Martin R. (2000): Kooperation mit Eltern. Erziehungspartnerschaft von Familie und Kindertagesstätte. Don Bosco-Verlag, München

Textor, Martin R. (o.J.): Elternarbeit im Kindergarten. Ziele, Formen, Methoden. Verlag Books on Demand, Norderstedt

Textor, Martin R.: Elternarbeit mit Migrant/innen. In: Online-Handbuch Kindergartenpädagogik (www.kindergartenpaedagogik.de/1438.html)

Thiersch, Hans/Thiersch, Renate (1999): Geteilte Zuständigkeiten. Über die Entwicklung des Verhältnisses von Eltern und Erzieherinnen im Kindergarten. In: TPS Heft 4, S. 39–42

TPS (Theorie und Praxis der Sozialpädagogik):

– Heft 5/1999 „Immer diese Eltern“

– Heft 4/2002 „Was wollen Eltern?“

– Heft 8/2004 „Elternbildung“

– Sammelband (2005) „Eltern– und Öffentlichkeitsarbeit“

– Heft 7/2006 „Erziehungspartnerschaft mit Eltern“

Kallmeyer-Verlag, Seelze

Utz, Klaus (1997): Wenn Familien Probleme haben. Chancen und Grenzen der Familienarbeit im Kindergarten. Freiburg

Utz, Klaus (1998): Das Kind im Beziehungsnetz. Die systemische Sichtweise im Erziehungsprozess. In: kindergarten heute, Heft 9, S. 24–28

Verlinden, Martin/Külbel, Anke (2005): Väter im Kindergarten. Anregungen für die Zusammenarbeit mit Vätern in Tageseinrichtungen für Kinder. Beltz-Verlag, Weinheim

Vogelsberger, Manfred (2006): Mit Eltern, Gruppen und Teams erfolgreich arbeiten. Beltz-Verlag, Weinheim

Vogt, Herbert (1990): Veränderte Familienleben – veränderte Elternarbeit. TPS Heft 5, S. 259f.

Vogt, Herbert (1996): Kindertagesstätte – Familientagesstätte. Familienarbeit entwickelt die Kindertagesbetreuung weiter. In: TPS extra 22, S. 2–3

Vogt, Herbert (1998): Mit Eltern zusammenarbeiten. Von der „Elternarbeit“ zur Zusammenarbeit mit Familien. In: Kinder in Tageseinrichtungen. Ein Handbuch für Erzieherinnen. (KiT), Kallmeyersche Verlagsbuchhandlung, Seelze

Vogt, Herbert (2000^2): „Wir hätten selbst nicht gedacht, dass so etwas möglich ist.“ Ein Hort auf dem Weg zur Familienarbeit. In: Gabriele Berry/Ludger Pesch (Hrsg.): Welche Horte brauchen Kinder? Luchterhand-Verlag, Neuwied

Vogt, Herbert (2007): Mit Engagement und Kreativität gegen soziale Benachteiligung. Erfahrungen aus dem Kita-Preis 2006. In: Bertelsmann-Stiftung: Kita-Preis Dreikäsehoch 2006 „Jedes Kind mitnehmen“. Gütersloh

Vogt, Herbert/Wolter, Gunda (1993): Das Beziehungsgeflecht Familie – eine Fortbildung zur Familienarbeit in Kindertagesstätten. In: TPS Heft 4, S. 239–242

Wack, Otto Georg/Detlinger, Georg/Grothoff, Hildegard (1993): Kreativ sein kann jeder. Kreativitätstechniken für Leiter von Projektgruppen, Arbeitsteams, Workshops und von Seminaren. Hamburg

Watzlawick, Paul/Beavin, Janet H./Jackson, Don D. (1967): Menschliche Kommunikation. Formen, Störungen, Paradoxien. Verlag Huber, Bern

Watzlawick, Paul (1983): Anleitung zum Unglücklichsein. Piper-Verlag, München

Wenzel, Peter (1999): Da könnte jeder kommen...!? Oder: In jeder Beschwerde liegt ein Bedarf. In: Profile 6, S. 15–17

Wies, Hildegard (2006): Etwas Neues beginnt für Eltern und Kinder. Erziehungspartnerschaft beginnt mit der Aufnahme und Eingewöhnung in die Kita. In: TPS Heft 7, S. 26–29

Wiezorek, Christine (2006): Elternpädagogik jenseits der Pädagogisierung – Überlegungen zum pädagogischen Elternbezug an anerkennungstheoretischer Perspektive. In: Bauer, Petra/Brunner, Ewald Johannes (Hrsg.) (2006): Elternpädagogik. Von der Elternarbeit zur Erziehungspartnerschaft. Lambertus-Verlag, Freiburg, S. 42–60

Wiedemann, Marianne (1997): Neue Wege zur Erziehungspartnerschaft. Zusammenarbeit von Kindergarten, Grundschule und Elternhaus. Borgmann-Verlag, Dortmund

Wolff, Reinhart (1996): Konkurrenz und Kooperation. In: Theorie und Praxis der Sozialpädagogik (TPS) extra Nr. 22, S. 4–7

Wolter, Gunda (1996): Alles hängt mit allem zusammen. Systemisches Denken in der Kindertagesstätte. In: TPS extra Nr. 22, S. 11–15

Ziesche, Ulrike/Herrnberger, Grit/Karkow, Christine (2003): Qualitätswerkstatt Kita – Zusammenarbeit von Kita und Familie. Beltz-Verlag, Weinheim

Autoren

Lothar Klein, Jg. 1950, ist Lehrer für die Sekundarstufe II und Diplom-Pädagoge. Er war viele Jahre Leiter von Kindertageseinrichtungen bei der Stadt Wiesbaden. Seit 1996 arbeitet er freiberuflich in der Fortbildung von Erzieherinnen und als Autor.
Weitere Arbeitsschwerpunkte: Freinetpädagogik, Kindzentrierung, Lernen und Bildung, Regeln, Partizipation, Dialog, Jungen.
E-Mail: info@balance-paedagogik.de

Herbert Vogt, Jg. 1953, ist Grundschullehrer und Diplom-Pädagoge. Er war sechs Jahre Leiter von Kindertageseinrichtungen und über acht Jahre Fachberater für Kindertagesstätten bei der Stadt Hanau. Seit 1996 arbeitet er als Redakteur bei der Fachzeitschrift TPS (seit 2007 verantwortlich) und freiberuflich in der Fortbildung von Erzieherinnen sowie als Autor.
Weitere Arbeitsschwerpunkte: Freinetpädagogik, Kindzentrierung, Lernen und Bildung, Konzeptionsentwicklung, Teamentwicklung, Qualitätsentwicklung.
E-Mail: balanceHV@t-online.de

Jetzt in überarbeiteter und erweiterter Neuauflage

NEU

KARIN WEISS, SUSANNE STEMPINSKI,
MARIANNE SCHUMANN, LIS KEIMELEDER

Qualifizierung in der Kindertagespflege

Das DJI Curriculum „Fortbildung von Tagespflegepersonen“

Ordner, DIN A4,
ca. 742 Seiten inkl. Register, zahlreiche Arbeitsblätter

ISBN 978-3-7800-5246-9, € 69,95

Bislang ist die Aus- und Fortbildung von Tagesmüttern kaum geregelt. Entsprechend unterschiedlich sind die Qualifizierungsangebote. Einen großen Schritt hin zu einem einheitlichen Ausbildungsstandard stellt das Fortbildungsprogramm „Qualifizierung in der Kindertagespflege“ in seiner überarbeiteten und aktualisierten Neuauflage dar. Es wird in Kooperation mit dem Deutschen Jugendinstitut e.V. herausgegeben und basiert auf einer wissenschaftlichen Studie, in der Fortbildungsprogramme für Tagesmütter untersucht und Teilnehmer, Fortbildner und weitere Experten befragt wurden.

Die Loseblattsammlung richtet sich an Referenten, die Fortbildungsveranstaltungen für Tagespflegepersonen anbieten, aber auch an alle Verantwortlichen, die sich mit dem Angebot der Kinderbetreuung in Tagespflege, der Fort- und Weiterbildung und Weiterentwicklung der Kindertagespflege beschäftigen.

Buchprogramm

Alle Preise zzgl. Versandkosten, Stand 2008

Kallmeyer

Telefon: 05 11 / 4 00 04 - 175
Fax: 05 11 / 4 00 04 - 176
info@kallmeyer.de

Sie möchten gleich bestellen?
Unser Leserservice berät Sie gern!

www.klett-kallmeyer.de